350 TRUCS
ET TUTORIELS
POUR PAINTSHOP PRO®

Jean-Luc Ernst

Jean-Luc ERNST – rue Neuvice 104 – 4420 Montegnée (Belgique)

jeanluc.ernst@gmail.com

Achevé d'imprimer en février 2019.

TABLE DES MATIÈRES

PRÉAMBULE

Cet ouvrage n'est pas un manuel théorique. Il se veut un ouvrage de pratique de PaintShop Pro, ouvrage que l'on consulte selon les besoins, au même titre qu'un dictionnaire ou qu'un livre de recettes de cuisine.

Certaines astuces sont connues des anciens utilisateurs, d'autres sont de simples fonctions d'outils, mais qui sont moins connues, ou encore des fonctionnalités reléguées au fin fond d'un sous-menu.

Les tutoriels énumèrent chaque étape du processus. Dans un souci de concision, la validation ou le fait de cliquer sur OK après une étape est implicite. Elle n'est donc pas indiquée. Les méthodes exposées ne sont pas exclusives non plus. Des manières différentes de procéder peuvent souvent mener au même résultat. Un livre de cuisine sert de base de travail et de ligne directrice. Chacun peut adapter une recette "à sa propre sauce", si je puis me permettre l'expression… En modifiant les réglages indiqués dans les tutoriels, en ajoutant ou supprimant une étape, le lecteur laissera libre cours à sa créativité afin d'obtenir un résultat personnalisé.

Aucun filtre (module externe ou plugin) n'est utilisé dans ce manuel. Il n'est donc pas nécessaire d'en chercher et d'en télécharger : tout le contenu de ce livre est réalisable sans besoin de ressources extérieures, si ce n'est vos propres images pour suivre les explications …

Les astuces et tutoriels sont valables pour la plupart des versions de PaintShop Pro, car il s'agit généralement de fonctions disponibles dans le corps fondamental du logiciel depuis la version 7 (Jasc). Bien entendu, les nouvelles fonctionnalités, comme la géolocalisation, sont prises en compte aussi.

Les versions récentes de PaintShop Pro ont introduit les notions d'espaces de travail "Éléments essentiels" et "Complète". Ce manuel nécessite de travailler dans l'espace de travail "Complète", compatible avec les anciens programmes, sinon certaines fonctions ne seront pas disponibles.

De même, entre les modes "Gestion de photos", "Réglage" et "Édition", c'est ce dernier qui est utilisé par défaut, sauf indication contraire.

Et enfin, lorsqu'il est indiqué de cliquer, il s'agit du clic-gauche. Le clic-droit sera mentionné dans les autres cas.

Afin de réduire le coût d'impression, ce manuel a été imprimé en noir et blanc. Les illustrations sont visibles en couleur sur www.350trucs.com

Jean-Luc Ernst
Février 2019

1.   Différence entre PaintShop Pro et PaintShop Pro Ultimate

Il n'y a pas de différence entre les deux. Dans l'un et l'autre cas, c'est exactement le même programme, avec les mêmes fonctionnalités. La différence réside dans les logiciels qui sont livrés gratuitement avec la version Ultimate (AfterShot, Painter, Perfecty Clear, etc.) ainsi que des ressources supplémentaires (textures, pinceaux …).

2.   Différence entre PaintShop Pro 32 bits et 64 bits

Si votre ordinateur est 32 bits, seule la version 32 bits pourra être installée. Si votre ordinateur est 64 bits, il pourra accepter les deux versions. Dans ce cas, lors de l'installation, choisir d'installer les deux versions, comme recommandé. Si vous ne le faites pas, certaines fonctionnalités seront absentes ou défaillantes.

Les deux versions de PaintShop Pro sont visuellement identiques, de même que leur fonctionnement. La différence se situe dans l'interaction entre le programme et les composants du système (taille mémoire, taille maximale des fichiers et d'autres spécifications qui n'entrent pas dans le propos de ce manuel). Si vous utilisez beaucoup de filtres (plugins), vous préférerez utiliser PaintShop Pro 32 bits. Si vous êtes plutôt concerné par la gestion des photos et l'utilisation de beaucoup de calques, vous utiliserez la version 64 bits. Les fichiers produits par chaque version sont compatibles avec l'autre version.

3.   Que fait une mise à jour ?

Ce que Corel appelle "mise à jour" est une nouvelle version du programme, payante, qui ne supprime pas l'ancienne version. L'ancienne version n'est pas modifiée non plus. Elle continue à exister sur l'ordinateur sans interférence avec la nouvelle version. Cela permet à l'utilisateur de se familiariser progressivement avec la nouvelle version en continuant à travailler avec la version précédente.

La "mise à jour" est disponible à deux prix différents. Si vous possédez une ancienne version qui est éligible au prix "mise à jour" (à vérifier sur le site de Corel), vous pourrez obtenir la "mise à jour" à un prix inférieur. Si votre précédente version est trop ancienne, vous aurez la "mise à jour" au prix plein. Corel accorde cependant diverses ristournes en cours d'année sur la dernière version du logiciel. Si vous n'êtes pas pressé, vous pourrez certainement en profiter à condition de permettre à Corel d'afficher des annonces via le logiciel PaintShop Pro. Ainsi, vous serez prévenu des offres de réduction de prix.

4.   Qu'est-ce qu'un correctif ?

Un correctif ou "patch" ou "update" est un ajout au programme. Il est destiné à corriger certains bugs. Ce correctif est à télécharger puis à installer lorsque PaintShop Pro est fermé. Il change la version du programme. Par exemple, PaintShop Pro 2018 de base est la version 20.1.0.2 qui devient 20.2.0.1 après le correctif fourni par Corel.

Certaines versions de PaintShop Pro ont bénéficié de plusieurs correctifs. Certains sont cumulatifs et d'autres sont additifs. Chaque correctif "additif" s'installe en plus du précédent. Un correctif cumulatif comprend tous les correctifs précédents qu'il n'est pas nécessaire d'installer séparément. Cela est indiqué au moment où le correctif est disponible. En principe, la version de PaintShop Pro vendue sur le site de Corel est toujours la dernière version, correctif inclus. Cela se vérifie au moyen du numéro de version du logiciel qui apparaît sur l'écran d'accueil à l'ouverture du programme ou en cliquant sur **Aide / À propos de**.

RÉGLAGE DU PROGRAMME

5. Éléments essentiels ou Complète ?

Avec les versions PaintShop Pro 2018 et 2019 est apparu un espace de travail simplifié qui s'active par défaut lors de l'installation du programme. Il s'intitule "**Éléments essentiels**".

Cet espace de travail est simplifié dans le but de faciliter la prise en main du programme par les nouveaux utilisateurs. Simplifié signifie aussi que plusieurs fonctionnalités sont manquantes.

Le présent manuel est prévu pour l'espace de travail "**Complète**" qui correspond également à ce qui est visible dans les versions plus anciennes du programme. Pour activer cet espace de travail, cliquer sur l'icône de la maison en haut d'écran. Dans **l'écran de Bienvenue** apparu, cocher "**Complète**". On peut le choisir aussi via **Fichier / Espace de travail / Complète**

Note : l'appellation "**Complète**" est une faute de français dans le logiciel. Le mot correct est "Complet" (= espace de travail complet). Cependant, afin de ne pas perturber l'utilisateur débutant, nous utiliserons dans ce manuel l'appellation telle qu'elle est visible dans le programme.

6. Démarrer PaintShop Pro en ouvrant un dossier de photos

Pour réaliser cela, il faut modifier les propriétés de l'icône de lancement du programme visible sur le Bureau de Windows :

1. Clic-droit / **Propriétés.**
2. **Démarrer dans** : le chemin du programme est indiqué.

"C:\Program Files\Corel\Corel PaintShop Pro 2019 (64-bit)\Corel PaintShop Pro.exe" /Browsefolder "F:\Images"

À adapter en fonction de votre configuration. Bien respecter les espaces, notamment devant et derrière **/Browsefolder**.

7.   Démarrer en mode plein écran

Créer un script en enregistrant la commande **Maj+A**. Cette commande active le mode plein écran.

Ensuite procéder comme expliqué dans le paragraphe "**Démarrer PaintShop Pro et exécuter automatiquement un script**" dans le chapitre **SCRIPTS** (page 51).

8.   Que faire des outils non utilisés qui prennent de la place ?

Vous pouvez les supprimer de l'espace de travail pour gagner de l'espace ou alléger vos barres d'outils :

1. **Affichage / Personnaliser.**
2. Cliquer sur l'icône d'outil à écarter et la glisser dans une zone vide du plan de travail.

Les outils ne sont pas réellement supprimés, mais sont simplement "écartés" de l'affichage.

Si un jour vous en avez besoin, retrouvez-les de la même manière en les glissant dans les barres d'outils d'où vous les avez enlevés.

9.   Désactiver l'écran de démarrage pendant le lancement

1. **Fichier / Préférences / Générales / Divers.**
2. Décocher **Afficher l'écran d'accueil lors du démarrage du programme.**

10.   Rendre un fichier compatible avec une ancienne version

Enregistrer le fichier **pspimage** en mode compatibilité descendante :

1. **Fichier / Enregistrer sous.**
2. **Type : pspimage.**
3. **Options** (bouton en bas à droite).
4. **Options d'enregistrement / Version – Enregistrer sous** : choisir la version de PaintShop Pro souhaitée dans la liste déroulante. Dans l'exemple ci-contre, c'est la compatibilité PSP X2 (PSP 12) qui a été choisie.

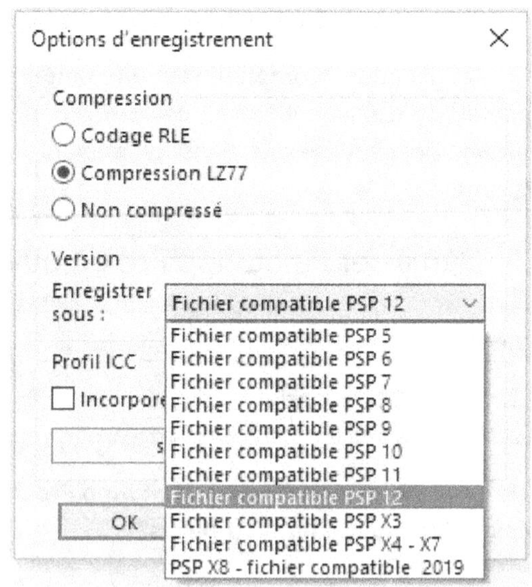

Certaines fonctionnalités peuvent disparaître en effectuant cette opération. C'est le cas de l'habillage de texte disponible dans les nouvelles versions et qui n'existe pas dans les anciennes. Le texte "habillé" ne sera pas reconnu par une ancienne version et pourra même être effacé. Un essai sera nécessaire afin de vérifier l'intégrité du contenu.

11.   Afficher les unités en centimètres et pas en pouces ou vice-versa

Ce réglage est accessible via **Fichier / Préférences / Générales... / Unités.**

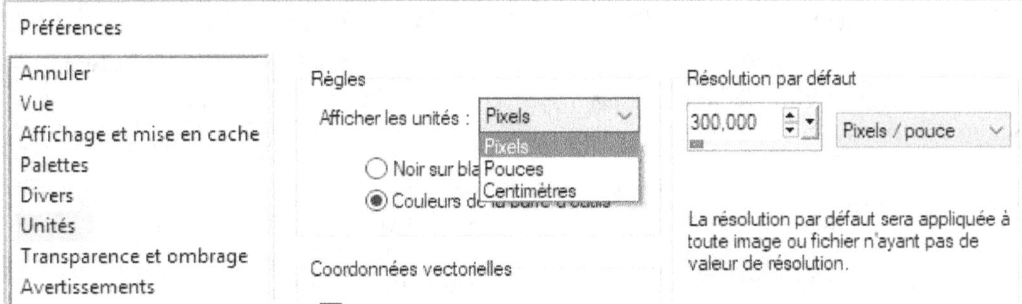

Certains formats d'image n'acceptent pas les pouces, mais uniquement les cm : le **PNG** en est un.

12. Récupérer les ressources des anciens PaintShop Pro

Si vous possédez plusieurs versions de PaintShop Pro sur votre ordinateur, vous pouvez copier et regrouper toutes leurs ressources (pinceaux, textures, dégradés, etc.) dans des dossiers séparés, en dehors des dossiers d'installation des programmes.

Vous pourrez alors les utiliser facilement dans la dernière version en lui indiquant les bons chemins via **Emplacement des fichiers**.

13. Accéder aux Préférences générales en un seul clic

Peut-être faites-vous partie des utilisateurs qui, tout comme moi pendant longtemps, accèdent aux Préférences du programme par le chemin **Fichier / Préférences / Générales**

Une fois l'habitude prise, la routine fait le reste et on ne se pose plus de questions…

Pourtant, il y a une méthode beaucoup plus rapide qui se trouve en permanence sous vos yeux dans la **Palette Calques**. C'est la petite icône  comportant une coche qui est située dans le coin en bas à droite. Un clic dessus et la fenêtre de réglage des **Préférences** apparaît !

14. Désactiver la rotation automatique des images

Si vous remarquez que vos images sont automatiquement basculées et que vous devez rectifier leur orientation, cela peut être causé par un autre programme qui n'a pas marqué la rotation dans les informations EXIF. PaintShop Pro lit ces informations stockées dans l'image. Elles lui indiquent si la photo a été prise verticalement (mode portrait) ou horizontalement (mode paysage). Il applique la rotation indiquée. Beaucoup de programmes qui effectuent la rotation lors de l'affichage ne l'inscrivent pas dans l'image. De ce fait, PaintShop Pro ignore que l'image a déjà été basculée.

Pour désactiver cette rotation automatique :

1. **Fichier / Préférences / Formats de fichiers.**
2. Décocher **Rotation automatique des images**…

15. Ancienne palette des Propriétés des Styles et textures

Dans les nouvelles versions de PaintShop Pro, la palette des **Propriétés des Styles et textures** a bénéficié d'une refonte complète. Pour rappel, cette palette apparaît lorsqu'on clique sur la couleur de **Premier Plan** ou d'**Arrière-plan**.

Si vous venez d'une ancienne version de PaintShop Pro, cela peut fortement perturber votre flux de travail. De même, si vous suivez un tutoriel qui fait appel à cette ancienne palette.

L'ancienne palette existe toujours dans le programme. Pour l'afficher :

Fichier / Préférences / Générales / Palettes / cocher **Utiliser les Propriétés des styles et textures classiques**

L'ancienne palette et la nouvelle :

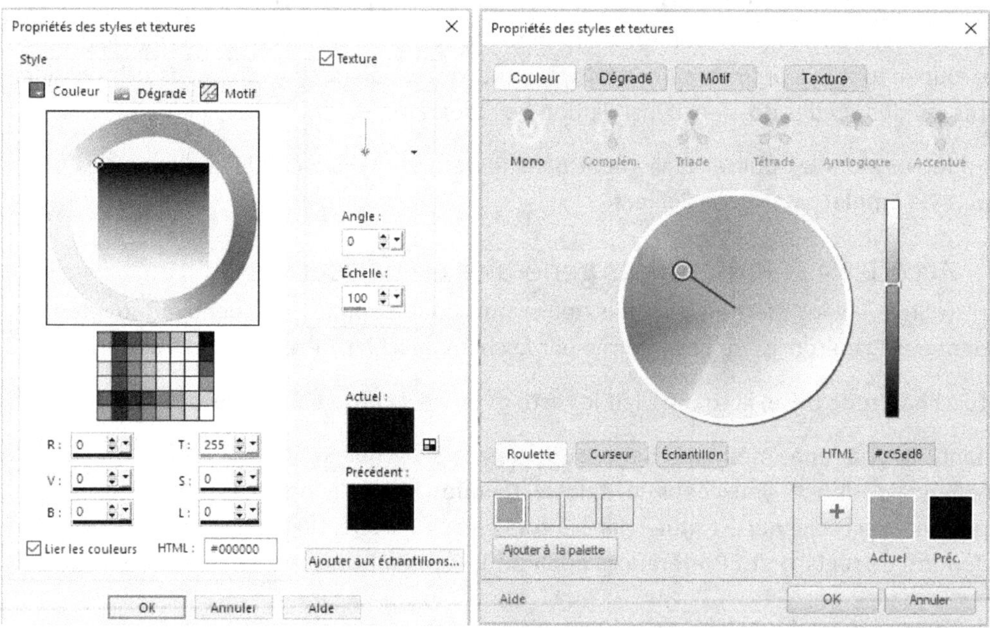

16. Modérer les avertissements

Lors de certaines opérations, PaintShop Pro affiche un avertissement. Cela est très pratique et rassurant lorsqu'on débute. Des erreurs peuvent ainsi être évitées. Lorsque vous prenez de l'assurance ou lorsque vous réalisez souvent les mêmes manipulations que vous connaissez par cœur, ces avertissements deviennent irritants et ralentissent le flux de travail.

La fenêtre dans laquelle ils s'affichent montre une case à cocher (**Ne plus afficher ce message**) si on ne souhaite plus être prévenu.

D'autres fenêtres d'avertissement peuvent être désactivées également via

Fichier / Préférences / Générales / Avertissements

Il suffit de décocher les avertissements considérés comme inutiles.

17. Remplacer l'affichage de transparence en damier

Par défaut et par convention, les programmes graphiques affichent la transparence d'une image sous forme d'un damier gris et blanc. C'est le cas de PaintShop Pro qui autorise aussi le réglage de la dimension des carrés du damier. Cependant, dans beaucoup de situations, notamment lors de retouches précises ou lors de détourages, ce damier s'avère gênant, car il ne permet pas de distinguer avec précision les bords du sujet traité.

Il est alors judicieux de remplacer ce damier par une couleur unie qui, par effet de contraste, aidera à mieux contrôler le travail. Cette couleur est virtuelle et ne sera pas visible dans l'image finale.

Ce réglage s'effectue via

1. **Fichier / Préférences / Générales**…
2. **Transparence et ombrage.**
3. **Combinaison : Jaune uni** (par exemple).

MENUS

18. Changer l'ordre des menus en haut d'écran

Dans la plupart des programmes, l'**Aide** est généralement le dernier menu à droite. Corel ne respecte plus cette règle à partir de PaintShop Pro 2018. L'**Aide** se trouve avant le menu d'**Amélioration des photos**. Pour glisser le menu d'**Aide** à l'extrême droite :

1. **Affichage / Personnaliser.**
2. La fenêtre **Personnaliser** s'ouvre, mais on ne l'utilise pas dans ce cas-ci.
3. Cliquer sur **Aide** dans la **barre de Menus** et maintenir le bouton de souris enfoncé.
   Un rectangle entoure à présent ce menu.
   Sous le curseur, un petit rectangle grisé apparaît.
4. Glisser le menu **Aide** à l'extrémité droite de la **barre des Menus.**
5. Fermer la fenêtre **Personnaliser.**

Cette manipulation peut se réaliser sur les autres menus également afin de les disposer selon votre envie.

19.   Connaissez-vous les menus contextuels ?

Ces menus existent aussi dans Windows et d'autres programmes. On y accède par un clic-droit :

- Un clic-droit sur le plan de travail …
- Un clic-droit sur un calque de la **Palette calques.**
- Un clic-droit sur une image ouverte.

20.   Afficher les icônes des sous-menus

À partir de la version X4 de PaintShop Pro, Corel a supprimé la possibilité d'activer les icônes des sous-menus en une seule opération. Il faut à présent le réaliser manuellement et individuellement. C'est assez fastidieux, mais cela permet d'afficher les icônes des options utilisées le plus souvent, ce qui facilite leur repérage. Ces modifications sont mémorisées si vous enregistrez l'espace de travail.

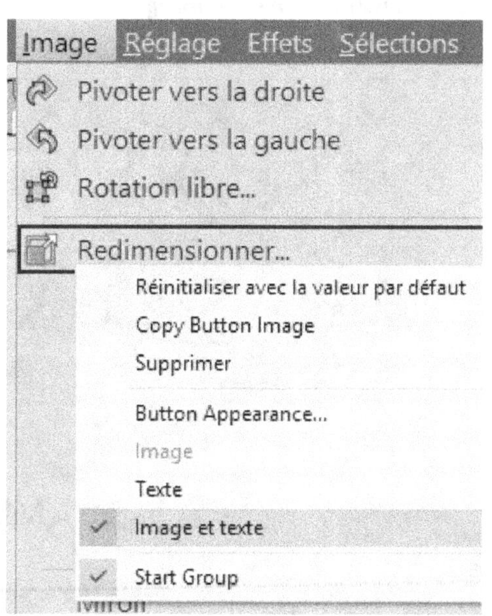

1. **Affichage / Personnaliser.**
   Ne pas travailler dans la fenêtre **Personnaliser** qui s'ouvre au centre de l'espace de travail.
2. Cliquer sur un **Menu** à modifier dans la **barre des Menus** principale, par exemple **Image**.
   Un rectangle s'affiche autour du nom du menu pour indiquer que la fonction est activée.
   Si le sous-menu ne s'affiche pas, cliquer une nouvelle fois sur Image.
3. Cliquer-droit sur une des options du sous-menu, par exemple "**Pivoter vers la droite**".
4. Cocher "**Image et texte**".
5. Valider en cliquant sur "**Fermer**" dans la **fenêtre Personnaliser** ouverte au milieu de l'écran.

21.   Faire réapparaître les menus disparus

Si pour une raison inconnue certains menus ont disparu, vous pouvez les faire réapparaître comme ceci :

1. **Affichage / Personnaliser.**
2. Onglet **Menu.**
3. **Réinitialiser.**

Cette action remet à l'état initial tout le système de menus. Les menus personnalisés devront être recréés.

22.   Ajouter une entrée dans un menu

Par exemple, ajouter une commande dans le menu **Palettes** :

1. **Affichage / Personnaliser.**
2. Cliquer sur le **menu Palettes** pour déployer tous ses éléments.
3. Dans la fenêtre **Personnaliser**, sous l'onglet **Commandes**, cliquer sur **Commandes inutilisées.**
4. Repérer à droite la commande **Réinitialiser** la **palette Styles et textures.**
5. Cliquer dessus et la glisser en première position dans le **menu Palettes.**

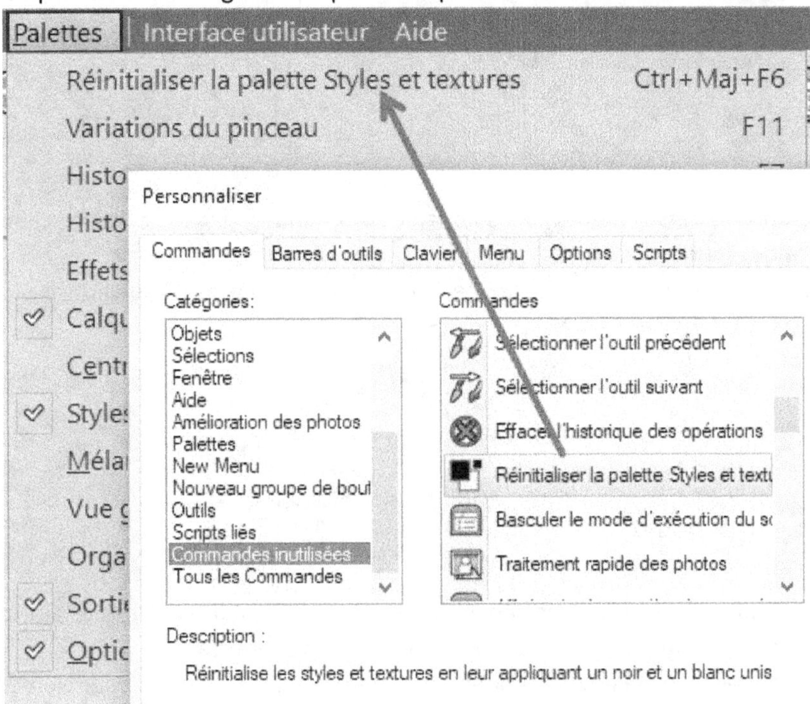

23.   Créer un nouveau menu

L'exemple qui suit crée un menu regroupant tous les outils qui corrigent la balance des blancs.

1. **Affichage / Personnaliser / onglet Commandes / Catégories : New Menu.**
2. Dans la colonne **Commandes** de droite, cliquer sur **New Menu**, maintenir le bouton de souris enfoncé et glisser sur le menu **Réglage** en haut d'écran qui va se déployer.
3. Insérer **New menu** juste au-dessus de **Balance des blancs.**

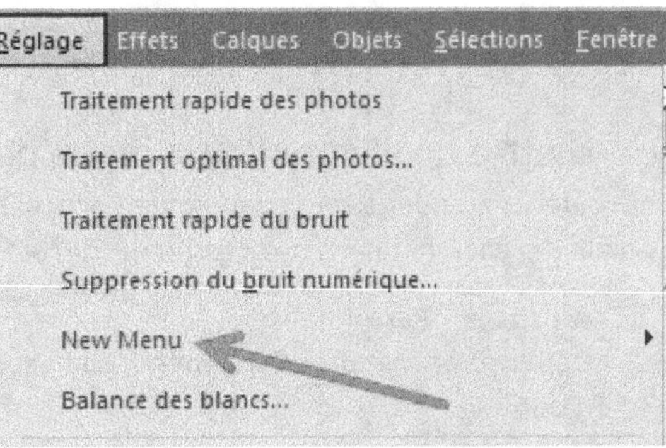

4. Ne pas fermer la fenêtre **Personnaliser.**
5. Cliquer sur **New Menu** pour faire apparaître l'emplacement vide à droite.
6. Glisser et déposer **Balance des blancs** dans cet emplacement :

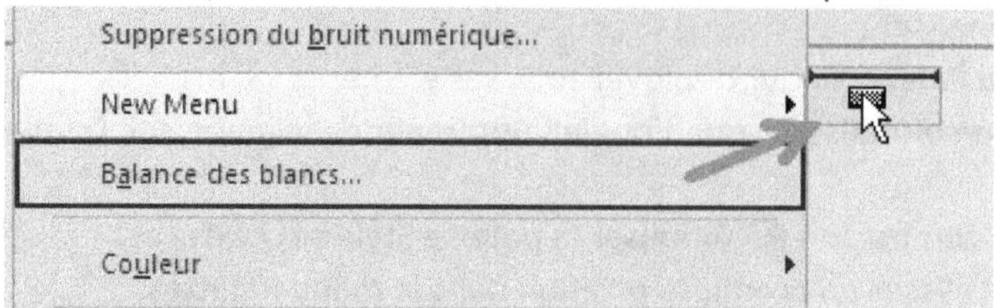

7. **Balance des blancs** est devenu le premier élément de **New Menu** :

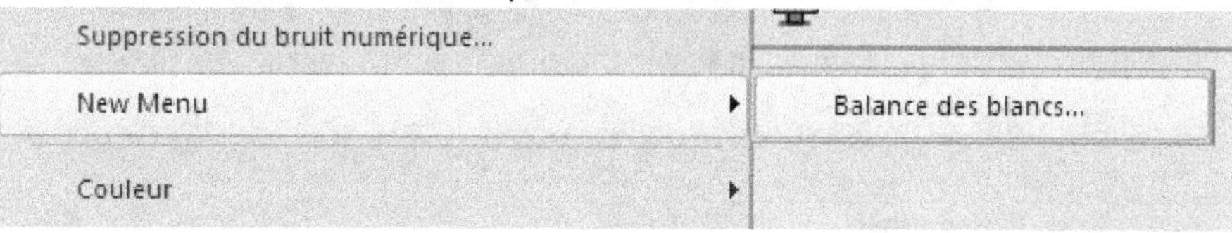

8. Dans la fenêtre **Personnaliser**, sous l'onglet **Commandes**, dans **Catégories** cliquer sur **Commandes inutilisées.**
9. Dans la colonne **Commandes** de droite, repérer chacun des outils suivants à glisser un par un sous **Balance des blancs** :

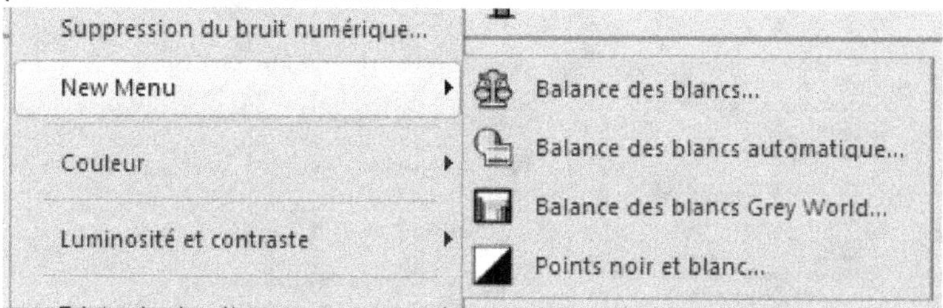

10. Pour faire apparaître les icônes, laisser la fenêtre **Personnaliser** ouverte, faire un clic-droit sur chaque élément listé puis choisir **Image et texte.**
11. Pour renommer **New Menu** en **Balance des blancs**, faire un clic-droit sur **New Menu.**
12. Choisir **Apparence du bouton** (Button Appearance) **/ Texte seul** (Text only) **/ Texte du bouton** (Button text) **/** changer **New Menu** en **Balance des blancs.**

En cours de manipulation, si vous faites disparaître involontairement un élément d'un menu, dans la fenêtre **Personnaliser**, sous l'**onglet Menu**, cliquer sur **Réinitialiser.**

Note : dans ma version de PaintShop Pro, certains éléments des menus s'affichent en anglais. Je suppose qu'il s'agit d'un bug qui sera corrigé ultérieurement.

24.   Mettre un élément d'un menu dans une barre d'outils

Vous préférez accéder à une commande particulière directement dans une barre d'outils au lieu d'aller la chercher dans un sous-menu ? Procéder comme suit :

1. **Affichage / Personnaliser.**
2. Déployer le **Menu** et **Sous-menu** pour accéder à l'élément à copier dans une barre d'outils.

3. Maintenir la touche **Ctrl** enfoncée, cliquer et glisser cet élément dans la barre d'outils souhaitée. Cela en crée un double dans la barre d'outils. L'élément original restera visible dans le menu d'origine. Si après déplacement dans la barre d'outils, l'élément s'affiche avec son texte explicatif, faire un clic-droit sur l'icône et cocher Image.

25. Déployer automatiquement les menus

Par défaut, dans la barre des menus en haut d'écran, il est nécessaire de cliquer sur un menu pour déployer son contenu. Que diriez-vous d'un affichage automatique (sans devoir cliquer) lorsque le curseur passe sur un menu ?

Cette option est activable via :

Affichage / Personnaliser / onglet Options / Menus et barres d'outils personnalisés / cocher **Les menus affichent d'abord les commandes récemment utilisées.**

Menus et barres d'outils personnalisés

☑ Les menus affichent d'abord les commandes récemment utilisées

☑ Afficher les menus complets après une courte période

Pour que l'automatisme de déploiement s'active, il faut cliquer au moins une fois sur un menu.

OUTILS

26. Réinitialiser un outil

Parfois un outil ne se comporte plus comme prévu ou bien les réglages éventuels ne conviennent pas. Le réinitialiser à ses valeurs par défaut est une solution.

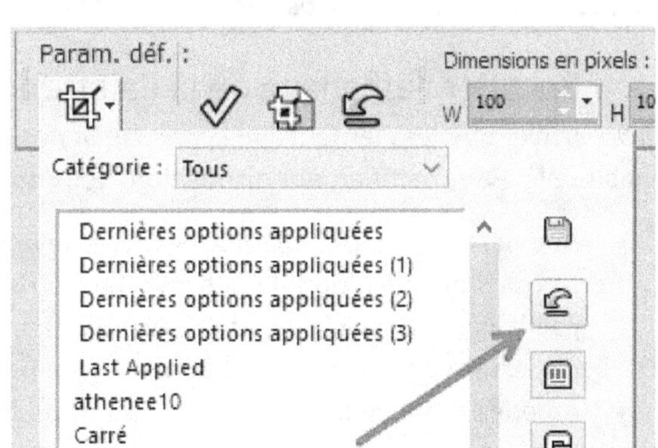

1. Si la barre d'outils n'est pas visible, cliquer sur **Affichage / Barres d'outils / Outils.**
2. Cliquer sur l'icône de l'outil
3. Dans la **barre des Options d'outil,** cliquer sur l'icône **Paramètre par défaut** à l'extrême gauche de la barre.
4. Dans la fenêtre déployée, à droite, cliquer sur l'icône de la flèche courbée **Réinitialiser avec la valeur par défaut.**

27. Pourquoi certains outils demandent-ils une confirmation ?

Certains outils vous demandent de confirmer l'action que vous avez effectuée (outil de **Clonage, Grille déformante** …). Si cela s'avère utile dans certains cas, dans d'autres circonstances cela peut devenir irritant.

28.   Outil Pinceau de forme rectangulaire

L'outil **Pinceau** peut avoir une forme circulaire, carrée ou irrégulière. Le réglage d'**Épaisseur** de l'outil carré ou circulaire transformera le cercle en ellipse et le carré en rectangle.

Une autre méthode consiste à créer sa propre forme :

1.   Ouvrir une nouvelle image à fond transparent.
2.   Créer un rectangle noir qui touche les bords opposés de l'image.
3.   Le centrer sur le support :
     Outil **Sélecteur / Objets / Aligner / Centrer sur le support.**
4.   **Fichier / Exporter / Pinceau personnalisé.**

L'option **Rotation** de l'outil **Pinceau** permet ensuite de le placer horizontalement, verticalement ou selon un angle choisi.

29.   Importer des pinceaux PhotoShop

Ces pinceaux sont au format **abr**.

À partir de PaintShop Pro X6, les pinceaux de ce type peuvent être importés directement dans PaintShop Pro via **Fichier / Importer / Pinceau personnalisé.**

30.   Gomme non circulaire

La **Gomme** utilise les mêmes formes que l'outil **Pinceau**. Grâce à cette particularité, il est possible d'effacer de manière créative en remplacement du bord flou ou adouci classique. Essayez les différents réglages dans les **Options** de l'outil.

31.   Rectifier l'affichage de la Palette Styles et Textures

Il peut arriver que les éléments de la **palette Styles et textures** soient disposés d'une manière inhabituelle. Pour rectifier leur disposition, deux possibilités existent :

- Amener le curseur sur le bord gauche de la **palette Styles et textures** jusqu'à ce qu'il se transforme en double flèche. Il faut être très précis sinon le curseur "n'accroche" pas la ligne. Glisser ensuite le curseur vers la droite ou vers la gauche. Les éléments dispersés vont se regrouper automatiquement.
- Amener le curseur sur le bord inférieur de la **palette Styles et textures**. C'est la ligne située juste au-dessus de la **palette Calques**. Lorsque le curseur s'est transformé en double flèche, le glisser pour descendre ou monter le bord.

32.   Retrouver une Palette disparue

Un mouvement malencontreux avec la souris et une **Palette** disparaît de l'écran de travail. Pour la récupérer, cliquer sur **Affichage / Palettes /** cocher la **Palette** disparue.

33.   Récupérer les options d'outil disparues

Il arrive parfois que certaines options dans la **barre des Options d'outil** ne s'affichent plus, comme si elles avaient été effacées. Il n'en est rien. Elles sont toujours là, mais masquées. Cela peut arriver après un glissement involontaire du curseur de la souris à cet endroit en cours de travail.

Pour faire réapparaître les options manquantes, repérer la petite barre verticale à l'endroit où ces options devraient se trouver. Une petite flèche en forme de triangle facilite le repérage.

Elle n'est pas très visible. Glisser cette barre verticale vers la droite.

Parfois des éléments sont cachés à l'extrême droite de la **barre des Options de l'outil**, au bord de l'écran.

34.   Retrouver les outils disparus des anciennes versions

Certaines commandes des anciennes versions de PaintShop Pro du temps de Jasc ont été cachées par Corel lors du rachat du programme. Ces commandes sont pourtant très valables et même plus faciles à utiliser que d'autres apparues par la suite.

Pour les retrouver, cliquer sur **Affichage / Personnaliser / Commandes inutilisées.**

Pourquoi ne pas les rassembler dans une barre d'outils ? La méthode est expliquée un peu plus loin, dans le paragraphe **Créer une barre d'outils personnalisée** (page 28).

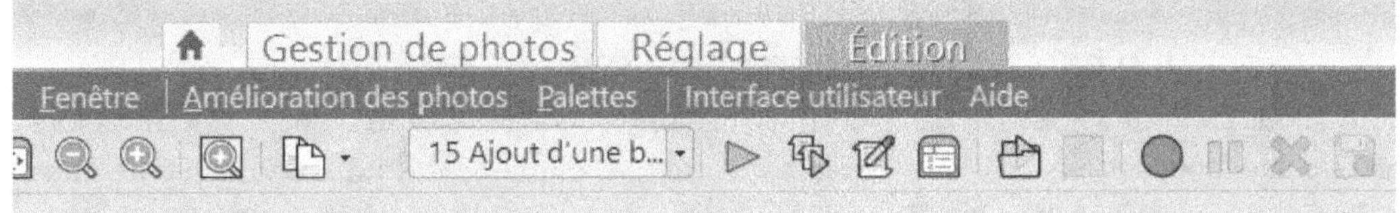

35.   Trouver un outil

À partir de PaintShop Pro 2018, la barre d'outils par défaut à gauche de l'écran affiche une petite croix tout en bas. Cliquer dessus donne accès à un sous-menu qui affiche tous les outils que l'on peut activer ou non.

Rechercher un outil se fait simplement en tapant une partie de son nom dans le champ de saisie "**Recherche rapide**". Exemple : taper "déformant" affiche l'outil **Déformant** et la **Grille déformante.**

36.   Modifier les valeurs des outils par petits incréments

Dans la barre des options d'outil, les valeurs des différents champs (**Taille**, **Opacité** …) sont modifiables en cliquant sur les petites flèches noires situées à droite de la valeur affichée.

Il peut être difficile de cliquer précisément sur ces petites flèches.

Une solution consiste à cliquer dans le champ de saisie pour y mettre le curseur et ensuite utiliser la roulette de la souris pour modifier la valeur affichée vers le haut ou vers le bas selon le sens de rotation de la roulette.

37.   Remettre en place une barre d'outils déplacée

Il faut cliquer dessus et la glisser à son emplacement.

Pendant le déplacement, des marques apparaissent à l'écran qui symbolisent les emplacements possibles. Déposer la barre d'outils sur une des marques pour l'ancrer.

Il faut évidemment que cette fonctionnalité soit activée, sinon la barre d'outils reste "flottante". L'activation de l'ancrage s'effectue via :

Préférences / Palettes / Autoriser l'ancrage de la palette / cocher les palettes à ancrer.

38.   Créer une barre d'outils personnalisée

Nous allons créer une nouvelle barre d'outils. Elle regroupera une série d'outils utilisables lors de la correction des photos. Ces outils sont pour la plupart des outils qui existent dans les anciennes versions de PaintShop Pro, mais qui ont été escamotés par Corel dans les versions plus récentes. Ils sont toujours là et bien utiles...

1. **Affichage / Personnaliser.**
2. Onglet **Barres d'outils.**
3. **Nouveau.**
4. **Nom de la barre d'outils : Corrections.**
5. Cette nouvelle barre d'outils apparaît sur la fenêtre **Personnalise**r. La déplacer dans un espace vide du plan de travail.
6. Dans la fenêtre **Personnaliser**, cliquer sur l'**onglet Commandes.**
7. Sous **Catégories**, cliquer sur **Commandes inutilisées.**
8. Dans la liste des commandes à droite, repérer les commandes suivantes, cliquer dessus, les glisser et les déposer dans la nouvelle barre d'outils **Corrections.**
    - o   Traitement rapide des photos
    - o   Balance des blancs automatique

- o   Points noir et blanc
- o   Balance des blancs Grey World
- o   Correction manuelle des couleurs
- o   Amélioration automatique du contraste
- o   Amélioration automatique de la saturation
- o   Correction gamma
- o   Éliminer la frange
- o   Éliminer les incrustations noires
- o   Éliminer les incrustations blanches
- o   Régler la balance des blancs

Les icônes de cette barre d'outils se réorganisent automatiquement lorsqu'elle est agrandie ou rétrécie en tirant sur ses bords latéraux.

Il est possible de lui donner l'aspect d'une barre verticale en glissant ses côtés vers le centre de la barre.

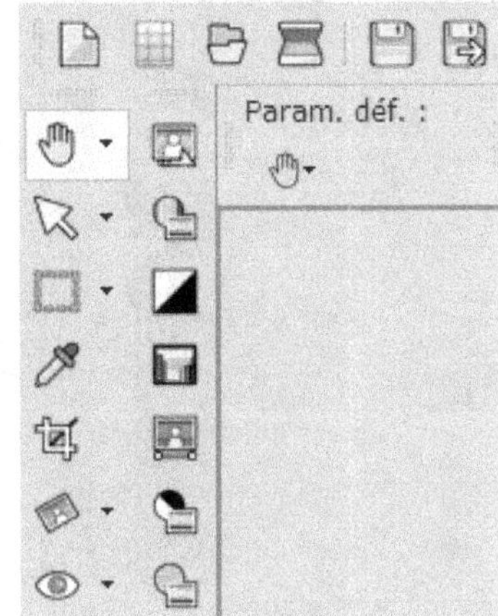

Elle peut être placée à la droite de la barre d'outils située à gauche de l'écran pour créer une double barre d'outils verticale. C'est cette disposition qui est montrée sur la capture écran ci-contre.

Enregistrer ensuite l'espace de travail afin qu'il incorpore cette nouvelle barre d'outils.

39.   Réinitialiser la barre d'outils

Depuis PaintShop Pro 2018, on accède à cette fonctionnalité via la barre d'outils latérale gauche.

Cliquer sur la croix en bas de la barre d'outils affiche un sous-menu qui contient l'option **"Réinitialiser la barre d'outils"** :

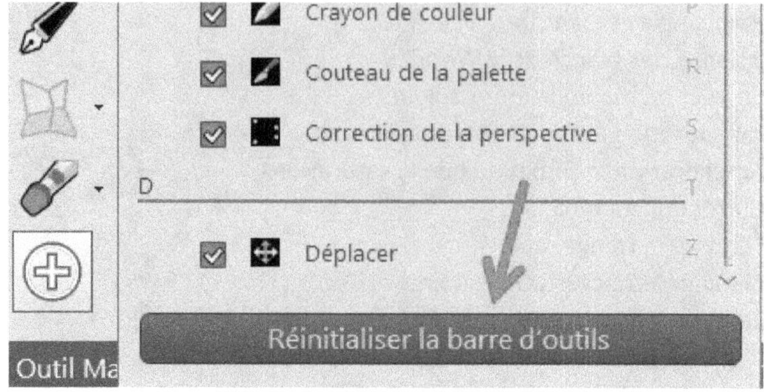

40. Créer un groupe d'outils

Dans la barre d'outils latérale gauche, certains outils affichent à leur droite une petite flèche noire qui permet de déployer un sous-menu contenant d'autres outils. Par exemple, l'outil de **Sélection** affiche un groupe de quatre outils en plus de lui-même.

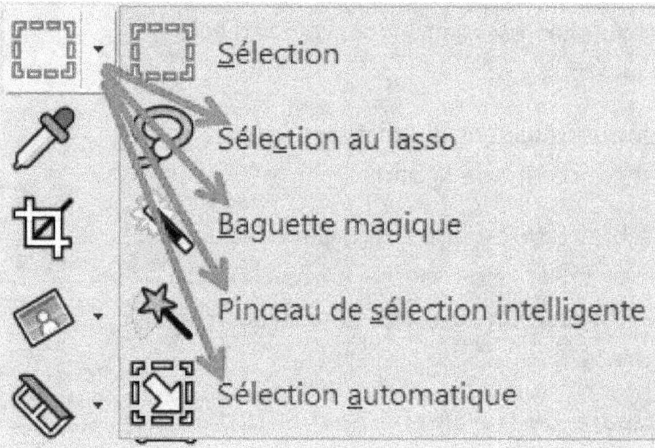

Pour créer ce type de groupe dans une barre d'outils, procéder comme suit :

1. **Affichage / Personnaliser.**
2. Choisir une icône d'outil qui possède ce type de flèche noire indiquant qu'il s'agit d'un groupe. Appuyer sur la touche **Ctrl** et glisser cette icône à l'endroit souhaité. Cela va en créer un double dans la barre d'outils de destination.
3. Ensuite, toujours en restant dans **Personnaliser**, ajouter par glisser/déposer les icônes d'outils dans le nouveau groupe.

41. Agrandir la taille d'un outil "à la volée"

La **Taille** de l'outil se règle en modifiant sa valeur dans la **barre des Options de l'outil**.

Si le travail effectué exige des modifications continuelles de cette taille, les allers-retours du curseur entre l'image et les valeurs de **Taille** de l'outil peuvent devenir fastidieux.

Il existe une autre méthode : la touche **Alt** du clavier.

Pendant qu'elle est maintenue enfoncée, cliquer sur l'image et glisser le curseur vers le haut ou vers le bas de l'image. La taille du curseur variera instantanément.

42.   Déformation avec l'outil Sélecteur

Cet outil permet de déformer l'objet ou l'image sélectionnée. Le type de déformation apparaît sous forme de petit symbole lorsque le curseur est positionné, sans cliquer, sur un nœud latéral ou sur un coin.

Des possibilités de déformations supplémentaires apparaissent lorsque les touches **Maj** ou **Ctrl** sont enfoncées à ce moment-là, séparément ou conjointement.

Lorsque la sélection est une image raster, les déformations disponibles sont affichées également dans la barre des **Options de l'outil**.

Lorsque la sélection est effectuée sur un objet vectoriel, seules les touches **Maj** et **Ctrl** permettent d'afficher les déformations possibles.

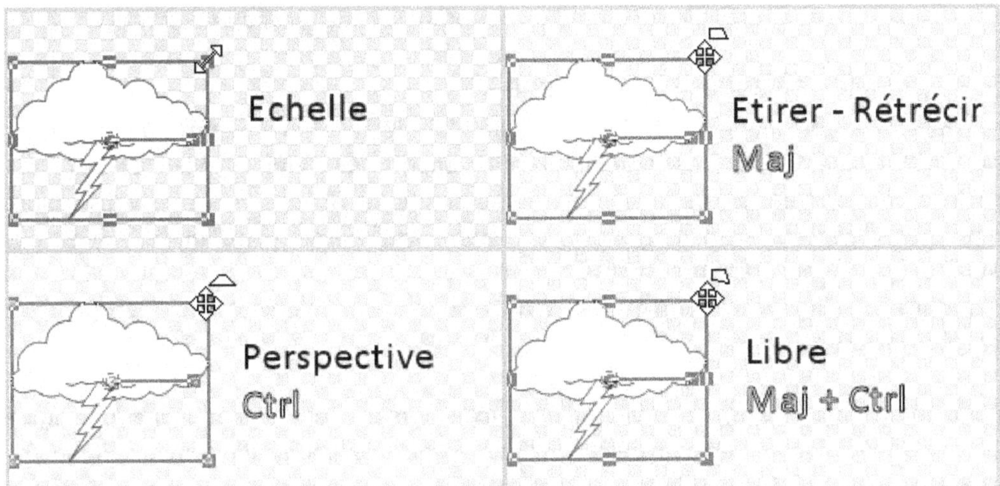

43.   Désactiver le curseur d'un outil

Il n'est pas possible de désactiver réellement le curseur d'un outil. S'il vous gêne dans votre travail, cliquer sur l'outil **Main** pour le faire disparaître.

44.   Positionner l'outil Sélecteur au pixel près

Lorsque l'**outil Sélecteur** est activé, il peut être déplacé pixel par pixel, notamment lorsque l'image est agrandie via l'outil **Zoom**.

Appuyer sur les flèches du clavier provoque un déplacement d'un pixel à la fois.

Pour un déplacement plus important, appuyer sur la touche **Maj** ou la touche **Ctrl** en combinaison avec les flèches du clavier.

45.   Travailler en sécurité

Rien de plus énervant ou désespérant que l'arrêt du programme pendant un travail qui a nécessité des heures d'occupation. Ce travail est perdu si on n'a pas été prévoyant. Pour éviter la crise de nerfs :

- Une image sur laquelle on va travailler doit d'abord être enregistrée au format **pspimage** et on travaille avec ce format-là. Une fois le travail terminé, on enregistre la version finale au format souhaité. Le format **pspimage** conserve les calques, la transparence, etc. En d'autres termes, ne jamais travailler sur l'original, mais toujours sur sa copie.
- Activer l'enregistrement automatique :
  - **Fichier / Préférences / Paramètres de sauvegarde automatique**
  - En cas de crash, PaintShop Pro vous proposera de récupérer le travail en cours.

46.   Travailler en sécurité renforcée

La sauvegarde automatique, c'est bien, mais elle a un défaut. Elle enregistre à chaque fois sur la même image. Si vous faites une modification importante à l'image, elle est répercutée sur l'image enregistrée lors de la sauvegarde automatique. Si vous venez de vous rendre compte que vous avez fait une erreur, et cela après avoir fermé votre image, il n'est pas possible de récupérer l'étape précédente. Si vous aviez par exemple fait un cadrage, supprimé des parties de l'image et fermé, les parties supprimées ne sont plus récupérables après réouverture.

Faites comme moi : enregistrez régulièrement l'image lorsque vous allez appliquer une étape importante en lui donnant un nom dérivé de l'image originale, par exemple image_étape_01, image_étape_02, etc. Lorsque le travail sera terminé, vous pourrez supprimer les versions intermédiaires ou faire comme moi, les sauvegarder sur un disque dur externe pour les conserver pendant un certain temps "au cas où"...

Conseil : si vous êtes très concentré par le travail à accomplir sur votre image, vous perdrez la notion du temps qui passe. Utilisez une minuterie pour vous rappeler de sauvegarder la version de l'image en cours tous les quarts d'heure ou selon une durée qui convient à votre type de travail.

47.   Annuler une erreur

Cliquer sur l'icône d'annulation sous la barre des menus en haut d'écran.

Ou utiliser la combinaison de touches **Ctrl+Z**.

Cette fonction mémorise plusieurs étapes du travail en cours. Cliquer plusieurs fois pour revenir de plusieurs niveaux en arrière.

Dans les **Préférences** du programme, sous **Annuler**, on dispose de plusieurs réglages pour affiner le système d'annulation (activation, nombre d'étapes par image).

Une autre méthode consiste à utiliser l'**Historique** (touche F3). Il faut repérer l'étape à partir de laquelle on souhaite annuler les actions effectuées sur l'image. Désactiver la visibilité (l'œil à gauche) annule toutes les actions à partir de cet endroit. Réactiver la visibilité permet de les récupérer.

48.   Pas de version de PaintShop Pro 32 bits sur l'ordinateur ?

Cela peut arriver si on a installé la version d'essai du programme. Après achat, elle est activée et fonctionnelle, mais elle reste en 64 bits. Il faut désinstaller cette version d'essai et installer la version achetée. Elle contient le module d'installation complet qui propose, lors de son lancement, d'installer la version 32 bits uniquement, ou la 64 bits ou les deux. C'est cette dernière option qu'il faut choisir. C'est l'option recommandée par Corel.

49.   Ouvrir PSP en Mode Édition sans les autres onglets

1. **Fichier / Préférences / Générales…**
2. **Onglets.**
3. Décocher **Gestion de photos.**
4. Décocher **Réglage.**
5. Cocher **Définir Édition comme valeur par défaut.**

50.   Glisser les images dans PaintShop Pro

Depuis l'Explorateur de fichiers Windows, cliquer/glisser/déposer sur l'icône du programme ou sur l'espace de travail du programme déjà ouvert.

Cette fonction est similaire à celle disponible dans le mode **Gestion de photos**.

51.   Enregistrer toutes les images d'un seul coup

Cette commande n'existe pas dans la barre des Menus, mais la fonction existe dans PaintShop Pro. Il faut que les images aient été enregistrées au moins une fois en cours de session.

Pour faire apparaître cette fonction, cliquer sur **Fenêtre / Fermer tout.**

Ensuite, cliquer sur **Enregistrer les fichiers sélectionnés**. PaintShop Pro enregistrera les modifications effectuées depuis le dernier enregistrement et fermera toutes les images.

52.   Fermer toutes les images en une seule fois

Appuyer sur la touche **Maj** et cliquer sur **Fenêtre / Fermer tout.**

La fenêtre de confirmation n'apparaîtra pas et toutes les images seront fermées. Ne pas utiliser cette commande si certaines images doivent être préservées et enregistrées.

53.   Déterminer la version d'une image enregistrée

Pour connaître à quelle version correspond un fichier **pspimage** :

1. **Fichier / Ouvrir.**
2. Dans la fenêtre **Ouvrir**, cliquer sur un fichier **pspimage** sans l'ouvrir afin d'activer le bouton **Détails.**
3. Cliquer sur **Détails** pour voir la version de PaintShop Pro indiquée pour cette image.

Attention, cela ne dit pas quelle version du programme a enregistré l'image. Cela indique la compatibilité. Si on enregistre une image au format **pspimage** avec PaintShop Pro 2019 en mode compatibilité X8 à 2019, la version indiquée sera X8.

54. Où se trouve la liste des Raccourcis clavier ?

- **Aide / Raccourcis clavier.**
- Corel a aussi édité un clavier visuel disponible ici :
  https://www.paintshoppro.com/static/psp/docs/products/paintshop-pro/2018/psp2018-keyboard-shortcuts.pdf

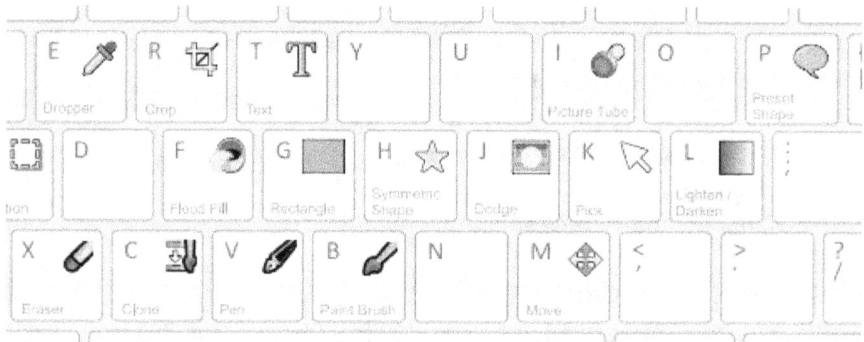

55. Modifier les raccourcis clavier

Utiliser les mêmes raccourcis clavier dans différents programmes aide à éviter des erreurs et produit un flux de travail plus rapide. Certaines commandes qui sont conventionnelles dans d'autres programmes, comme le **Ctrl+V** pour coller un élément, ne le sont plus dans PaintShop Pro où Corel a assigné d'autres raccourcis clavier à ces mêmes commandes.

Heureusement, vous pouvez modifier cela et attribuer vos propres raccourcis clavier aux commandes que vous préférez : **Affichage / Personnaliser / onglet Clavier.**

Sélectionner une commande et réaliser le raccourci clavier sur votre clavier. Si la combinaison de touches est déjà prise, regardez à quoi elle est attribuée. Si c'est une commande que vous utilisez peu, vous pouvez l'effacer et remettre votre propre raccourci ainsi libéré.

56. Tracer une grille temporaire

Il est parfois nécessaire de disposer d'une grille sur une image que ce soit pour dessiner ou pour assembler et aligner des éléments.

PaintShop Pro permet de réaliser cette grille temporaire qui ne sera pas visible dans l'image finale.

1. **Affichage / Grille.**
2. **Affichage / Propriétés de la grille …**
3. Onglet **Grille.**
4. **Paramètres actuels de l'image / Unités : Pixels, Grilles horizontales et verticales : 70**
   pour la capture écran ci-après, mais à augmenter dans le cas d'une image plus grande
   et en fonction des besoins.

57.   Accéder rapidement aux réglages de la grille

Les règles doivent être visibles pour que cette astuce fonctionne (**Affichage / Règles**).
Double clic-gauche sur une des règles.

La fenêtre des réglages donne aussi accès aux réglages des **Repères** qui sont des guides
virtuels à tracer sur l'image.

58.   Capture écran

PaintShop Pro dispose d'une fonction de capture d'écran. C'est pratique pour capturer
n'importe quoi sur l'écran de l'ordinateur.

Il y avait cependant une exclusion. Les anciennes versions de PSP ne pouvaient pas se capturer
elles-mêmes. Pour faire la capture d'un écran de PaintShop Pro, il fallait utiliser un logiciel

externe ou disposer de deux versions de PaintShop Pro ouvertes en même temps pour pouvoir capturer l'une avec l'autre.

Cette limitation a été levée avec les dernières versions du logiciel. Le programme peut à présent se capturer lui-même.

59. Accéder rapidement à l'emplacement des fichiers

Les ressources de PaintShop Pro (pinceaux, tubes à images, cadres, textures, etc.) sont stockées dans des dossiers qui leur sont attribués. Vous-même pouvez créer des dossiers pour vos propres ressources ou pour celles trouvées sur Internet.

Il faut ensuite dire à PaintShop Pro où elles se trouvent.

Cela se fait habituellement via **Fichiers / Préférences / Emplacement des fichiers.**

C'est un chemin un peu long qui nécessite quelques clics qui peuvent devenir fastidieux si on l'utilise souvent. Il existe un chemin plus court directement accessible lorsqu'un outil est sélectionné : **Paramètre par défaut /** dernière icône en bas à droite.

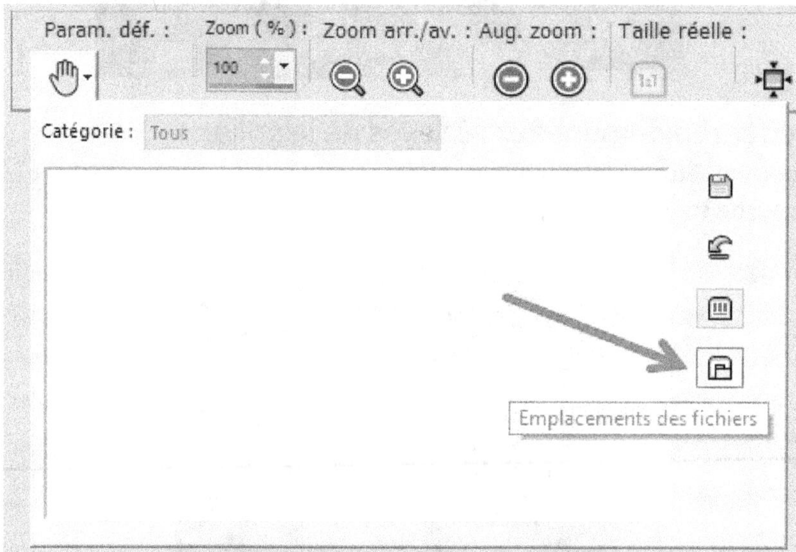

60. Enregistrer l'historique du travail effectué sur une image

La fonction d'**Historique**, accessible avec la touche **F3**, enregistre automatiquement les commandes effectuées sur l'image pendant une session. Elles sont effaçables partiellement pour pouvoir revenir à un état antérieur ou sont enregistrables dans un script pour pouvoir être reproduites sur une autre image.

Une nouvelle fonctionnalité relative à l'historique a été introduite avec PaintShop Pro X9. Elle enregistre toutes les actions réalisées sur une image. Ces actions sont incluses dans les metadata de l'image elle-même à condition de l'activer :

1. **Fichier / Préférences / Générales / Divers.**

2. Cocher **Enregistrer l'historique des modifications dans les métadonnées d'image.**

C'est pratique si on veut se souvenir des opérations effectuées sur une image ou pour expliquer à quelqu'un les étapes d'un travail effectué sur une image. Dans ce dernier cas, on peut enregistrer ces commandes dans un fichier texte.

L'historique enregistré dans une image est accessible via :

Image / Informations sur l'image / onglet **Historique des modifications.**

61.   Utiliser votre image comme bloc-notes

Vous pouvez enregistrer des informations personnelles ou autres dans les données enregistrées avec votre image. Cela peut être votre nom à titre d'auteur ou le copyright, mais aussi des informations de provenance de l'image ou toute autre information utile :

Image / Informations sur l'image / onglet **Informations sur le créateur.**

62.   Déplacer un élément avec précision

Déplacer un élément au moyen de l'outil **Déplacer** s'avère délicat si le déplacement doit s'effectuer au pixel près.

L'élément doit bien entendu être isolé (texte, objet sur un calque ou sélection active).

Activer l'outil **Déplacer** et cliquer sur l'élément à déplacer.

Utiliser les flèches de direction du clavier pour réaliser des déplacements par unité de pixel.

L'appui simultané sur la touche **Maj** (Shift) ou la touche **Ctrl** produit des déplacements plus importants.

63.   Répéter une correction

Le raccourci clavier **Ctrl+Y** permet d'appliquer une nouvelle fois un effet ou une correction sans devoir retourner aux réglages de l'outil pour l'exécuter. L'effet est cumulatif.

Exemple : sur votre plan de travail sont ouvertes plusieurs images sur lesquelles vous souhaitez appliquer la même correction de **Luminosité et contraste / Mappage ton local.** Vous effectuez la correction sur la première image. Vous cliquez sur la deuxième et vous faites **Ctrl+Y**. La correction est appliquée sur la deuxième image sans cliquer sur l'outil **Mappage ton local**. Vous faites de même pour les autres images.

Le raccourci **Ctrl+Z** est utilisé pour revenir en arrière, par exemple, si vous avez cliqué deux fois sur la même image.

Note : Toutes les commandes ne sont pas répétables. Ce raccourci clavier ne mémorise qu'une seule correction, la dernière exécutée.

64.   Appliquer des corrections sur plusieurs images

La méthode de raccourci clavier expliquée dans le paragraphe précédent convient pour appliquer une correction immédiate à d'autres images. Elle ne convient plus si un ensemble de corrections doit être reproduit ou si la correction a été effectuée plusieurs étapes en arrière. Voici comment procéder dans ces cas-là :

1ère méthode :

Les actions effectuées sur une image sont enregistrées dans l'**Historique** auquel on accède via la touche **F3**.

1. Ouvrir les images sur lesquelles appliquer les effets ou corrections.
2. Effectuer les manipulations sur la première image.
3. Ouvrir la palette **Historique (F3)**.
   Les dernières actions se trouvent en haut de la liste affichée.
4. Maintenir la touche **CTRL** et cliquer sur les actions de la liste qui doivent être reproduites sur les autres images afin de les sélectionner.
5. Cliquer droit sur une des lignes sélectionnées.
6. Dans le menu contextuel apparu, cliquer sur **Appliquer aux autres documents ouverts**.

2ème méthode :

Vous avez appliqué un effet d'ombrage particulier sur une image, puis vous avez effectué d'autres actions. Maintenant, vous souhaitez appliquer cet effet d'ombrage à une autre image, mais vous ne vous souvenez plus des réglages exacts, car vous avez essayé d'autres ombrages entretemps.

1. Ouvrir l'image sur laquelle vous souhaitez appliquer l'effet en question.
2. Activer l'image sur laquelle vous aviez appliqué l'effet.
3. Ouvrir sa **palette Historique** (touche de fonction **F3**).
4. Repérer la commande dans la liste de la **palette Historique** et la glisser sur l'image à traiter.

65.   Aligner des objets automatiquement sur une image

On peut utiliser les repères en activant la fonction **Aligner sur les Repères**, mais il faut glisser les objets près de ces repères pour qu'ils s'alignent. Ce n'est pas un mode automatique.

Dans les versions récentes de PaintShop Pro, les objets raster peuvent être alignés automatiquement contrairement aux anciennes versions où seuls les objets vectoriels bénéficiaient de cette possibilité.

1. Les objets à aligner doivent se trouver chacun sur un calque séparé.
2. Activer l'outil **Sélecteur.**
3. Dans la **palette Calques**, sélectionner ces calques en maintenant la touche **Ctrl** enfoncée.
4. Utiliser le menu **Objets** pour aligner les objets selon les différentes options.

66.   Adoucir les bords d'un objet ou d'une image

1ère méthode :

1. Si l'objet / l'image est en plein format, cliquer sur **Sélections / Sélectionner tout.**
2. Si l'objet / l'image se trouve sur un fond transparent, cliquer dans la zone transparente avec la **Baguette magique** et cliquer ensuite sur **Sélections / Inverser.**
3. **Sélections / Modifier / Progressivité intérieure/extérieure.**
4. Choisir **Progressivité intérieure** et entrer une valeur en pixels (dépend de la taille de l'image).
5. **Sélections / Inverser.**
6. **Édition / Couper.**

2ème méthode :

Cette méthode est similaire à la précédente, mais elle donne plus de contrôle sur la dimension de l'image restante après traitement.

Le tracé de la sélection autour du sujet peut s'effectuer manuellement au **Lasso** ou en utilisant les différentes formes proposées en plus du rectangle (voir la liste déroulante sous **Type de sélection**).

1. Si l'objet / l'image est en plein format, cliquer sur **Sélections / Sélectionner tout.**
2. Si l'objet / l'image se trouve sur un fond transparent, cliquer dans la zone transparente avec la **Baguette magique** et cliquer ensuite sur **Sélections / Inverser.**
3. **Sélections / Modifier / Contracter.**
4. Entrer la valeur de contraction en pixels.
5. **Sélections / Modifier / Progressivité intérieure/extérieure.**
6. **Progressivité extérieure** et entrer une valeur.
7. **Sélections / Inverser.**
8. **Édition / Effacer.**

3ème méthode :

1. Effectuer la sélection puis :
2. **Sélections / Flottante.**
3. **Sélections / Modifier / Contracter.**
4. Entrer une valeur de contraction.

5. **Sélections / Modifier / Progressivité.**
6. Entrer une valeur.
7. **Édition / Copier (Ctrl+C).**
8. **Édition / Coller comme nouvelle image.**

4ème méthode :

1. Effectuer la sélection.
2. **Sélections / Flottante.**
3. **Sélections / Modifier / Progressivité.**
4. Entrer une valeur.
5. **Sélections / Inverser.**
6. **Édition / Effacer** (à faire plusieurs fois).

67.   Placer les Repères au pixel près

Lorsque les **Repères** sont tracés (**Affichage / Repères**), leur extrémité sur les deux **Règles** est élargie. Cliquer-droit sur ce bout élargi, ou "ancrage", donne accès à une fenêtre de réglage de leurs **Propriétés**. La position exacte du **Repère** peut y être rectifiée ainsi que sa couleur.

68.   Supprimer un Repère

Cliquer sur son point d'ancrage dans la **Règle**, maintenir le bouton de souris enfoncé et glisser le **Repère** à l'extrémité de l'image où il disparaîtra.

L'autre méthode consiste à cliquer-droit sur l'ancrage du **Repère** dans la **Règle** puis cliquer sur **Supprimer**.

69.   Passer rapidement d'une image à l'autre

- Lorsque l'affichage à onglet est sélectionné (**Fenêtre / Documents à onglets**) :
    - Touches **Ctrl+Tab** pour aller vers la droite.
    - Touches **Ctrl+Maj+Tab** pour aller vers la gauche.
- Lorsque l'affichage en cascade est sélectionné (**Fenêtre / Cascade**) :
    - Utiliser les touches **Ctrl+Tab** pour amener successivement les images au premier plan.

70.   Effacer en ligne droite

Clic à l'endroit de départ, ensuite touche **Maj** maintenue enfoncée et clic à l'endroit d'arrivée.

Ctrl+Z reviendra à la dernière sélection effectuée sans perte du travail déjà effectué.

71.   Organiser les photos manuellement dans la Gestion de photos

Il n'est pas possible d'organiser les photos dans un autre ordre que celui proposé. Les modes de tri pour l'affichage sont multiples (par date, par nom, par lieu, par taille, par format), mais l'ordre personnalisé n'est pas prévu.

Voici deux méthodes qui permettent d'afficher les photos dans un ordre personnalisé. Travailler en **mode Collections**.

- Utiliser le tri par **Nom** et renommer les photos dans l'ordre souhaité : 001chat, 002chat_noir, 0003palmiers, 004voilier_René. Prévoir 4 chiffres si plus de 999 photos sont à reclasser.
- Utiliser un **Plateau** et y glisser les photos souhaitées. Le **Plateau** est un classement virtuel qui n'affecte pas l'ordre des fichiers sur le disque dur. Il est conservé à la fermeture de PaintShop Pro. Le déplacement des photos se fait par glisser/déposer dans le **Plateau** sans devoir les renommer.

72.   Supprimer Mon Plateau

Dans la **Gestion des photos**, on peut disposer de **Plateaux** pour y ranger des photos sélectionnées.

Un nouveau **Plateau** se crée en cliquant sur le signe **+** à droite de "**Mon Plateau**"en haut d'écran. Si "**Mon Plateau**" n'est pas visible, cliquer sur la petite flèche en bas à droite de l'espace de travail, dans la barre où vous voyez "**Zoom… Tri par…**".

Mon Plateau ne peut jamais être supprimé. Il fait partie intégrante de PaintShop Pro. Seuls les plateaux supplémentaires peuvent être supprimés.

1. Activer l'onglet du **Plateau** à supprimer.
2. Cliquer sur l'icône "**Autres options**" à gauche dans la barre visible en bas d'écran.
3. Choisir "**Supprimer le Plateau**". Attention, l'action est immédiate. Il n'y a pas de demande de confirmation, ni possibilité de le récupérer après suppression !

73.   Réduire une fenêtre récalcitrante

En **mode Édition**, double-cliquer sur la barre de titre d'une image ouverte provoque l'affichage de l'image en plein écran dans l'espace de travail. Les icônes pour la réduire, qui se trouvent habituellement en haut à droite de l'image, semblent avoir disparu.

Pas de panique ! Voici trois méthodes pour récupérer l'affichage initial :

- Changer le mode d'affichage via le menu **Fenêtre / Cascade.**
- Les icônes de réduction de l'image sont toujours présentes, mais se trouvent à présent directement en dessous de celles qui concernent PaintShop Pro lui-même, en haut à droite de l'écran.
- Cliquer sur l'outil **Main** puis sur la dernière icône à droite dans la **barre des Options de l'outil**. Son nom "**Adapter l'image et la fenêtre à l'écran**" apparaît lorsque le curseur de la souris reste quelques instants au-dessus d'elle.

74.   Réinitialiser la palette Styles et textures

Pour effacer les réglages en cours (couleur, transparence), cliquer sur le petit carré noir et blanc situé en bas à gauche.

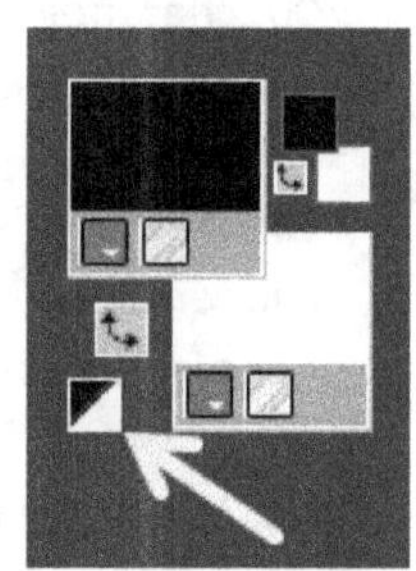

Le petit carré situé juste au-dessus et contenant une double-flèche courbée permet d'inverser les couleurs de **Premier plan** et d'**Arrière-plan** ainsi que le style et la texture.

Le petit carré en haut à droite inverse les couleurs de **Premier plan** et d'**Arrière-plan**.

Voir aussi le paragraphe **Impossible d'enlever la texture** dans le chapitre **PROBLÈMES ET SOLUTIONS** (page 207).

75.   Dégradés : modifier leur couleur au moyen des Courbes

Cette méthode pourra peut-être donner des idées à ceux ou celles qui manipulent les dégradés...

Il s'agit de modifier les coloris des dégradés non plus au moyen des curseurs colorés dans la fenêtre de réglage des dégradés, mais au moyen de l'outil **Courbes**. Ce n'est pas nécessairement plus facile, mais lors de la recherche de tonalités différentes, cela peut aider la créativité.

Sur la capture écran ci-après, la fenêtre **Aperçu "Avant"** montre le dégradé Arc-en-ciel initial. La fenêtre de prévisualisation de droite **"Après"** montre l'effet produit par la modification de la courbe RVB.

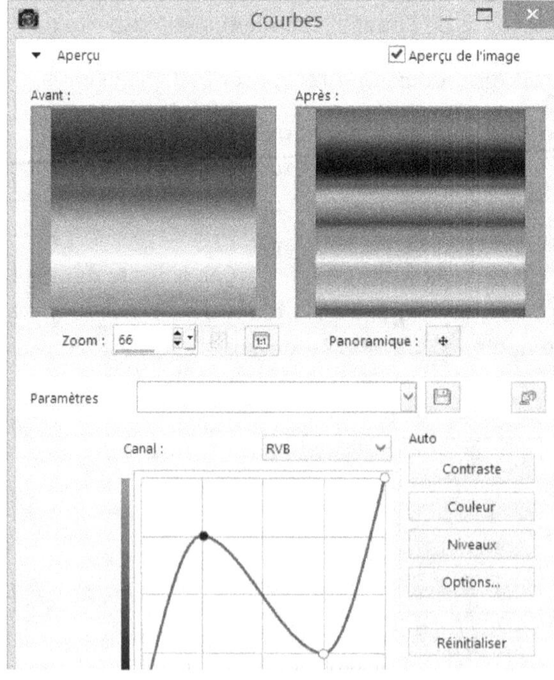

76.   Trouver le bon angle

Il faut parfois effectuer une rotation de l'image selon un angle précis.

L'outil **Image / Rotation libre** le réalise, mais il vous demande d'entrer la valeur d'angle souhaitée. Pour éviter de trop tâtonner, utilisez l'un des deux outils suivants qui affichent l'angle de rotation : l'outil **Sélecteur** et l'outil **Redresser l'image**.

Pendant leur manipulation, l'angle de la rotation est affiché en bas d'écran, à droite.

77. Contrôler la qualité du JPG

Lors de l'enregistrement d'une image en **JPG**, PaintShop Pro applique un taux de compression qui peut être différent du taux de compression original. Cela peut produire des images de moins bonne qualité ou de poids différent sur le disque dur.

Pour contrôler le taux de compression :

1. **Fichier / Enregistrer sous.**
2. À droite de **Compression**, un curseur règle le taux qui sera appliqué lors de l'enregistrement. Il restera en mémoire pour les enregistrements suivants.
3. Dans cette même fenêtre, le bouton **Options** donne accès à des réglages supplémentaires si cela s'avère nécessaire.

78.   Enregistrer un JPG à une taille déterminée

Sur certains sites internet, il est parfois demandé que l'image envoyée ne dépasse pas 300 K, par exemple.

PaintShop Pro dispose d'une fonction de contrôle de la taille (poids) du **JPG** avant son enregistrement :
Fichier / Enregistrer sous / Options / Optimisation.

Cette fenêtre de réglage affiche la valeur du **JPG** non compressé et la valeur après compression. En faisant varier la valeur de compression, la taille finale obtenue est affichée. La fenêtre d'**Aperçu** montre l'image avant et après compression, ce qui permet de contrôler la dégradation de qualité éventuelle de l'image finale.

79.   Mesurer la distance entre deux éléments de l'image

Cet outil n'existe pas dans PaintShop Pro.

Voici deux moyens détournés pour obtenir cette distance en pixels :

- Le **Rectangle** dans l'outil **Formes prédéfinies.**
  - Tracer un rectangle à l'aplomb des deux points dont on mesure l'écart. La longueur (**Largeur**) du rectangle est affichée dans les options de l'outil.

- Tracer des Repères sur les deux points à mesurer et mesurer l'écart des Repères **Affichage / cocher Règles / cocher Repères.**

- o Cliquer sur la **Règle** et tirer le curseur vers le premier point à mesurer pour y déposer un **Repère.**
- o Procéder de même pour le second point.
- o Clic-droit sur chaque point d'ancrage de **Repère** dans la **Règle** et calculer la différence des deux valeurs affichées.
- o La règle peut afficher des centimètres en effectuant le réglage suivant :
- o **Fichier / Préférences / Générales / Unités / Afficher les unités en Centimètres.**

Il faut bien entendu que les deux points soient alignés horizontalement ou verticalement. Si ce n'est pas le cas, basculer temporairement l'image à l'horizontale ou à la verticale au moyen de l'**outil Rectifier** en traçant la barre de rectification exactement sur les deux points à mesurer.

80.   Ouvrir un PDF dans PaintShop Pro

C'est possible, mais le **PDF** sera transformé en image (comme une photo) dans PaintShop Pro. Pour obtenir une bonne qualité de conversion, sélectionner une **Résolution** de 300 ppp. L'**Anticrénelage** activé est à conseiller.

Si le fichier comporte beaucoup de pages, PaintShop Pro peut rencontrer un problème de mémoire si votre ordinateur n'est pas suffisamment puissant. Le temps de traitement peut également être long.

Il n'est pas possible de sélectionner quelles pages seront à ouvrir dans PaintShop Pro. Ce sera chaque fois le document entier qui sera traité.

Le réglage par défaut des **PDF** peut être fixé pour être appliqué automatiquement lors de leur ouverture :

1. **Fichier / Préférences / Formats de fichiers.**
2. Onglet **Postscript.**
3. **Résolution : 300 PPP.**
4. **Taille : A4.**
5. Puis décocher **Demander la taille et les options lors de l'ouverture.**

Voir aussi le paragraphe **Impossible d'ouvrir un PDF de plusieurs pages** dans le chapitre **PROBLÈMES ET SOLUTIONS** (page 208).

81.   Plan de travail élargi dans l'image

J'ai souvent besoin de plusieurs petites images que je vais utiliser dans l'image principale. Au lieu de les avoir à disposition sur le plan de travail de PaintShop Pro à côté de l'image principale, je préfère les sélectionner immédiatement par glisser/déposer, sans devoir faire de copier/coller. Les écarter temporairement de l'image principale en les glissant hors de vue est très pratique également. Pour travailler de cette manière, je crée un espace vide autour de l'image principale, espace dans lequel je place les images secondaires, par copier/coller, mais cela n'est fait qu'une fois. De plus, en enregistrant l'image pour la reprendre plus tard, je conserve tout, ce qui est très pratique.

Pour le réaliser, j'agrandis le support via **Image / Taille du support.**

Les éléments utilisés dans l'image sont bien entendu placés sur des calques, mais dans la zone vierge autour de l'image.

Lorsque le travail sur l'image finale est terminé, j'utilise l'option **Recadrer sous forme de nouvelle image.** Je préserve ainsi l'image de travail avec ses images satellites au cas où une modification ultérieure serait nécessaire.

82.   Pixel Art

Si vous êtes nouveau sur PaintShop Pro et que vous voulez faire du "pixel art", c'est-à-dire du dessin pixel par pixel, vous vous demandez pourquoi l'outil **Stylo**, qui paraît tout indiqué pour cette tâche, ne fonctionne pas comme souhaité.

L'outil **Stylo** est un outil vectoriel. Il ne permet pas de faire du pixel art. Il est prévu pour tracer des lignes droites ou courbes, pas des points.

Pour dessiner pixel par pixel, c'est-à-dire en mode "raster", il faut utiliser l'outil **Pinceau** dont la **Taille** peut être réglée sur 1 pixel. Un clic dépose alors un pixel.

83.   Afficher le chemin complet d'une image

- En mode **Gestion de photos**, le chemin d'accès à l'image active est affiché en haut d'écran.
- En mode **Réglage**, le clic-droit sur l'image dans l'**Organiseur** donne accès à l'option **Localiser sur l'ordinateur.**
- En mode **Édition**, si l'**Organiseur** n'est pas ouvert, le raccourci clavier **Maj+I** affiche le chemin de l'image dans la fenêtre des **Informations sur l'image.**

84.   Redimensionnement : bilinéaire ou bicubique ?

En principe, le mode bilinéaire est mieux adapté lorsqu'on réduit la taille de l'image et le mode bicubique est mieux adapté lors de l'agrandissement.

PaintShop Pro réalise le meilleur choix pour vous si vous sélectionnez **Rééchantillonnage : Optimal.**

85.   Protéger les ressources livrées avec PaintShop Pro

PaintShop Pro est fourni avec une série de modèles, cadres, textures, dégradés prêts à être utilisés. Si par accident vous enregistrez un modèle, un cadre ou une texture avec le même nom que celui préinstallé, vous perdrez le fichier d'origine. De même, si après modification d'un dégradé vous l'enregistrez par distraction avec le même nom, l'original sera effacé.

Vous pouvez protéger les ressources fournies par Corel en modifiant leur propriété en lecture seule. Cela peut être réalisé de la manière suivante :

1. À l'aide de l'Explorateur de fichiers de Windows, accéder au dossier à protéger.
2. Faire un clic-droit sur le nom du dossier.
3. Sélectionner Propriétés dans le menu contextuel apparu.

4. Dans la fenêtre de dialogue des Propriétés, cocher Attributs : Lecture seule.
5. Appliquer / OK.

Au lieu de protéger un dossier complet, vous pouvez protéger uniquement certains fichiers en les sélectionnant séparément et en les basculant en Lecture seule de la même manière.

86. Recherche rapide dans une liste déroulante

Dans les listes déroulantes, la recherche peut prendre du temps si beaucoup d'éléments sont présents. Par exemple, si de nombreux scripts sont utilisés, la liste déroulante des scripts devient très longue.

Il suffit de taper la première lettre du nom d'un élément et il sera présenté directement.

Cette astuce fonctionne aussi dans la recherche de fichiers s'ils sont classés par ordre alphabétique, que ce soit dans la fenêtre de recherche de PaintShop Pro ou dans l'Explorateur de fichiers de Windows.

87. Naviguer sans souris dans une fenêtre de réglages

Pour passer d'une valeur de réglage à la suivante ou revenir en arrière, utiliser les touches **TAB** et **Maj+TAB**.

88. Utiliser des dégradés de Photoshop

Les collections de dégradés de Photoshop sont des fichiers **grd** utilisables dans PaintShop Pro.

1. Placer le fichier **grd** dans le dossier des dégradés de PaintShop Pro, mais ce n'est pas obligatoire.
2. Dans la **palette Styles et textures**, cliquer sur la couleur de **Premier Plan.**
3. Dans la fenêtre des **Propriétés des styles et textures**, cliquer sur l'onglet **Dégradé.**
4. Cliquer sur le bouton **Autres options.**
5. **Importer.**
6. Sélectionner le dossier où le fichier **grd** se trouve et cliquer sur ce fichier.

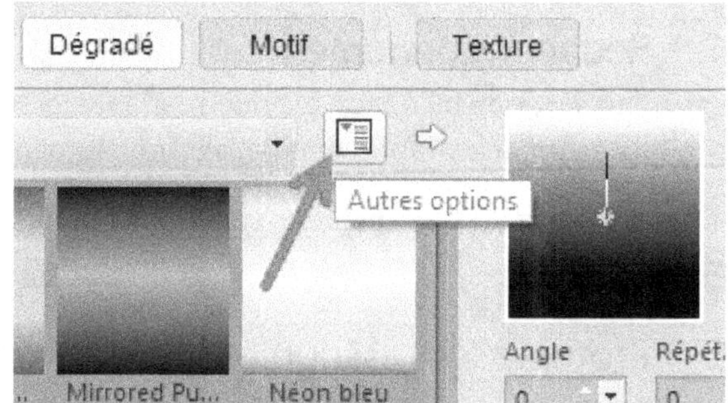

7. Il se peut que PaintShop Pro affiche un message signalant qu'un fichier du même nom existe déjà. Dans la fenêtre **Renommer le dégradé**, conserver le nom proposé et lui ajouter un numéro ou une lettre (A, B, C) supplémentaire.

89. Contrôler la numérotation des nouvelles images

Lorsqu'on travaille avec une nouvelle image via **Fichier / Nouveau** ou lorsqu'on ouvre une capture d'écran dans PaintShop Pro, ce dernier attribue un numéro d'image incrémentiel : Image1, Image2, etc.

Lors d'une nouvelle session, ce numéro commence toujours à 1.

Quand je travaille sur un projet qui nécessite de nombreuses captures d'écran, je les enregistre avec le nom et le numéro proposé par PaintShop Pro. C'est facile et rapide. Ce sont en général des fichiers de travail temporaires que j'effacerai plus tard.

Le problème que je rencontre est le suivant. Je ferme PaintShop Pro après être arrivé à l'Image13. Je continue mon travail le lendemain. Je crée une image et son titre est Image1. Cela ne me convient pas, car je suis obligé de changer le nom en Image14 lors de l'enregistrement pour éviter le "Ce nom existe déjà". Je dois faire de même avec toutes les images suivantes. Vivre avec un décalage permanent est énervant.

PaintShop Pro ne possède pas d'option qui permet de fixer le numéro de départ d'une nouvelle image.

J'ai trouvé l'astuce suivante pour arriver à mes fins. Il faut l'exécuter à l'ouverture de PaintShop Pro, avec le plan de travail vide et avant d'avoir créé une nouvelle image.

1. Noter le dernier numéro d'image enregistré lors de la session précédente, Image13 dans mon exemple.
2. **Fichier / Nouveau** et créer une petite image vierge, par exemple de 300x300 pixels.
3. PaintShop Pro lui attribue le nom Image1.
4. **Ctrl+Y** pour répéter l'opération jusqu'à obtenir l'Image13.
5. **Fenêtre / Fermer tout** pour les effacer.

La prochaine nouvelle image portera le numéro 14 comme souhaité.

Si la numérotation devient élevée de session en session, enregistrer dans un script 10 créations de nouveaux fichiers selon la procédure ci-dessus, script à sauvegarder dans le dossier des scripts sécurisés. Pour démarrer à l'image 51, exécuter cinq fois le script…

90.   Comparer Avant / Après

En mode **Édition**, certains outils peuvent prévisualiser l'image dans deux fenêtres d'aperçu qui affichent tout ou partie de l'image avant et après application du réglage concerné. Par exemple, lorsque l'outil **Mappage ton local** est sélectionné, cliquer sur **Aperçu** affiche la fenêtre **Avant** et la fenêtre **Après**. Ces fenêtres sont petites, mais on peut les agrandir en tirant sur les bords ou les coins de la fenêtre de réglage jusqu'à remplir tout l'écran.

D'autres outils ne disposent pas de ces fenêtres **Avant** et **Après**, car leur réglage s'applique directement. C'est le cas, par exemple, des outils **Traitement rapide du bruit** ou **Davantage de netteté**. Pour afficher quand même l'image **Avant** et **Après** traitement, l'astuce consiste à créer une copie de l'image :

Fenêtre / Dupliquer (ou **Maj+D**).

L'image sera dédoublée et les réglages qui s'appliqueront sur une image ne seront pas transférés sur l'autre. Cela permet de comparer le résultat d'une action avec l'image d'origine.

Si vous effectuez des modifications à votre image en **mode Réglage**, c'est le bouton **Afficher l'original**, en bas d'écran à gauche, qui permet de montrer l'image d'origine. Il fait office de bouton Avant-Après. Tant que le bouton de souris est enfoncé, l'image d'origine reste affichée.

91.   Ne recommencez pas depuis le début

Vous faites un détourage avec l'outil **Gomme** et vous vous appliquez, depuis le début du trajet du curseur sur l'image, à ne pas déborder et à glisser soigneusement le long du bord à effacer, sans relever le bouton de la souris. Bref, c'est la concentration maximale ! Catastrophe, vous faites un mouvement trop rapide et vous mordez dans le sujet, ce que vous vouliez éviter depuis le début. Qu'à cela ne tienne. Un petit **Ctrl+Z** pour annuler le faux mouvement réglera le problème... Malheureusement, c'est la totalité du tracé effectué qui est annulé ! Il faut recommencer tout ! Le système prend en effet le point de départ comme référence et tant que vous ne lâchez pas le bouton de souris, tout est considéré comme une seule étape...

Moralité : relâchez régulièrement le bouton de souris. Si le dernier mouvement doit être annulé, **Ctrl+Z** n'annulera qu'un petit morceau de votre travail, celui réalisé depuis la dernière fois où vous avez relâché le bouton de souris. Une bonne habitude à prendre...

ESPACE DE TRAVAIL

92.   Démarrer PaintShop Pro avec un espace de travail personnalisé

Si vous avez créé différents espaces de travail, par exemple un pour la retouche photo, un autre pour le scrapbooking et un dernier pour le dessin vectoriel, vous pouvez démarrer PSP avec l'espace de travail de votre choix.

Dans l'Explorateur de fichier, double-cliquer sur l'espace de travail souhaité.

Plus facile encore, créer un raccourci sur le Bureau de Windows et qui contient le fichier de l'espace de travail concerné :

1. Explorateur de fichiers de Windows.
2. Clic-droit sur le fichier de l'espace de travail à lancer.
3. Créer un raccourci.

Note : bien qu'il soit techniquement possible d'utiliser un ancien espace de travail dans une nouvelle version de PaintShop Pro, je le déconseille fortement. L'espace de travail d'une ancienne version supprime des fonctions dans la nouvelle version, notamment tout ce qui est nouveau ou différent.

93.   Ouvrir PSP avec le dernier espace de travail utilisé

1. **Fichier / Préférences / Générales**...
2. **Onglets.**
3. Cocher **Conserver la dernière vue.**

94. Espace de travail plus grand

Il est possible de gagner de la place pour l'espace de travail de PSP en cachant temporairement les palettes **Styles et textures** et **Calques** qui se trouvent à droite de l'écran de travail par défaut. En cliquant sur le petit triangle, on accède au réglage **Masquage automatique** (Auto Hide). Lorsque ce réglage est activé, la palette disparaît et ne conserve qu'une simple barre indicative de son existence. Cela dégage ainsi plus d'espace sur le plan de travail. Pour la faire réapparaître, passer le curseur sur l'onglet à son nom.

Cliquer une nouvelle fois sur le petit triangle pour rétablir le comportement initial.

Sur la capture écran ci-dessus, la **palette Styles et textures** est encore visible, mais les deux palettes **Sortie du script** et **Calques** sont déjà **Masquées** sur le côté. On distingue leurs onglets à droite.

95. Retrouver toutes les images ouvertes précédemment

Il est parfois nécessaire de quitter PaintShop Pro alors que plusieurs images sont en traitement et que le travail n'est pas terminé. Pour les retrouver lors de la prochaine session, il faut au préalable les avoir toutes enregistrées et les laisser sur le plan de travail.

1ère méthode :

Lors du démarrage du programme, la liste des 10 derniers fichiers ouverts est visible en cliquant sur **Fichier / Fichiers récents**. Il faut les ouvrir un par un …

2ème méthode :

Avant de fermer le programme, enregistrer l'espace de travail en lui donnant un nom personnalisé et en cochant **Inclure les images ouvertes**. Lors du prochain démarrage, toutes les images seront affichées et prêtes pour la suite du travail.

3ème méthode :

Ouvrir l'**Organiseur** et placer ces images dans un plateau. Lors du prochain démarrage, il suffit d'accéder à ce plateau et de les sélectionner pour les ouvrir.

96. Sauvegarder l'espace de travail

L'espace de travail comprend tout ce que vous voyez sur votre écran dans PaintShop Pro. Le programme étant personnalisable, vous pouvez déplacer des barres d'outils, en rajouter, modifier les menus, etc. Lors de la première installation, ou si vous effectuez une réinitialisation du programme, je vous conseille d'enregistrer l'espace de travail initial sous un nom reconnaissable, par exemple 2018_08_07 Initial. Si par la suite vous rencontrez un problème d'affichage de l'espace de travail, vous pourrez recharger cet espace de travail "vierge".

Pour enregistrer l'espace de travail : **Fichier / Espace de travail / Enregistrer.**

97. Un espace de travail pour chaque tâche

Pour éviter d'encombrer votre espace de travail, vous pouvez vous organiser pour n'avoir à disposition que les outils et menus nécessaires au type de travail que vous effectuez. Si vous faites de la retouche photo, vous utiliserez principalement certains outils comme la **Sélection** ou le **Clonage**, mais pratiquement jamais les outils de dessin vectoriel. Si au contraire vous travaillez surtout en vectoriel ou en scrapbooking, les outils dont vous avez besoin sont différents. Dans un cas comme dans l'autre, vous pouvez organiser votre espace de travail pour avoir un accès direct à ces outils et uniquement ceux-là en masquant les autres. Ensuite, enregistrez votre espace de travail avec un nom qui le caractérise : Retouche, Vectoriel, Scrapbooking. Il vous suffira ensuite de charger l'espace de travail personnalisé adapté au type de travail que vous allez effectuer.

ZOOM

98. Zoom avec la souris

La souris permet de zoomer sur l'image, ou dézoomer, en utilisant la roulette dans un sens ou dans le sens inverse.

99. Zoomer sans utiliser la souris

Les touches + et - du pavé numérique augmentent ou diminuent le zoom sur l'image quand l'outil **Zoom** est sélectionné.

100. Zoom sélectif

Avec l'outil **Zoom**, tracer un rectangle autour de la zone à agrandir.

Elle sera affichée en plus grande taille à l'écran.

101. Voir la même image à des taux de zoom différents

Il est parfois nécessaire d'avoir une vue d'ensemble de son image pendant qu'on travaille dessus avec un fort taux d'agrandissement qui n'en montre qu'une partie.

Il suffit d'afficher la même image dans deux fenêtres différentes, chacune avec son taux de zoom souhaité :

Fenêtre / Nouvelle fenêtre (ou **Maj+W**)

Le travail effectué sur une image sera automatiquement reporté dans l'autre. C'est utile, par exemple, pour déplacer le rectangle de cadrage à un autre endroit de l'image.

102. Zoomer rapidement sur une image ouverte

La roulette de la souris est réglée pour zoomer lorsque le curseur se trouve sur l'image. Si le curseur se trouve dans une zone vide du plan de travail, c'est l'image active qui sera prise en compte. Sinon, voir dans les paramètres de la souris.

SCRIPTS

103. Démarrer PaintShop Pro et exécuter automatiquement un script

Pour exécuter immédiatement un script à l'ouverture du programme, modifier les propriétés de l'icône de lancement sur le Bureau de Windows :

1. Clic-droit / Propriétés.
2. Démarrer dans : le chemin du programme est indiqué.

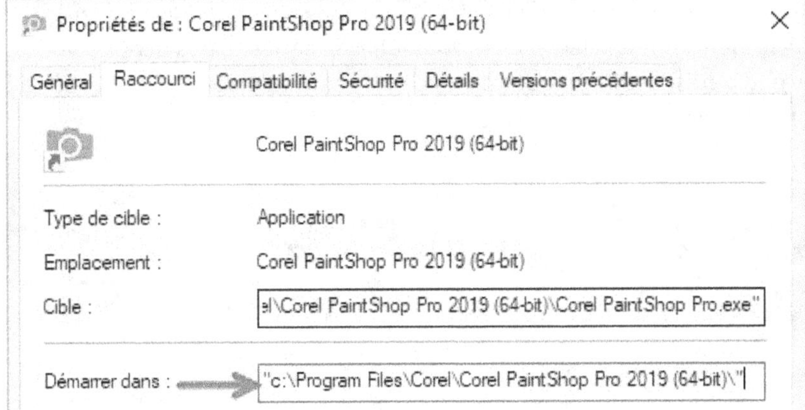

3. Ajouter à cette ligne " /Script " (sans guillemets et un espace devant et derrière).
4. Puis, entre guillemets, le chemin complet du script.

La commande complète devra se présenter comme suit (respecter les espaces) :

"C:\Program Files\Corel\Corel PaintShop Pro 2019 (64-bit)\Corel PaintShop Pro.exe" /Script "D:\Mes documents\PSP Files\Scripts - Réglementés\mon_script.PspScript"

104. Empêcher la fenêtre d'erreur de script de s'afficher

Lorsqu'un script s'exécute et produit une erreur, une fenêtre s'ouvre qui affiche un message d'erreur. C'est la palette **Sortie du script**. Cela peut être utile dans certains cas pour découvrir où l'erreur se produit, mais dans d'autres circonstances (un script qui produit une erreur à la fin, mais qui a fonctionné quand même) cette fenêtre peut gêner. Il est impossible d'empêcher son exécution, mais on peut réduire le désagrément causé par l'affichage en utilisant les méthodes suivantes :

1ère méthode :

1. Ancrer cette palette tout en bas de la **palette Calques.**
2. La réduire au maximum pour qu'elle occupe le moins de place possible.
3. Elle restera active et ne s'affichera plus au milieu de l'espace de travail.

2ème méthode :

1. Cliquer sur l'icône de punaise ("push-pin") **Masquer automatiquement** visible à droite dans la barre de titre de la fenêtre **Sortie du script**.
2. Cela masquera la fenêtre.
3. Elle s'ouvrira pendant une fraction de seconde lors d'une erreur dans un script, mais se refermera aussitôt.

Si vous fermez la palette **Sortie du script**, la prochaine fois que vous l'activerez, PaintShop Pro se souviendra qu'elle était ancrée et la placera automatiquement à cet endroit-là.

105. Placer la barre d'outils Script dans la barre d'outils standard

Si votre écran est suffisamment large et si vous utilisez souvent des scripts, vous pouvez afficher la barre d'**outils Script** en permanence en haut d'écran. Il suffit de la placer dans l'espace libre à droite dans la barre d'outils (cliquer dessus, glisser puis déposer).

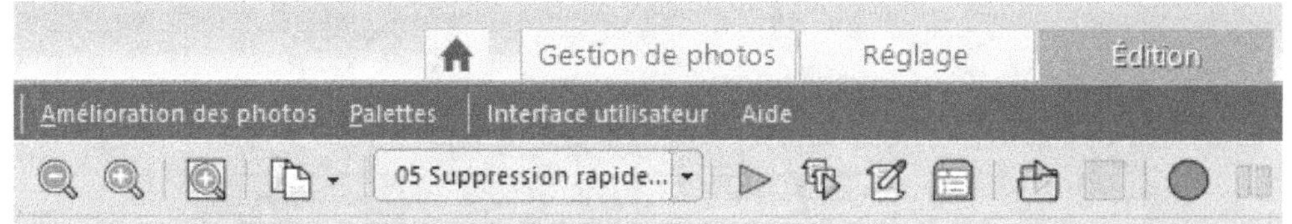

106. Lier un script à une icône

Les scripts peuvent être sélectionnés dans la barre de scripts. Ils peuvent aussi être liés à une icône qui sera placée dans une barre d'outils de votre choix dans l'espace de travail. Un clic sur cette icône exécutera immédiatement le script.

1. **Affichage / Personnaliser.**
2. Dans la fenêtre **Personnaliser**, cliquer sur l'onglet **Scripts.**
3. Afficher le script à lier.
4. Sélectionner une icône dans celles disponibles.
5. Cliquer sur **Lier.**
6. Le script lié à son icône est affiché sous **Scripts liés.**
7. Cliquer sur cette ligne, et glisser le tout dans une barre d'outils.
8. Cliquer sur **Fermer.**

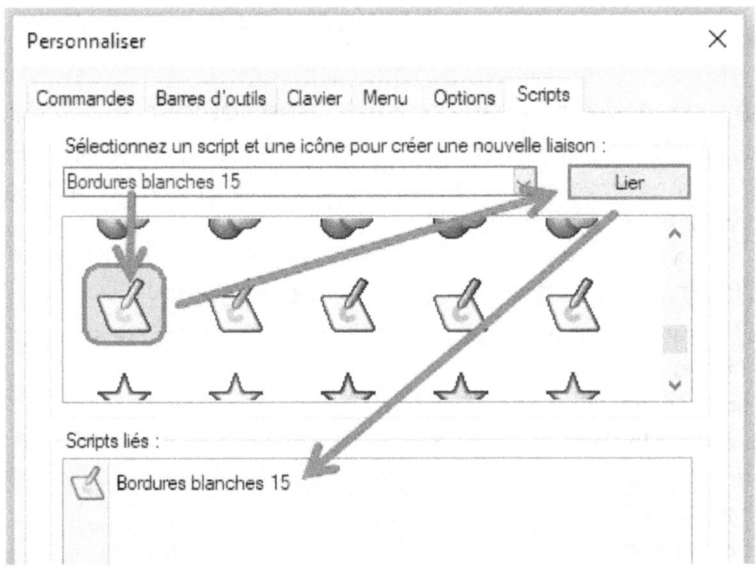

107. Scripts Sécurisés ou Réglementés ?

PaintShop Pro possède deux dossiers de stockage des scripts, le **Sécurisés** et le **Réglementés**. Le dossier **Réglementés** est destiné à protéger l'utilisateur contre des scripts malveillants. Y sont stockés les scripts qui contiennent des commandes d'écriture sur le disque, par exemple. Un script exécuté à partir du dossier **Réglementés** s'arrêtera lorsqu'il devra exécuter une commande "dangereuse".

Si vous êtes utilisateur débutant et que vous recevez un script d'une autre personne, placez-le d'abord dans le dossier **Réglementés** afin de vous prémunir contre toute désagréable surprise.

Si vous recevez le script d'une source fiable telle que Corel ou un script acheté sur un site ou si vous faites votre propre script, le placement dans le dossier **Réglementés** n'est pas nécessaire sauf si vous souhaitez effectuer un contrôle de validité.

Dans le dossier **Sécurisés**, les scripts sont exécutés sans provoquer d'arrêt (sauf les erreurs de syntaxe). Des scripts enregistrés dans le dossier **Réglementés** peuvent être déplacés dans le dossier **Sécurisés** lorsqu'ils ont été vérifiés, car il n'est pas obligatoire qu'ils restent dans ce dossier.

Un script tout-à-fait normal, mais qui enregistre l'image à la fin de son déroulement refusera de fonctionner s'il se trouve dans le dossier **Réglementés**. Il affichera une alarme à chaque exécution. Placé dans le dossier **Sécurisés**, il s'exécutera sans rechigner.

En résumé : en cas de doute, placer le nouveau script dans le dossier **Réglementés**. Après vérification, vous pouvez l'y laisser s'il ne pose pas de problème ou le déplacer dans le dossier **Sécurisés**.

108. Connaître la valeur hexadécimale d'une couleur

Lorsque la couleur a été sélectionnée avec la **Pipette**, double-cliquer sur elle dans la **Palette Styles et textures** (case **Premier plan** ou d'**Arrière-plan**). Dans la nouvelle fenêtre qui s'affiche, vous verrez la valeur HTML en hexadécimal.

109. Supprimer tous les pixels d'une même couleur

1. **Calques / Transformer le calque d'arrière-plan** (pas nécessaire s'il s'agit d'un autre calque raster).
2. **Sélections / Sélectionner tout.**
3. **Sélections / Modifier / Sélectionner la plage de couleur** (choisir la couleur à supprimer).
   Tolérance : 1, Douceur : 0.
4. **Sélections / Inverser.**
5. **Édition / Effacer** ou appuyer sur la touche **Suppression** du clavier.

110. Pipette : gauche ou droite ?

Quand on choisit une couleur avec la **Pipette**, le clic-gauche place cette couleur en **Premier plan** et le clic-droit en **Arrière-plan**.

111. Conversion des anciennes valeurs TSL

Les versions récentes de PaintShop Pro ont modifié la façon dont les valeurs **TSL** sont affichées. Les valeurs affichées dans les anciennes versions ne donnent pas les mêmes couleurs. Pour trouver les nouvelles valeurs, il faut diviser ou multiplier par 1,41.

112. Faire une moyenne des couleurs

L'outil **Pipette** peut être réglé pour enregistrer la valeur d'un seul pixel rencontré sous le curseur. La **Taille de l'échantillon** peut être réglée sur une valeur plus importante, par exemple 11x11 pixels, ce qui donnera une moyenne des couleurs qui se trouvent sous le curseur.

113. Connaître la valeur LAB, CMJN ou TSL d'une couleur

Depuis la version PaintShop Pro 2018, l'outil **Pipette** peut être réglé pour afficher le profil de couleur de l'échantillon.

114. Afficher les couleurs en hexadécimal

La norme d'affichage des valeurs colorimétriques en photographie est le RVB qui est intuitif et cohérent puisqu'il donne une indication de couleur rien qu'en lisant les valeurs.

En ce qui concerne le domaine graphique, les habitudes sont différentes et l'affichage est souvent en hexadécimal. Pour afficher ces valeurs dans PaintShop Pro :

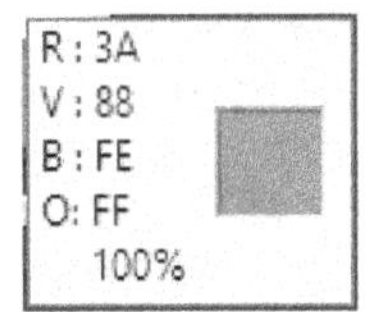

Fichier / Préférences / Générales / Palettes / Affichage hexadécimal.

La **Pipette** affiche ce qui est visible dans la capture écran ci-contre, qui se lit #3A88FE

115. Combien de couleurs dans une image ?

Dans PaintShop Pro, il n'y a pas d'outil qui permette de dire qu'une image contient 40 % de bleu, 35 % de vert et 25 % de rouge. Il est difficile d'afficher les choses de manière simple lorsqu'on est face à une gamme de bleus, de verts et de rouges, sans compter les couleurs intermédiaires. En exécutant la commande **Image / Compter les couleurs de l'image**, on découvre le nombre de couleurs différentes dans une image. Cela peut atteindre plusieurs milliers !

Une indication en pourcentage peut cependant être obtenue en utilisant :

Réglage / Luminosité et contraste / Correction par histogramme

1. **Réinitialiser avec la valeur par défaut** (icône de la flèche courbée).
2. **Édition : Couleurs / Rouge.**
3. Placer le curseur en forme de croix au sommet de la courbe. Le nombre de pixels sera indiqué de même que le pourcentage :

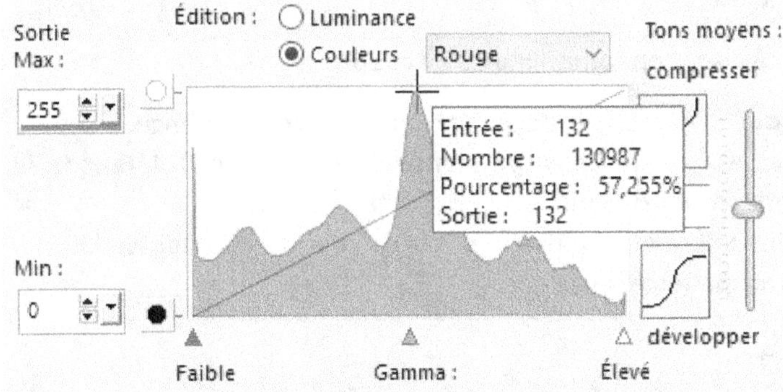

Dans l'exemple ci-dessus, il y a 57,225 % de pixels rouges, plus exactement ceux dont la valeur rouge est proche de 255. Ils sont au nombre de 130987.

116. Choisir une couleur en dehors de PaintShop Pro

L'outil **Pipette** est utilisé pour sélectionner une couleur dans n'importe quelle image ouverte sur le plan de travail de PaintShop Pro ou dans la palette de couleurs de **Styles et textures**.

Pour pouvoir sélectionner une couleur située en dehors de PaintShop Pro, il faut une image ouverte sur le plan de travail. Appuyer sur la touche **Ctrl** pendant que le curseur se trouve dans PaintShop Pro et le glisser ensuite sur le reste de l'écran. Le curseur en dehors de PaintShop Pro prend la forme classique du "curseur flèche" de Windows, mais est accompagné d'une petite fenêtre où s'affichent les valeurs des pixels situés sous la pointe de la flèche. Cliquer pour enregistrer la couleur.

La **Pipette "Echantillon de couleur"** visible dans la **Palette Styles et textures** fonctionne sur tout l'écran, même en dehors de la fenêtre de PaintShop Pro, sans nécessiter l'ouverture d'une image.

117. Changer la couleur de plusieurs éléments en un seul clic

Supposons une image transparente remplie de points colorés.

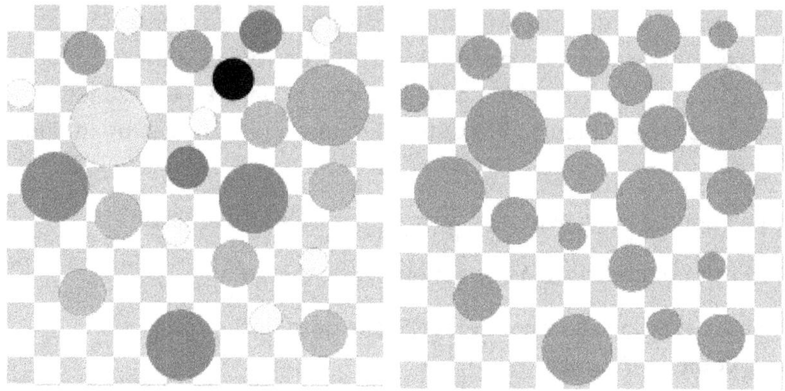

Pour changer la couleur de tous ces points, on peut cliquer sur chacun avec l'outil **Pot de peinture**. C'est assez fastidieux.

Voici une méthode pour réaliser l'opération d'un seul coup :

1. **Propriétés du calque** (clic-droit) / cocher **Verrouiller la transparence.**
2. Outil **Pot de peinture** réglé sur **Correspondance : Valeur RVB et Tolérance : 200.**
3. Choisir la couleur de **Premier Plan.**
4. Cliquer sur un point coloré et tous prendront la couleur de **Premier Plan.**
5. Déverrouiller la transparence du calque.

118. La couleur partout !

Vous êtes en train d'utiliser le **Pinceau** et vous devez choisir une autre couleur ? Ne quittez pas l'outil **Pinceau** : appuyez sur la touche **Ctrl** qui transforme momentanément le curseur en **Pipette**. Cette astuce fonctionne avec plusieurs outils : outil **Yeux rouges**, outil **Clonage**, outil **Gomme** et quelques autres.

119. Révéler la fenêtre cachée

Dans la **palette Styles et textures**, cliquer-droit sur la couleur de **Premier plan** ou d'**Arrière-plan** (c-à-d le groupe des deux petits carrés superposés à droite) dévoile une fenêtre où les dernières couleurs utilisées sont affichées. On y découvre également les couleurs fondamentales (rouge, vert, bleu, cyan, magenta, jaune) de même que deux gris moyens. C'est utile lorsqu'on veut utiliser des couleurs pures.

120. Correction d'aberration chromatique

Cet outil méconnu est utilisé pour corriger les défauts de couleur causés par les optiques de certains appareils photo. Ce défaut apparaît la plupart du temps le long des zones à fort contraste. Il est caractérisé par une couleur violette ou une couleur verte.

La couleur violette se rencontre souvent à droite sur une photo tandis que la couleur verte apparaîtra le plus souvent dans la partie gauche de l'image. Cela est dû aux propriétés des lentilles des objectifs.

Lorsque'on utilise cet outil de correction, un texte explicatif s'affiche dans la fenêtre des réglages. Ce texte comporte une erreur. Dans la fenêtre de prévisualisation de gauche, il est écrit de "cliquer sur" ou "faire glisser" la couleur à corriger. Cela ne fonctionne pas. Il faut au contraire tracer un rectangle entourant la couleur à corriger. Cela crée un échantillon qui servira à corriger le défaut colorimétrique dans l'image.

121. Coloriser la couleur blanche

Si vous avez déjà essayé d'utiliser l'outil **Pinceau** en **mode Couleur** pour coloriser des zones blanches d'une image, vous aurez constaté que ce n'est pas possible. La couleur blanche a une valeur de Rouge, Vert et Bleu de 255 qui est la valeur maximale. Il n'est pas possible de rajouter 10 de Rouge pour atteindre 265, par exemple.

Les deux astuces suivantes permettent de réaliser l'impossible :

Réduire cette valeur maximale (RVB 255) de manière à pouvoir jouer sur les couleurs complémentaires. Réduire la valeur correspond à "assombrir" légèrement.

On procède en deux étapes :

1. **Réglage / Luminosité et contraste / Luminosité/Contraste / Luminosité** à -20. Cette valeur est à moduler en fonction de l'image et de l'intensité souhaitée de la colorisation qui restera cependant toujours dans les tons pastel ou peu intenses.
2. **Réglage / Teinte et saturation / Coloriser /** monter la **Saturation** à 255 ou moins selon les besoins.

Cette méthode a ses limites, notamment en ce qui concerne l'intensité de la colorisation, mais peut dépanner.

La deuxième astuce consiste à travailler avec un calque :

1. Créer un calque transparent au-dessus de l'image à coloriser.
2. Peindre avec un **Pinceau** à bord doux (**Rigidité** : 0) sur la zone à coloriser.
3. Clic-droit sur le calque qui contient la couleur appliquée **/ Propriétés.**
4. **Propriétés de calque /** onglet **Etendue du mélange.**
5. **Mélanger : Canal du gris.**
6. **Calque sous-jacent** : curseur supérieur gauche à glisser très loin vers la droite et curseur inférieur gauche à glisser à une valeur intermédiaire vers la droite.
7. Le calque lui-même peut ensuite être réglé sur un mode de mélange différent (**Lumière dure**, par exemple) et son **Opacité** être réduite à volonté.

122. Six outils pour appliquer de la couleur

- Outil **Remplacer la couleur.**
- Outil **Changeur de couleur** (ne pas confondre avec le précédent).
  - o Il se comporte comme le **Pot de peinture**, mais à la différence de ce dernier qui recouvre tout avec la couleur sélectionnée, il ne change que la couleur sur laquelle on clique.
  - o La couleur cliquée est remplacée par la couleur de **Premier Plan** ou d'**Arrière-plan** selon que l'on clique-gauche ou clique-droit.
  - o La plage d'action est réglée via les deux options de l'outil : **Tolérance** et **Douceur du bord.**
- Outil **Coloriser (Maj+L).**
- Outil **Glissement de la teinte** via le menu **Réglage / Teinte et saturation.**
- Outil **Teinte/Saturation/Luminosité (Maj+H).**
- Outil **Remplacer par la cible.**

123. Remplacer la couleur

L'outil **Remplacer la couleur** (à ne pas confondre avec l'outil **Changeur de couleur**) est utilisé pour remplacer une couleur par une autre en passant dessus avec le curseur.

1. Avec la **Pipette**, cliquer-droit dans l'image pour choisir la couleur à remplacer.
2. La couleur choisie s'affichera en couleur d'**Arrière-plan** dans la **palette Styles et textures.**
3. Avec la **Pipette**, cliquer-gauche pour choisir la couleur de remplacement.
4. Passer le curseur de l'outil **Remplacer la couleur** sur l'image aux endroits où la couleur doit être remplacée.

Si toute l'image doit être traitée, inutile de passer le curseur sur toute l'image. Il suffit de cliquer sur l'icône **Remplacer tous les pixels** située dans la **barre des Options d'outil**. Toute l'image sera traitée d'un seul coup.

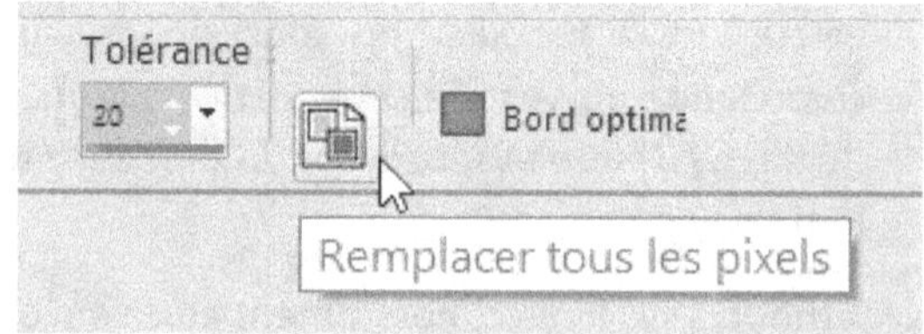

124. Noir et blanc ou niveaux de gris ?

Le langage courant utilise les termes "couleur" ou "noir et blanc" pour différencier les photos, par exemple. Dans un logiciel graphique comme PaintShop Pro, le noir et blanc signifie autre chose. C'est du texte noir sur une page blanche ou un dessin au trait noir. Il n'y a que deux couleurs dans l'image, le blanc et le noir. C'est pourquoi l'appellation "niveaux de gris" a été introduite. Ce sont des nuances de gris qui varient du presque noir au presque blanc, habituellement 256 niveaux de gris. Ce que nous appelons une photo "noir et blanc" est en fait une photo en "niveaux de gris".

La différence entre le noir et blanc et les niveaux de gris est présente aussi lors de l'utilisation d'un scanner.

L'outil habituel de PaintShop Pro pour transformer une image en niveaux de gris est l'outil **Image / Niveaux de gris**. Cet outil présente trois inconvénients. Il transforme tous les calques en niveaux de gris, même ceux que l'on voudrait préserver, rend l'image insensible à toute coloration ou tout traitement colorimétrique et interdit toute possibilité de jouer sur les nuances de gris. Il faut utiliser l'outil **Image / Augmenter la profondeur de couleur** pour récupérer la possibilité de coloration. Tout cela induit beaucoup de manipulations.

Heureusement, il existe d'autres méthodes dans PaintShop Pro pour obtenir une image en niveaux de gris. La désaturation en est une (voir les paragraphes qui suivent).

Une méthode supplémentaire est expliquée dans le chapitre **EFFETS DIVERS**, au paragraphe relatif à l'**Effet Ansel Adams** (page 157).

125. Niveaux de gris par désaturation

Une méthode simple pour réaliser une image en niveaux de gris, tout lui conservant ses possibilités de colorisation, consiste à utiliser la désaturation.

Voici trois **outil**s de désaturation parmi d'autres :

- **Réglage / Teinte et saturation / Coloriser / Saturation à zéro.**
- **Réglage / Teinte et saturation / Teinte/Saturation/Luminosité.**
  Saturation à -100 et **Luminosité** à régler.
- Pour réaliser des niveaux de gris localement, utiliser le **Pinceau de saturation** à 100 % d'**Opacité**.
  Veiller à désactiver toute texture ou dégradé dans la **palette Styles et textures**. Cocher **Permuter les boutons de la souris** si c'est le bouton gauche de la souris qui est utilisé.

126. Niveaux de gris réglables

Renforcer le rendu noir et blanc de certaines couleurs, assombrir ou éclaircir certains tons, c'est possible avec l'outil **Effets / Effets photo / Film noir et blanc**.

Le diagramme circulaire coloré permet de pointer diverses couleurs et d'analyser le rendu visuel immédiatement.

L'outil est simple à utiliser et rapide. À conseiller aux débutants.

RECADRAGE

127. Recadrer sans utiliser l'outil Recadrer

Cinq méthodes pour **Recadrer** :

- **Image / Taille du support.**
    - Entrer des valeurs négatives par rapport aux **Dimensions d'origine de l'image.**

- L'outil **Rectifier** en cochant **Recadrer l'image.**

- L'outil **Correction** de la perspective en cochant **Recadrer l'image.**

- L'Outil de **Sélection** et tracer la sélection, puis **Image / Recadrer sur la sélection**.
    - Cette méthode peut vous aider si vous utilisez PaintShop Pro 2018 ou 2019 dans lesquels l'outil **Recadrer** a changé fondamentalement de comportement (c'est l'image qui tourne et non plus le rectangle de recadrage).
    - Tracer la sélection puis la modifier via **Sélections / Modifier la sélection** avec l'**outil Sélecteur**. Ce dernier peut effectuer la rotation sans que l'image tourne, mais le résultat produira un cadrage non horizontal. Il faudra le rectifier avec l'outil **Redresser** en cochant **Recadrer l'image.**

- L'outil **Sélection** et tracer la sélection
    - Puis **Sélections / Transformer la sélection en calque.**
    - Depuis la **palette Calques**, glisser le calque de la sélection sur un emplacement vide du plan de travail.

128. Faire disparaître la barre d'outils flottante lors du recadrage

Dans certaines situations, cette barre s'avère encombrante. Pour la désactiver :

1. **Fichier / Préférences / Générales.**
2. Onglet **Transparence et ombrage.**
3. Décocher **Activer la barre d'outils flottante.**

129. Supprimer l'affichage automatique du rectangle de cadrage

Dans les anciennes versions de PaintShop Pro, lors de la sélection de l'**outil de Recadrage**, tout cadrage précédent était invisible et on pouvait tracer le rectangle de cadrage directement.

Dans les versions plus récentes, le comportement de l'outil a changé et le cadrage précédent est affiché d'office. C'est très pratique si on doit effectuer le même cadrage sur plusieurs images. Si on n'en a pas besoin, il faut des clics supplémentaires pour annuler chaque fois ce rectangle de cadrage mémorisé. Si cette situation vous énerve, vous pouvez demander à PaintShop Pro de ne pas afficher automatiquement le rectangle de recadrage :

Fichier / Préférences / Générales / Transparence et ombrage / décocher **Afficher automatiquement le rectangle de recadrage.**

130. Supprimer la grille dans le rectangle de recadrage

Le rectangle de recadrage affiche une grille qui peut servir de guide lors de certains recadrages. Depuis PaintShop Pro 2018, des grilles supplémentaires sont apparues : nombre d'or, spirale d'or …

Si vous préférez un affichage dépouillé, sans grille, cliquer sur l'icône de la grille dans la barre d'outils flottante. Elle agit comme un interrupteur MARCHE-ARRÊT.

131. Effectuer des cadrages carrés par défaut

Dans la liste déroulante des formats de cadrage accessible dans la barre d'outils flottante figure le format carré. Il ne suffit pas de sélectionner ce format carré et de tracer le carré de cadrage sur l'image pour qu'il soit mémorisé. Il faut exécuter ce cadrage, quitte à l'annuler aussitôt. De cette façon, il est mémorisé et dès l'ouverture des autres images, c'est un format de recadrage carré qui sera affiché.

132. Réaliser un cadrage au pixel près

Le comportement de l'outil **Recadrer** a été modifié dans les versions récentes de PaintShop Pro.
Recadrer très précisément au pixel près est devenu difficile à réaliser.

La méthode suivante permet de recadrer de manière différente tout en gardant le contrôle.

1. Sélectionner l'outil **Rectangle** avec le contour noir et le remplissage blanc.
2. Tracer le rectangle autour de la zone à recadrer.
3. Réduire l'**Opacité** du calque à zéro.
4. Pour ajuster le recadrage, déplacer les poignées du rectangle dont le tracé virtuel reste visible.
5. Pour valider le recadrage, cliquer sur **Sélections / A partir d'un objet vectoriel.**
6. Puis **Image / Recadrer sur la sélection.**
7. Supprimer le calque du rectangle.

133. Valider rapidement un recadrage

Lorsque l'outil de **Recadrage** est utilisé et que le rectangle de recadrage est tracé, le clic sur l'icône **Appliquer** valide le recadrage.

Une manière différente de procéder pour obtenir le même résultat est de double-cliquer à l'intérieur du recadrage. C'est parfois plus facile et plus rapide que de déplacer la souris sur l'icône **Appliquer**…

134. Vertical ou horizontal ?

Une hésitation au moment de recadrer une photo ?

Tout en conservant les dimensions du cadrage intactes, vous pouvez basculer en mode **Portrait** (vertical) ou **Paysage** (horizontal) en cliquant sur l'icône prévue à cet effet dans la **barre d'outils flottante** (versions récentes de PaintShop Pro).

135. Recadrer au plus serré

Supposons plusieurs éléments placés dans l'image. Les poissons de cette image se trouvent chacun sur un calque transparent. Le calque des vagues est un calque différent situé en dessous.

Pour les recadrer sans devoir le faire manuellement, procéder comme suit.

1. Sélectionner l'outil **Recadrage.**
2. Désactiver la **Visibilité** du calque qui ne doit pas être sélectionné (ici, le calque des vagues).

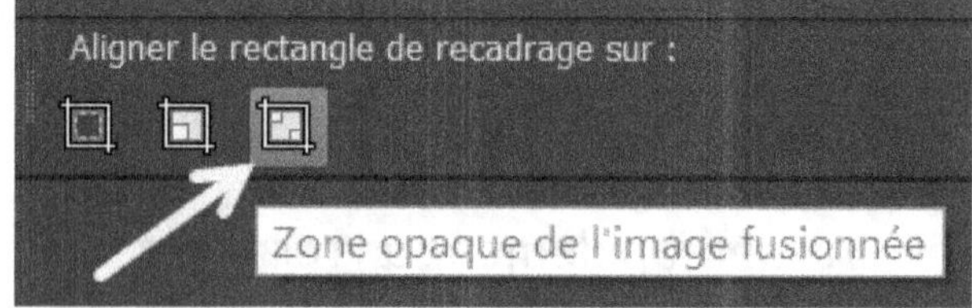

3. Dans la barre des **Options de l'outil**, cliquer sur l'icône **Zone opaque de l'image fusionnée**. Elle se trouve sous **Aligner le rectangle de recadrage sur**.
4. Le rectangle de recadrage se placera automatiquement autour des trois poissons.

Si vous souhaitez recadrer plusieurs éléments situés sur le même calque, procéder comme suit :

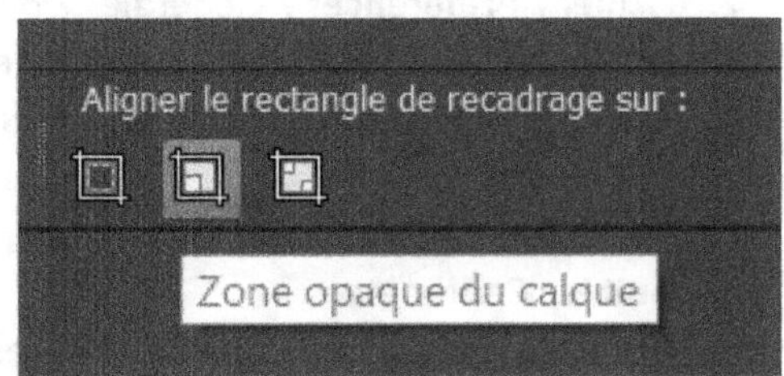

1. Dans la palette **Calques**, cliquer sur le calque qui contient les éléments à recadrer.
2. Sélectionner l'outil **Recadrage.**
3. Dans la barre des **Options de l'outil**, cliquer sur l'icône **Zone opaque du calque.**
4. Le rectangle de recadrage se placera automatiquement autour des éléments situés sur le même calque.

136. Recadrer par incréments de 15 degrés

Peu connue, cette fonctionnalité existe depuis longtemps dans PaintShop Pro.

En appuyant sur la touche **Maj** pendant l'utilisation de la poignée de rotation, la rotation s'effectue par sauts de 15 degrés.

137. Recadrer plusieurs photos sur une page

Plutôt que scanner des photos séparément, pourquoi ne pas en scanner plusieurs par page et utiliser la fonction de séparation de PaintShop Pro ? C'est beaucoup plus rapide.

1. Afficher le scan qui comporte plusieurs photos.
2. Outil **Recadrer.**
3. Tracer le rectangle de recadrage autour de la première photo.
4. Cliquer sur l'icône **Recadrer sous forme de nouvelle image.** Elle se trouve sur la **barre flottante de recadrage**, mais aussi dans les **Options de l'outil** à droite de l'icône **Appliquer.**

5. La photo extraite est affichée pendant quelques secondes, puis PaintShop Pro affiche à nouveau le scan des photos.
6. Si plusieurs photos sont de même format, déplacer le rectangle de recadrage par sa poignée centrale pour les recadrer.
7. Il faut ensuite enregistrer chaque photo extraite.

138. Créer ses propres formats de recadrage

PaintShop Pro propose toujours des formats en pouces (inches), même si tous les paramètres (unités, résolution) sont réglés sur les valeurs centimétriques. Dans la liste déroulante des formats disponibles s'affichent des formats d'image non adaptés aux standards européens. Par exemple, le format 10 x 15 cm n'est pas proposé.

Voici comment créer le format 10 x 15.

1. Créer une image vide de 1300 x 870 pixels.
2. **Fichier / Préférences / Générales / onglet Unités.**
3. Régler **Afficher les unités : Centimètres.**
4. Régler la **Résolution par défaut** sur 78,740 Pixels / cm.
5. Outil **Recadrer.**
6. Tracer un rectangle de recadrage approximatif, sans toucher les bords de l'image.
7. **Unités : Centimètres.**
8. Décocher **Spécifier la taille de l'impression.**
9. Décocher **Conserver les proportions.**
10. **Taille de l'impression** : entrer les valeurs 15 et 10 (cm). PaintShop Pro va modifier légèrement ces valeurs en 14,999 et 9,995. Ne pas s'inquiéter. C'est le résultat bizarre de calculs de conversion interne entre les pouces, les centimètres et la résolution de l'image. Ne pas essayer de corriger…
11. Cliquer sur **Paramètre par défaut** (à gauche dans la barre des **Options de l'outil**).
12. Cliquer sur la disquette **Enregistrer le paramètre par défaut.**
13. Entrer le nom du **Paramètre par défaut** : 10 x 15 cm.

Le format 10 x 15 est visible à présent dans la liste déroulante, de même que dans la barre de recadrage flottante qui apparaît sous l'image pendant le recadrage.

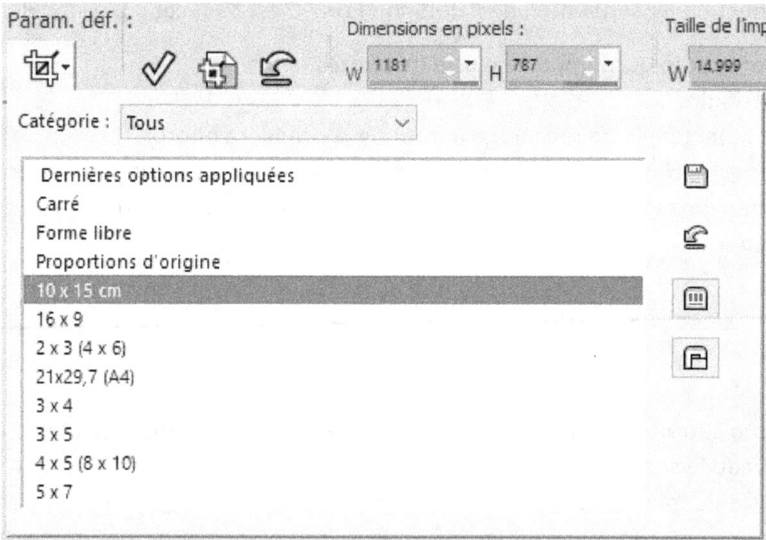

139. Recadrer sur un élément d'un calque

Dans la **Palette Calques**, un calque peut être glissé/déposé dans une zone vide de l'espace de travail afin de devenir une image isolée, c'est-à-dire recadrée en supprimant la zone transparente.

Une autre méthode consiste à copier le calque (**Ctrl+C** sur l'image) puis le coller comme nouvelle image (**Ctrl+Maj+V** sur le plan de travail).

140. L'outil de Sélection intelligente est-il bête ?

J'ai souvent été surpris par le comportement inconsistant de cet outil. Parfois, il effectue correctement une sélection et d'autres fois, il déborde complètement du sujet sans raison apparente, quel que soit le réglage de **Tolérance** ou d'**Anticrénelage**.

Ce n'est que tout récemment que j'ai découvert son principe de fonctionnement qui n'est pas documenté dans l'aide du programme.

Contrairement à l'outil de **Sélection automatique** qui trouve tout seul les bords de la sélection à effectuer, le **Pinceau de Sélection intelligente** doit être guidé. C'est là que la **Taille** du pinceau s'avère très importante, particularité qui m'avait complètement échappé jusqu'il y a peu. Pendant le mouvement du **Pinceau** sur le sujet à sélectionner, il ne faut pas que le bord du pinceau déborde hors du sujet. S'il le fait, l'outil pense qu'il faut englober cette partie différente et effectue une sélection plus grande, mais non souhaitée par vous. Un exemple pour le montrer :

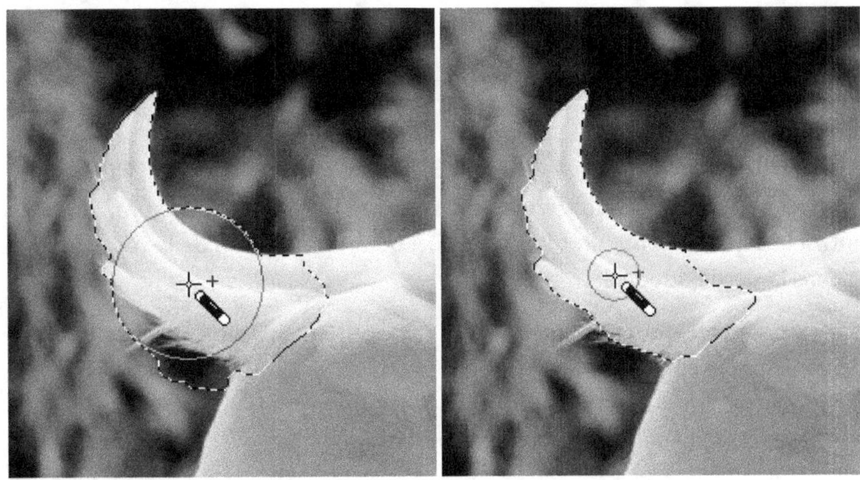

À gauche, le **Pinceau** est plus large que la houppe jaune du perroquet. L'outil ne se limite plus aux plumes et englobe l'arrière-plan dans la sélection qu'il effectue.

À droite, la **Taille** du **Pinceau de sélection intelligente** a été réduite et seule la houppe jaune a été sélectionnée.

141. Contrôler l'annulation d'une sélection

Lorsqu'on effectue une sélection à main libre au **Lasso**, un double-clic par distraction ou par erreur de manipulation provoque un effacement de la sélection sans possibilité d'annulation de la fausse manœuvre pour la récupérer. Il faut recommencer toute la sélection.

Pour éviter ce désagrément en mode **Lasso**, il faut procéder par étapes.

Si la sélection finale doit figurer sur un fond blanc, passez les deux lignes suivantes.

Si la sélection finale doit figurer sur un fond transparent, dupliquer le calque d'arrière-plan et travailler sur le calque dupliqué. Fermer la visibilité du calque d'arrière-plan.

Régler le mode de sélection sur **Remplacer.**

Commencer à tracer la sélection à l'extérieur de la zone à conserver et tracer la sélection en se rapprochant du sujet à délimiter. Relâcher le bouton de souris. Appuyer sur la touche suppression du clavier (**Delete** ou **Suppr.**). La partie sélectionnée est supprimée. Procéder ainsi par étapes pour le reste de la sélection. En cas d'erreur de tracé, un clic sur **Édition /Annuler** ou **Ctrl+Z** affiche la sélection effacée.

142. Contrôler le contour de la sélection

Lorsque le tracé d'une sélection est terminé, la zone sélectionnée est entourée par un contour pointillé en blanc et noir animé. Si le contour pointillé ne s'affiche pas, vérifier que

- le **Mode de Sélection** est réglé sur **Remplacer** ou **Ajouter** et pas sur **Supprimer,**
- la commande d'affichage de la sélection (**Sélection / Masquer les pointillés**) n'est pas cochée.

Cette dernière commande est utile lorsqu'on souhaite contrôler l'effet de la sélection sans être perturbé par le contour pointillé. Cela est pratique, par exemple, quand on effectue une sélection à bord adouci.

143. Extraire une sélection d'un objet sur calque transparent

Supposons une sélection qui doit être réalisée sur un sujet qui figure sur un calque transparent. Si le sujet présente un bord adouci, il peut être difficile de le recadrer en évitant de couper dans la partie adoucie.

1. Dans la **palette Calques,** cliquer sur le calque qui contient l'objet et le glisser dans une zone vide du plan de travail.
2. Une nouvelle image est créée qui ne contient que l'objet recadré. Les zones transparentes excédentaires sont supprimées.

144. Gagner en rapidité lors d'une sélection

Les différents modes **Remplacer, Ajouter, Supprimer** peuvent être activés en cliquant dessus dans la barre des **Options de l'outil.** Cela nécessite de déplacer le curseur jusqu'à cette barre, ce qui n'est pas pratique en cours de sélection.

Sans quitter la sélection, appuyer sur la touche **Maj** pendant le tracé pour basculer en mode **Ajouter** et sur la touche **Ctrl** en mode **Supprimer.**

145. Masque rouge

La modification d'une sélection s'effectue via **Sélections / Modifier la sélection.**

La sélection apparaît en rouge semi-transparent appelé masque rouge. La peindre avec un **Pinceau** de couleur blanche ou noire permet de retirer ou d'ajouter des morceaux à la sélection.

Mais que faire si vous détourez des tomates ?

Vous pouvez choisir une autre couleur que le rouge :

1. Clic-droit sur le calque de la sélection dans la **Palette calques / Propriétés.**
2. Cliquer sur la couleur de recouvrement et choisir une autre couleur.
3. Régler l'**Opacité.**

146. Empêcher le centrage d'une sélection

Supposons un texte ou un dessin placé sur un calque, dans un coin de l'image, et que vous voulez copier sur une autre image de même dimension.

Si vous copiez la sélection et que vous la collez comme nouveau calque dans l'image de destination, elle se placera au centre, car c'est le comportement normal de PaintShop Pro dans ce cas-là. Or vous souhaitez qu'elle se place dans le coin, exactement au même endroit que dans l'image de départ.

Il n'y a pas de fonction prévue dans PaintShop Pro pour le faire, mais on peut utiliser deux méthodes détournées pour arriver à nos fins.

1ère méthode :

1. **Transformer la sélection en calque.**
2. Marquer à la couleur opaque deux coins opposés du calque dupliqué.
3. **Édition / Copier.**
4. Dans l'image de destination, faire **Édition / Coller.**
   Grâce aux marques placées dans les coins, le calque se calera exactement à la même place. L'image de destination doit évidemment être de même dimension que l'image d'origine.
5. Outil **Gomme** pour effacer les marques dans l'image de destination.

2ème méthode :

1. Si la sélection est un dessin vectoriel ou un texte, cliquer-droit sur son calque dans la **palette Calques** et choisir **Convertir en calque raster.**
2. Clic-droit sur le calque de la sélection et sélectionner **Propriétés.**
3. Dans la fenêtre des **Propriétés du calque**, sous l'onglet **Général**, cliquer sur **Verrouiller la transparence.** Normalement, cette étape n'est pas nécessaire. Je l'indique au cas où le résultat obtenu au point 8. ne produirait pas le résultat attendu.
4. **Sélection / Sélectionner tout (Ctrl+A)** pour sélectionner la sélection et la totalité de son calque transparent.
5. **Édition / Copier (Ctrl+C).**
6. Dans l'image de destination faire **Calques / Nouveau calque raster.**
7. **Sélection / Sélectionner tout (Ctrl+A)** pour sélectionner la totalité de ce nouveau calque vide.
8. **Édition / Coller dans la sélection (Ctrl+Maj+L).**
9. **Sélections / Ne rien sélectionner (Ctrl+D).**

C'est en procédant de cette manière que le texte "Arbres" dans la première image en exemple ci-après a été reporté exactement à la même place dans la deuxième image.

147. Créer la même sélection sur plusieurs images

Pour effectuer la même sélection sur des images différentes, tracer la sélection à l'endroit souhaité de la première image.

1. Cliquer sur **Sélection personnalisée.**
2. Cocher **Utiliser la sélection actuelle par défaut.**
3. **OK.**
4. Passer à l'image suivante.
5. Cliquer sur **Sélection personnalisée.**

La sélection sera tracée au même endroit que l'image précédente et à la même taille.

148. Mode Lasso plus précis

Si vous n'utilisez pas une tablette graphique, le tracé à la souris en mode **Lasso** peut s'avérer très zigzagant. Il sera plus régulier en mode **Point à point** ou **Rechercher les bords**. Dans ces deux modes, il suffit de cliquer le long du bord du sujet à sélectionner et PaintShop Pro trace automatiquement le contour de sélection entre les deux clics.

Il est toujours possible de corriger les défauts de sélection une fois le gros du travail effectué.

149. Déplacer une sélection

Une sélection tracée doit parfois être déplacée pour mieux entourer le sujet sélectionné. Cela se fait tout simplement en utilisant le clic-droit.

150. Agir sur plusieurs sélections en même temps

Si plusieurs sélections sont actives sur l'image, il est fastidieux de cliquer sur chacune d'elle pour lui appliquer un remplissage de couleur, par exemple. Si certaines sélections sont très petites et dès lors difficilement cliquables, le problème est similaire.

La solution consiste à régler l'**outil Pot de peinture** sur **Correspondance : Aucun** puis à cliquer sur une des sélections. Elles seront toutes remplies automatiquement.

151. Éviter les coins arrondis d'une sélection agrandie

En agrandissant une sélection carrée ou rectangulaire (**Sélections / Modifier / Agrandir**), les coins s'arrondissent.

Pour agrandir sans arrondir les coins, utiliser une des méthodes suivantes

1ère méthode :

1. **Sélections / Modifier la sélection.**
2. Outil **Sélecteur** en **Mode Échelle** et agrandir la sélection.
3. **Sélections /** décocher **Modifier la sélection.**

2ème méthode :

1. **Sélections / Modifier.**
2. **Agrandir / Nombre de pixels.**
3. Ensuite, à droite dans la barre des **Options de l'outil**, sous **Créer une sélection à partir de**, cliquer sur l'icône **Sélection actuelle.**

152. Sélection d'après un tracé vectoriel

Nous supposons ici une sélection de forme rectangulaire pleine.

1. Sélectionner l'outil **Rectangle.**
2. Désactiver la couleur de **Premier Plan** et choisir la couleur blanche comme couleur d'**Arrière-plan**. La sélection sera effectuée sur ce qui est visible au moment du tracé. Si un rectangle transparent est tracé, seul son contour noir sera pris en compte pour la sélection et pas la partie transparente.
3. Cocher **Créer sur vecteur.**
4. **Anticrénelage** à cocher ou décocher selon le lissage souhaité pour le bord de la sélection.
5. Tracer la forme vectorielle.
6. L'**Opacité** du calque peut être diminuée pour rendre le rectangle semi-transparent et permettre son positionnement sur l'image.
7. Cliquer sur l'outil **Sélecteur.**
8. **Sélections / A partir d'un objet vectoriel.** Le contour pointillé mobile apparaît pour confirmer la prise en compte de la sélection.
9. Dans la **palette Calques**, désactiver la visibilité du calque qui contient le tracé vectoriel
10. Cliquer sur le calque de l'image. La sélection est à présent active sur l'image.
11. **Sélections / Transformer la sélection en calque.**
12. Depuis la **palette Calques**, glisser le calque de la sélection sur une zone vide du plan de travail. Cela crée une nouvelle image qui contient la sélection extraite.

153. Tracer une sélection d'un certain nombre de pixels

Lors d'un tracé vectoriel, par exemple un cercle, il est possible de spécifier le rayon en pixels. Cette possibilité n'existe pas lors du tracé d'une sélection circulaire. Pour obtenir ce résultat, procéder comme suit :

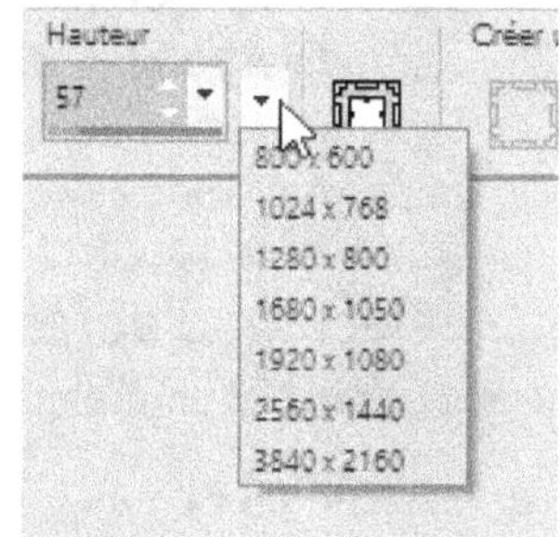

1. Outil de **Sélection.**
2. **Type de sélection : Cercle.**
3. **Mode : Remplacer.**
4. **Type de sélection : Taille fixe.**
5. Entrer les valeurs de **Largeur** et **Hauteur**, 100 pixels dans l'exemple ci-contre, qui correspondent au diamètre du cercle.
6. Cliquer dans l'image. La sélection circulaire de 100 pixels de diamètre sera tracée automatiquement.
7. Pour déplacer cette sélection avant de l'appliquer :
    o **Sélections / Modifier la sélection.**
    o Elle sera affichée avec son masque rouge.
    o Outil **Sélecteur** pour la déplacer ou la modifier.
    o **Sélections / Modifier la sélection** pour terminer.

Si une sélection rectangulaire est choisie, la procédure est la même. Elle bénéficie en outre d'une option supplémentaire accessible via la petite flèche isolée à droite du champ **Hauteur**. Une liste déroulante est déployée dans laquelle des sélections rectangulaires prédéfinies sont proposées. Elles correspondent à différentes tailles d'écrans.

CALQUES

154. Volet droit dans la Palette Calques

La partie inférieure de la **palette Calques** peut être divisée en deux parties. À gauche, la pile de calques, à droite, les réglages individuels des calques. C'est une présentation très pratique qui donne une vue d'ensemble des réglages sans devoir cliquer avec le curseur sur chaque calque pour connaître son réglage.

Cette présentation est activée comme suit :

Fichier / Préférences / Générales / onglet Palettes / cocher **Volet droit.**

Une barre verticale sépare les deux parties. Elle comporte un bouton à cliquer pour masquer d'un clic le volet droit. Ce bouton peut aussi être déplacé latéralement pour ajuster l'espace respectif occupé par chaque partie.

155. Surligner les calques

Il est possible d'attribuer des couleurs aux calques de la **palette Calques**. Une organisation par couleur est parfois nécessaire lorsqu'il y a de nombreux calques.

1. Clic-droit sur un calque de la **palette Calques.**
2. **Propriétés.**
3. Cocher **Haute lumière** dans la **palette Calques.**
4. Choisir une couleur (clic-droit sur la case colorée).

156. Condenser les calques

Lorsqu'on travaille avec énormément de calques et qu'ils sont bien identifiés par leur nom, la présence de leur vignette d'identification peut s'avérer inutile. Supprimer l'affichage de cette vignette permet d'afficher un plus grand nombre de calques dans la **palette Calques** : **Fichier / Préférences / Générales /** onglet **Palettes /** décocher **Vignettes de la palette.**

Cette présentation condensée affiche trois fois plus de calques dans la Palette par rapport au réglage par défaut.

Le contenu de chaque calque reste cependant visible dans la vignette de l'infobulle qui apparaît lorsque le curseur est placé sur le calque dans la **palette Calques.**

157. Renommer un calque

Travailler avec beaucoup de calques dans une image rend difficile la localisation de certains d'entre eux si leurs noms sont identiques.

Pour renommer un calque afin de l'identifier plus facilement, cliquer sur son nom dans la **Palette Calques.** Le texte est alors éditable et peut être modifié.

158. Réduire un seul calque

Si une image copiée puis collée comme nouveau calque est plus grande que l'image de destination, elle ne sera pas visible complètement. Si l'intention est de la réduire pour qu'elle s'adapte à l'image de destination, procéder comme suit :

1. Dans le menu Fenêtre, décocher Documents à onglet au cas où il serait activé.
2. Réduire le taux de Zoom pour afficher l'ensemble de l'image dans une fenêtre plus petite sur le plan de travail.
3. Ensuite, agrandir la fenêtre en tirant sur ses coins pour faire apparaître la zone vide autour de l'image.
4. Dans la **palette Calques**, sélectionner le calque à réduire.
5. Utiliser l'outil Sélecteur réglé en Mode Échelle. Le cadre de sélection montrera l'emplacement de l'image sur le calque.
6. Utiliser les poignées de coin pour réduire les dimensions du calque.

159. Supprimer une série de calques sauf 3

1. Dans la **palette Calques**, désactiver la visibilité des 3 calques à conserver.
2. Clic-droit / Fusionner / Calques visibles.

3. Supprimer le calque fusionné.
4. Basculer la visibilité des trois calques qui restent.

160. Sélectionner d'un coup une série de calques
1. Dans la **Palette Calques**, cliquer sur le premier calque à sélectionner.
2. Maintenir la touche **Maj** (Shift) enfoncée.
3. Cliquer sur le dernier calque à sélectionner.

Tous les calques situés entre les deux, y compris les deux calques de départ et d'arrivée, seront sélectionnés.

Si seuls certains calques doivent être sélectionnés, après sélection de l'ensemble, maintenir la touche **Ctrl** enfoncée et cliquer sur les calques choisis. Cela les enlève de la sélection.

161. Agrandir les vignettes des calques
Une meilleure visibilité du contenu des calques est parfois nécessaire. Agrandir les vignettes de calque est une solution :

1. **Fichier / Préférences / Générales / Palettes.**
2. Sous **Palette Calques**, et **Vignettes de la palette**, agrandir la **Taille** (en pixels).

L'inconvénient de ce réglage est le nombre plus réduit de calques visibles dans la Palette. Une autre solution consiste à n'agrandir que la vignette de calques qui apparaît au passage du curseur sur un calque dans la Palette calques :

Fichier / Préférences / Générales / onglet Palettes / Vignettes des infobulles : Taille.

162. Déplacer un calque, mais pas celui d'en dessous
C'est souvent ce qui se passe lorsqu'on travaille avec des calques transparents. Le curseur déplace le calque non souhaité.

Il faut bien entendu que le calque choisi soit sélectionné dans la **palette Calques**. Utiliser la touche **Maj** pendant le déplacement avec l'outil Déplacer.

163. Verrouiller la transparence
Cette fonction préserve la transparence d'une image, même les zones semi-transparentes. C'est utile lorsqu'on veut travailler sur les pixels non transparents sans déborder sur les zones transparentes.

1. Clic-droit sur le calque dans la **Palette calques.**
2. **Propriétés /** onglet **Général**.
3. Cocher **Verrouiller la transparence.**

Ne pas oublier de la désactiver après le travail effectué.

164. Détourer en s'aidant d'un calque

Lorsque l'image est sombre, utiliser une lampe de poche serait bien pratique. PaintShop Pro peut le faire en éclairant temporairement une zone sombre.

1. Créer un calque de réglage via
   Calques / Calque de réglage / Niveaux.
2. **Canal RVB /** déplacer le curseur central vers la gauche (de la valeur 128 en direction de la valeur 0).

Cela éclaire fortement l'image et révèle les différences de luminosité dans les zones sombres.

Effectuer la sélection sur le calque de l'image situé sous le calque de réglage. Supprimer le calque de réglage ou fermer sa visibilité après le travail de sélection.

165. Retoucher dans une zone sombre

Le mode Point à point ne fonctionne pas sur un calque de réglage tel qu'expliqué dans le paragraphe précédent. La sélection au Lasso en mode Point à point utilise la capacité de PaintShop Pro à distinguer le contour du sujet. Ce système nécessite d'avoir un contraste suffisant entre le contour et l'arrière-plan. Si ce n'est pas le cas, le tracé réalisé automatiquement par PaintShop Pro sera moins précis et s'éloignera du tracé idéal.

Il faut dupliquer l'image et appliquer le réglage de contraste et de luminosité directement sur le calque dupliqué. Ce calque sera supprimé après le tracé effectué en mode Point à point. La sélection restera visible sur l'image originale après suppression du calque dupliqué.

Un exemple que j'ai vécu est le détourage d'un politicien africain photographié devant un fond sombre. Il fallait l'extraire pour réaliser une affiche électorale sur fond bleu. Pour distinguer le contour de sa tête, j'ai dupliqué l'image et lui ai appliqué un réglage Luminosité/contraste pour éclaircir la photo. Cela m'a permis de distinguer les contours du visage. Après tracé de la sélection, j'ai effacé le calque dupliqué et la sélection s'est transférée sur l'image originale en dessous.

166. Transférer de l'Organiseur vers un calque

Si vous travaillez en **mode Édition** et que l'Organiseur est ouvert, vous pouvez glisser / déposer une image de l'Organiseur directement dans la **Palette Calques** d'une autre image.

Si l'image de destination ne contient que le calque d'**Arrière-plan**, il faut placer le curseur dans la moitié supérieure du calque, dans la zone située au-dessus du nom du calque. L'image insérée sera placée sur un nouveau calque au-dessus du calque d'**Arrière-plan**.

Si l'image de destination contient plusieurs calques, l'image se placera juste au-dessus ou en dessous du calque survolé par le curseur selon que vous placez le curseur dans la partie supérieure ou la partie inférieure du calque. Le bord supérieur ou inférieur du calque sera surligné pour indiquer où s'insérera le nouveau calque.

Le calque ainsi créé prendra le nom de l'image insérée.

Note : Le curseur se transforme en panneau d'interdiction dès qu'il entre dans la **Palette Calques**, ce qui laisser croire que l'opération n'est pas possible. Il faut déposer l'image sur un calque et non pas dans la zone vide sous la pile de calques.

167. Extraire un calque

Un calque contenu dans une image peut être sélectionné dans la **Palette Calques** puis glissé/déposé sur une autre image ouverte.

168. Ajouter rapidement un calque

Que vous y alliez par le menu Calques / Nouveau calque… ou en cliquant sur l'icône Nouveau calque située dans la **Palette Calques**, vous aboutissez ensuite obligatoirement à la fenêtre de réglage avant de pouvoir créer le nouveau calque. Si vous n'avez pas besoin de cette fenêtre de réglage, épargnez-vous un clic en appuyant sur la touche **Maj** (Shift). Appréciable pour réduire le nombre total de clics, si vous travaillez souvent avec des calques.

169. Styles de calque sans mémoire

Les **Styles de Calques** (dans les **Propriétés de calque**) ne conservent pas les réglages. Lorsque vous utilisez les autres outils, vous passez logiquement d'une image à l'autre pour appliquer l'effet réalisé sur la première de la série. C'est le fonctionnement normal des outils de PaintShop Pro sauf à l'exception des **Styles de calque**. L'effet est perdu et il faut le recommencer à chaque image.

Sauf… si vous enregistrez le réglage effectué en tant que **Paramètre** :

1. Cliquer sur l'icône **Enregistrer le paramètre par défaut** (petite disquette).
2. Donner un nom à ce paramètre.
3. Cliquer sur l'image suivante à traiter et dans les **Propriétés de calque**, cliquer sur ce paramètre enregistré. Cela reproduira l'effet sur l'autre image.

170. Déformation du visage pour caricature

Utiliser le **Pinceau déformant** :

171. Annuler la déformation

Plusieurs possibilités d'annulation sont disponibles :

- Raccourci clavier **Ctrl+Z.**
- Icône **Annulation de la déformation** puis passer le curseur sur la déformation.
- Icône **Défroisser** en forme de fer à repasser qui permet d'annuler localement.
- Utiliser le même outil de déformation, mais en appuyant sur clic-droit.

172. Passer outre la limitation de la Grille déformante

Lorsque l'outil **Grille déformante** est activé, les nœuds affichés aux croisements des lignes permettent de déformer l'image en les déplaçant.

Les nœuds situés sur le pourtour de l'image ne peuvent être déplacés que le long du bord et pas vers l'intérieur ou l'extérieur de l'image. Dans certains cas, c'est une limitation gênante. L'astuce pour y parvenir quand même est d'agrandir temporairement le support de l'image : **Image / Taille du support / Nouvelles dimension.**

Entrer des valeurs de **Largeur** et **Hauteur** supérieures aux **Dimensions d'origine**. La grille déformante couvre ainsi tout le support agrandi et les bords de l'image peuvent être déformés.
Lorsque le travail de déformation est terminé, recadrer l'image.

173. Réaliser une ligne de différentes couleurs

Tracer une sélection rectangulaire dans une image ou une photo.

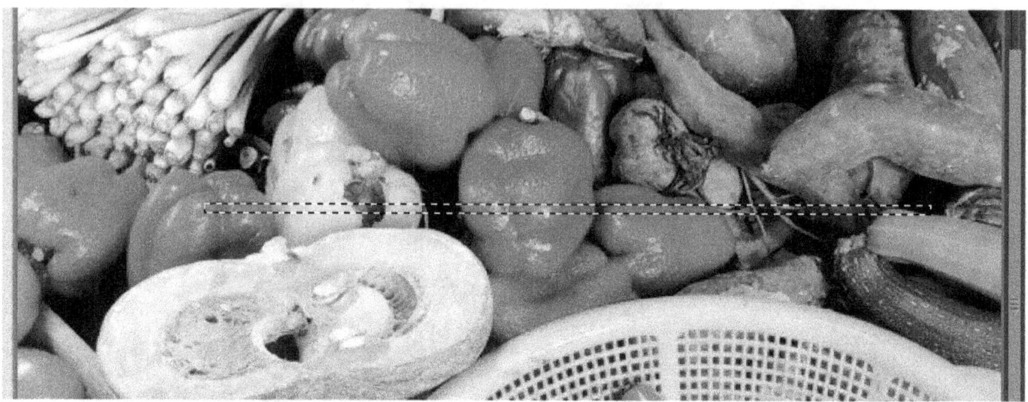

Copier la sélection puis la coller comme nouvelle image :

174. Dessiner une ligne en pointillé

Un tracé de ligne avec l'outil **Stylo** peut être modifié dans une certaine mesure en cliquant sur **Style de ligne** puis **Personnalisée**.

L'exemple ci-après utilise la ligne en pointillé.

Le poinçon vert permet d'allonger le tiret.

Le poinçon rouge règle l'espace entre les tirets. Il indique l'endroit où commence le tiret suivant.

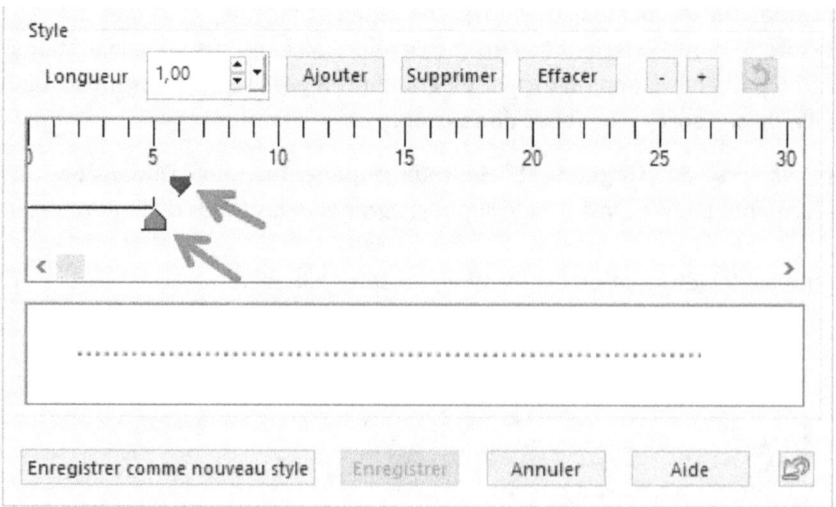

Ces réglages sont limités et l'outil souffre d'un défaut. Lorsqu'on augmente l'épaisseur des traits, l'espace entre eux augmente également, mais la longueur des traits n'augmente pas proportionnellement, ce qui provoque une déformation de ces traits.

Si la situation le permet, l'astuce suivante peut être utilisée pour atténuer ce défaut.

1. La ligne (1) est le tracé initial.
2. La ligne (2) est le même tracé dont l'épaisseur du trait a été augmentée. L'espace entre les tirets s'est élargi et les traits ne se sont pas allongés.
3. La ligne (3) est réalisée en dupliquant le calque et en décalant le calque dupliqué vers la droite. Les traits ont été colorés en orange pour montrer le décalage effectué.

4. La ligne (4) est l'aspect final souhaité, obtenu en fusionnant les deux calques.

175. Plusieurs méthodes pour tracer une ligne droite

- Outil **Texte : tiret bas** ("underscore").
- **Formes prédéfinies / Rectangle.**
- **Pinceau** : cliquer au point de départ, maintenir la touche **Maj** et cliquer au point d'arrivée.
- **Pinceau** : choisir celui intitulé **Ligne horizontale.**
- Outil **Stylo** en mode **Dessiner des lignes.**

176. Tracer une ligne à 45°

L'outil **Stylo**, en mode **Dessiner des lignes et des polylignes**, permet de tracer des lignes droites.

Pour tracer une ligne à 45° ou exactement horizontale ou verticale, utiliser la touche **Maj** pendant le tracé.

177. Tracer une ligne à 90°

En mode raster, l'outil Pinceau peut tracer des lignes à 90° comme suit :

1. **Affichage.**
2. Cocher **Règles, Repères** et **Aligner sur les repères.**
3. Placer un repère.
4. Outil **Pinceau** et dessiner sur ce repère. L'attraction magnétique va guider le pinceau en ligne droite.

178. Tube ou tube à images ?

Le mot tube est souvent employé dans les tutoriels rencontrés sur internet pour désigner une seule et simple image détourée et à fond transparent, généralement au format **PNG** ou **GIF**. L'origine de cette appellation abusive provient des premières versions de PaintShop Pro qui montraient l'icône d'un tube de couleur dont on pouvait sortir des images. Les utilisateurs ont conservé ce nom pour d'autres types d'images.

L'outil **"Tube à images"** original de PaintShop Pro est différent, car il comporte plusieurs images qui peuvent être déposées automatiquement comme le ferait un tube de couleur que l'on presserait et dont sortiraient non pas de la couleur, mais des images successives.

Ayez cette distinction à l'esprit lorsque vous surfez sur internet à la recherche de tubes ou de tubes à images… Dans ce manuel, nous parlons de tubes à images et pas de tubes, sauf indication contraire.

179. Créer une image à fond transparent ("tube")

Il faut d'abord transformer le calque d'**Arrière-plan**, car il n'accepte pas la transparence : dans la **palette Calques**, clic-droit sur le calque d'**Arrière-plan / Transformer le calque d'arrière-plan**

Pour enlever l'arrière-plan blanc d'une image et le rendre transparent, plusieurs outils peuvent être utilisés selon la situation :

- L'outil **Extracteur d'objet** permet de le faire si l'image n'est pas trop complexe et surtout si le fond est presque uni, sans trop de texture.
- La **Baguette magique** peut convenir dans certains cas.
- L'outil **de Sélection** dispose de plusieurs modes de travail (**Supprimer, Remplacer**).
- La **Gomme** est facile à utiliser en activant **Bord Optimal** qui préserve le sujet.
- La **Gomme d'arrière-plan** est utilisable également avec son réglage de base qui convient à la plupart des situations.

Ensuite, enregistrer au format **GIF** ou **PNG** en cochant **Activer la transparence** ou **Rendre transparente la couleur sélectionnée.**

180. Extraire les images des tubes à images

Les dessins contenus dans les tubes à images de PaintShop Pro sont déposés, à chaque clic sur l'image, de manière successive ou aléatoire. Il n'est pas possible de choisir un dessin particulier. Si on souhaite utiliser séparément certains d'entre eux, il faut les extraire :

1. Ouvrir PaintShop Pro en **mode Édition** et le réduire un peu pour voir le Bureau de Windows.
2. **Fichier / Préférences / Emplacement des fichiers** et repérer le dossier dans lequel sont stockés les tubes à images.

Sur mon ordinateur, l'emplacement par défaut, lors de l'installation, est celui-ci : **C:\ProgramData\Corel\Corel PaintShop Pro 2019\Corel_10\Corel_10_01**

3. Cliquer sur l'**outil Tube à** images et afficher le tube à images dont vous souhaitez extraire les images. C'est le tube des papillons qui est choisi ici. En passant le curseur dessus, son emplacement exact est indiqué :

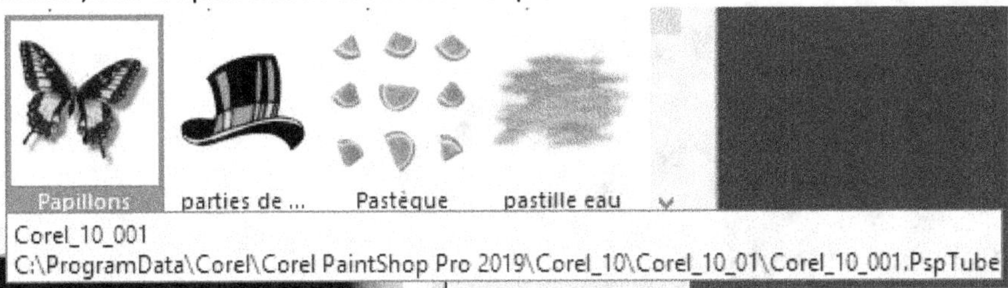

4. Ouvrir l'Explorateur de fichiers de Windows et le réduire côte à côte avec PaintShop Pro.
5. Dans l'Explorateur de fichiers, ouvrir le dossier qui contient les tubes à images intitulé Corel_10 et repérer le tube à images choisi.
6. Cliquer dessus et le glisser sur le plan de travail de PaintShop Pro. Il s'ouvrira dans PaintShop Pro en montrant toutes les images qu'il contient.
7. Prendre l'outil de **Sélection** et tracer un rectangle de sélection autour du papillon choisi.

8. Cliquer-droit sur la barre de titre et choisir **Copier.**
9. Cliquer-droit dans une zone vide du plan de travail de PaintShop Pro et choisir **Coller comme nouvelle image.**
10. Avec la **Baguette magique, Tolérance : 20,** cliquer dans une zone transparente. Cela fait apparaître les zones qui ne le sont pas à 100 % et qu'il faut enlever.

11. Avec l'outil de **Sélection** de **Type : Rectangle** et **Mode : Ajouter**, **Progressivité : 0** et **Anticrénelage décoché**, supprimer tous les "trous" dans la sélection.
12. Ensuite cliquer sur **Sélections / Inverser.**
13. Puis **Image / Recadrer sur la sélection.**
14. Et enfin **Fichier / Exporter / Tube à images** avec les valeurs par défaut proposées.

181. Créer des catégories de tubes à images

Les **Tubes à images** sont classés par catégories :

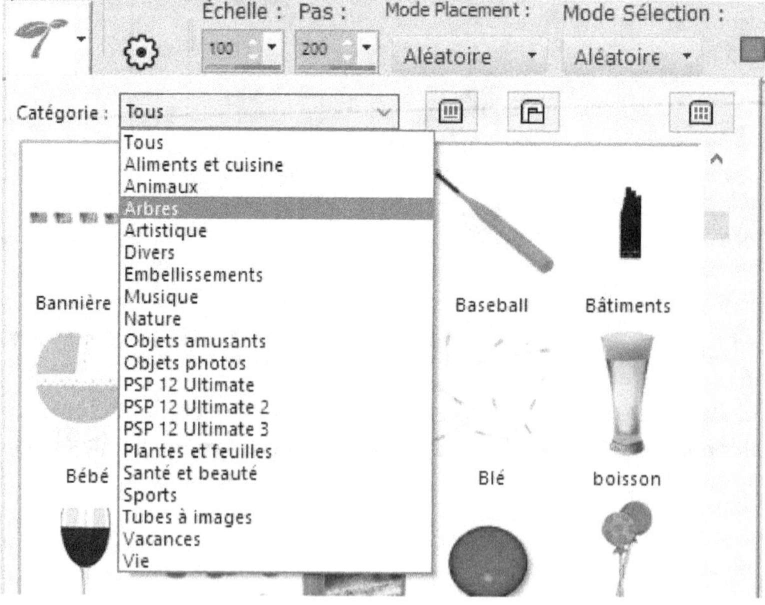

Pour créer une nouvelle catégorie, la catégorie "Arbres" dans notre exemple, procéder comme suit :

1. Cliquer sur l'icône **Emplacement des fichiers.**

2. Dans la fenêtre **Emplacement des fichiers**, sélectionner **Tubes à images** dans la colonne de gauche **Types de fichier.**
3. À droite, dans **Dossiers des fichiers de tubes à images**, sélectionner le dossier dans lequel va être créé le nouveau sous-dossier.
4. Sous **Options de dossier**, cocher **Activer et Utiliser des sous-dossiers** puis cliquer sur **Créer un sous-dossier.**
5. Dans la fenêtre **Saisie du nom**, entrer le nom du sous-dossier (Arbres dans notre exemple).
6. Valider par **OK.**
7. Cliquer sur l'icône **Gestionnaire de ressources.**

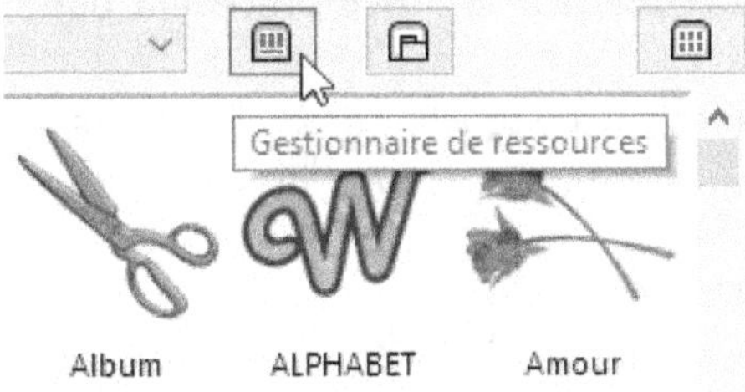

8. Dans la fenêtre **Gestionnaire de ressources**, cliquer sur la **Catégorie : Tous**, sélectionner les **Tubes à images** et cliquer sur **Déplacer.**
9. Dans la fenêtre **Recherche d'un dossier**, sélectionner le sous-dossier créé ("Arbres" dans notre exemple).
10. Valider par **OK** puis Fermer.

Cette méthode est applicable à tous les éléments visibles dans la colonne de gauche **Types de fichiers** de la fenêtre **Emplacement des fichiers**. Les pinceaux, textures et scripts peuvent ainsi être classés dans des catégories spécifiques.

182. Appliquer un tube à images en ligne droite

Pour déposer les éléments d'un tube à images le long des bords d'une image.

1. Cliquer une fois à l'endroit du départ de la ligne.
2. Maintenir la touche **Maj** (Shift) enfoncée.

3. Cliquer à l'endroit de la fin de la ligne.

Les images du tube à images suivront cette ligne droite entre les deux points cliqués.

VECTORIEL

183. Créer une image vectorisée au départ d'une image bitmap

PaintShop Pro ne dispose pas de cette fonction en mode automatique.

S'il s'agit d'une image simple, par exemple un logo sans dégradé, il est possible de tracer des lignes vectorisées en suivant les contours. Dans ce cas, il faut créer un calque vectoriel au-dessus de l'image à copier et "décalquer" le logo sur le calque vectoriel.

Il existe des logiciels tiers qui peuvent réaliser la vectorisation d'une image complexe, par exemple CorelDraw. Pour travailler ensuite cette image vectorisée dans PaintShop Pro, il faudra l'enregistrer au format **EMF** qui est l'un des formats que PaintShop Pro peut ouvrir tout en conservant les vecteurs.

184. Reculer ou avancer d'un nœud

Lors de l'édition d'un tracé vectoriel ou d'une forme vectorielle compliquée ou dont les nœuds sont très rapprochés, il est parfois difficile de cliquer sur le nœud précédent ou le nœud suivant.

Cette commande peut s'effectuer par une combinaison de touches du clavier. Cette méthode est mal documentée, car elle dépend de la configuration du clavier de l'utilisateur (clavier anglais, français, belge, allemand).

Sur mon clavier (Belgique), **Maj+)** active le nœud précédent et **Maj+$** le nœud suivant.

Il faut effectuer vous-même le test sur votre clavier pour découvrir quelles touches produisent l'effet escompté. C'est simple à faire :

- Dessiner une forme vectorielle.
- **Objets / Convertir en tracé.**
- Cliquer sur un nœud. À partir de PaintShop Pro 2018, la taille des nœuds peut être agrandie.
- Essayer la combinaison de touches **Maj** avec successivement chacune des touches de la rangée du haut du clavier (celles des chiffres) puis les autres touches qui activent les signes spéciaux (*$£µ).
- Noter les deux touches qui activent le nœud précédent ou le nœud suivant.

185. Modifier une forme prédéfinie

L'aspect d'une forme prédéfinie peut être déformé pendant son tracé, mais pas son contour lui-même. Pour modifier le contour, procéder comme suit :

1. Tracer la **Forme prédéfinie.**
2. Cliquer sur l'outil **Stylo** qui est un outil d'édition vectoriel.
3. Cliquer sur les poignées apparues le long du tracé et les glisser pour déformer le contour.
4. Pour ajouter un nouveau nœud, appuyer sur la touche **Ctrl** et cliquer avec le curseur à l'endroit du contour où créer le nœud.

186. Modifier un objet vectoriel

Une forme prédéfinie peut être modifiée rapidement comme ceci :

1. Tracer une forme vectorielle, par exemple une étoile à 5 branches.
2. Aussitôt après le tracé, cliquer sur **Mode Édition** dans la barre des **Options de l'outil.**
3. Appuyer sur **Ctrl+S** pour obtenir la déformation de la deuxième étoile ci-après.
4. Appuyer sur **Ctrl+A** puis **Ctrl+S** pour obtenir la troisième déformation.

187. Forme prédéfinie déformée

Pendant son tracé, la forme peut être étirée dans un sens ou dans l'autre. C'est pratique dans certains cas. Si la proportion initiale de la forme doit être préservée, c'est ennuyeux.

Une solution : maintenir la touche **Maj** enfoncée pendant le tracé.

188. Tracer deux cercles ou deux rectangles imbriqués

Centrer un objet à l'intérieur d'un autre.

Si deux cercles doivent être insérés l'un dans l'autre et que le cercle central doit être bien centré, il n'existe pas de commande spécifique qui permet de centrer un objet dans un autre.

Il est cependant possible de les centrer sur le support puis de les grouper pour les déplacer ailleurs :

1. Tracer les deux cercles ou rectangles.
2. Les sélectionner tous les deux avec l'outil **Sélecteur** (les englober dans le rectangle de délimitation).
3. **Objets / Aligner / Centrer sur le support.**
4. **Objets / Grouper.**

Les deux cercles ou rectangles forment à présent un tout qui est plus facile à utiliser.

Cette technique de centrage fonctionne pour toutes les formes vectorielles, même lorsqu'elles sont différentes (un cercle dans un carré, etc.).

189. Évider un objet vectoriel

Prenons l'exemple d'un cercle dont on veut enlever la partie centrale pour créer un anneau.

1ère méthode :

1. **Formes prédéfinies / Ellipse / Mode : Dessiner un cercle.**
2. **Objets / Convertir en tracé.**
3. Outil **Stylo.**
4. **Ctrl+A** pour sélectionner tous les nœuds du cercle.
5. Barre des **Options de l'outil / Dupliquer** et décaler avec **Duplic. X** et **Duplic. Y** à zéro, ce qui crée une réplique exacte du cercle.

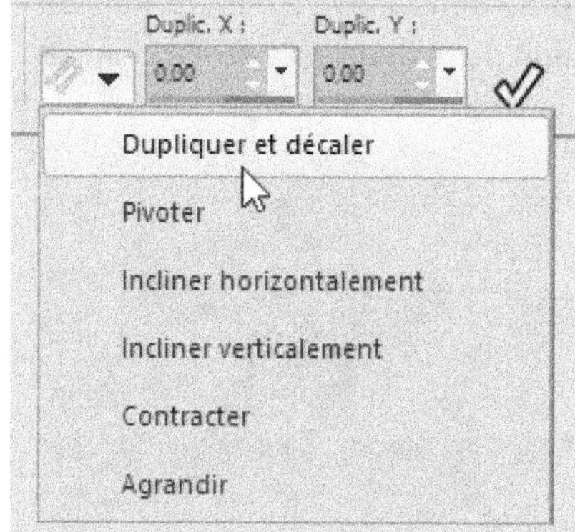

6. Cliquer sur l'icône de validation à droite (coche **V**).
7. **Type de transformation : Contracter** et donner la même valeur à **Contract. X** et **Y.**

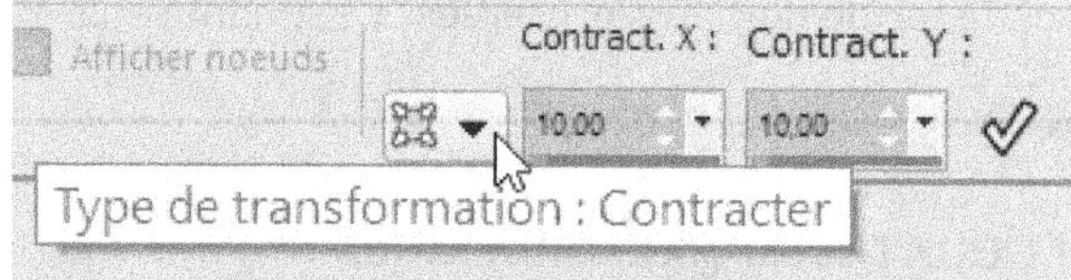

8. Cliquer sur l'icône **Appliquer contracter** (coche **V**).

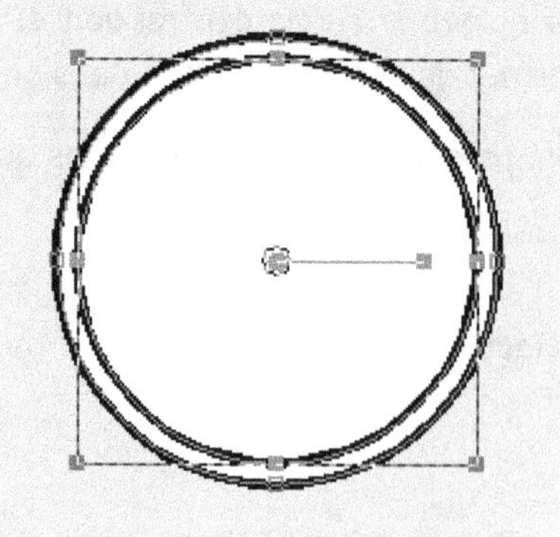

9. **Objets / Édition / Inverser le contour**, ce qui produit un trou dans le cercle.

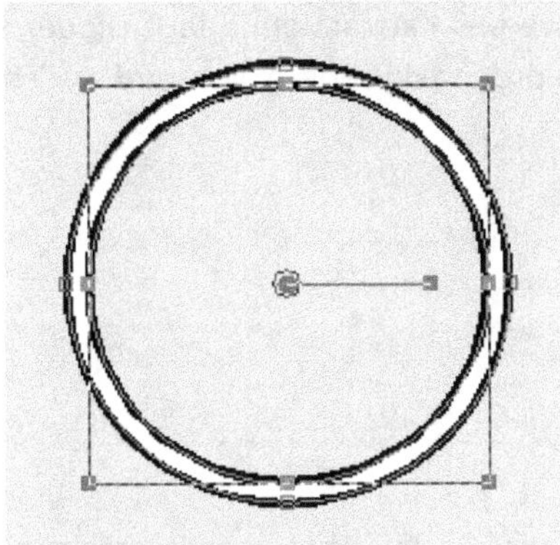

2ème méthode :

1. Tracer le cercle extérieur.
2. Tracer le cercle plus petit. Il peut chevaucher le grand cercle ou se trouver à côté.
3. Dans la **Palette calques**, déployer les deux sous-calques qui contiennent les cercles et les sélectionner.
4. **Objets / Aligner / Verticalement – centre.**
5. **Objets / Aligner / Horizontalement – centre.**
6. Dans la **Barre d'outils Script**, rechercher et sélectionner le script **FusionnerVectorielEtDécouperSélection** et l'exécuter. Cela efface les deux cercles et les remplace par un seul objet vectoriel avec son centre évidé.

190. Dépasser la limite de 1000 pixels du rayon du cercle.

Lorsque l'on dessine un cercle vectoriel, les valeurs affichées dans les champs **Rayon X** et **Rayon Y** sont limitées à 1000. Il n'est pas possible d'entrer manuellement une valeur plus grande.

Pour tracer un cercle plus grand, il faut tout simplement le dessiner plus grand. La valeur de rayon affichée restera à 1000, son maximum.

Pour tracer un cercle d'un rayon de 1200 pixels :

1. Créer une image de plus de 2400 pixels, par exemple 3000 x 3000 pixels.
2. **Affichage / Règles.**
3. **Affichage / Repères.**
4. **Affichage / Aligner sur les repères.**
5. Placer deux repères magnétiques verticaux et deux autres horizontaux à 2400 pixels de distance entre eux. Pour connaître leur position au pixel près, double-cliquer sur leur point d'ancrage dans la règle graduée.
6. **Affichage / Propriétés de la grille, des repères et de l'attraction.**
7. Onglet **Repères / Régler le champ d'attraction** à 50 pixels dans **Paramètres actuels de l'image.**
8. Tracer le cercle au plus près des repères.

9. Utiliser l'**outil Sélecteur** pour agrandir le cercle jusqu'à ce qu'il "colle" aux repères. Utiliser les coins du carré de sélection n'active pas l'attraction. Il faut cliquer sur les poignées latérales et les glisser. Lorsqu'il sera proche du repère, le nœud s'y "collera".

TEXTE

191. Sélectionner le texte

Vous avez tapé quelques mots avec un retour à la ligne après chaque mot. Votre outil **Texte** est toujours actif.

- Si vous double-cliquez rapidement sur le premier mot, vous le sélectionnez.
- Si vous cliquez rapidement trois fois sur le premier mot, vous sélectionnez les deux premiers mots.
- Si vous cliquez quatre fois, ce sont tous les mots qui seront sélectionnés.

192. Coller le texte à un tracé

En cliquant avec l'**outil Texte** sur un tracé vectoriel ou une forme prédéfinie, le curseur se transforme en **T** majuscule souligné. Cela indique qu'on peut à ce moment-là taper le texte et il suivra automatiquement le tracé.

Il est possible de taper le texte séparément, à l'écart du tracé vectoriel, et utiliser ensuite la commande automatique de PaintShop Pro qui collera le texte au tracé à votre place.

1. Le tracé et le texte doivent être sur le même calque.
2. Dans la **palette Calques**, déployer le calque vectoriel qui contient le texte et la forme (ou le tracé) pour afficher les sous-calques.
3. Sélectionner les sous-calques (les activer).
4. Cliquer sur **Objets / Adapter le texte au tracé.**

193. Déplacer le texte sur un tracé

Utiliser l'outil **Sélecteur** pour cliquer sur le texte et le déplacer.

Observer le petit carré qui se déplace sur le tracé. C'est à cet endroit que se placera le texte, même si le cadre de l'outil **Sélecteur** montre un décalage.

Dans la capture écran ci-après, le cadre de sélection montre le texte en cours de déplacement de la droite vers la gauche. Le petit carré indiqué par la flèche montre l'endroit de l'ancrage du texte sur le tracé. Il est affiché en dehors du cadre de sélection. Le texte ayant été réglé avec un alignement à gauche, il commencera à l'endroit indiqué par la flèche dès que le cadre de sélection sera relâché, comme montré dans la deuxième illustration :

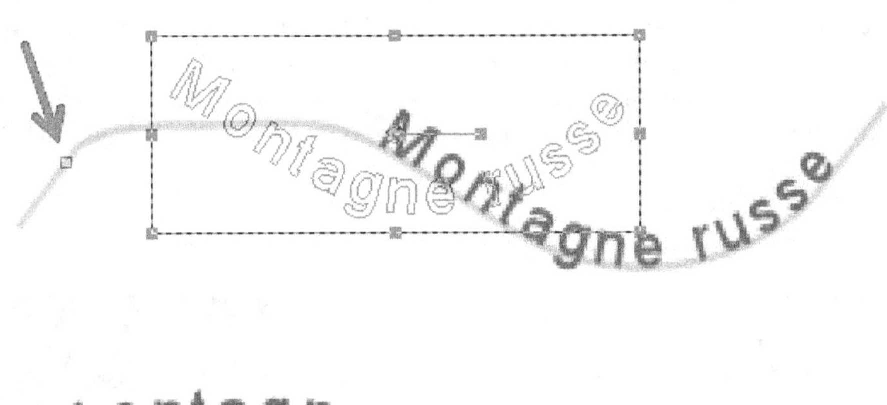

Si le texte est centré, il se positionnera de manière égale de part et d'autre du petit carré.

Si le texte est aligné à droite, le carré indiquera l'endroit où le texte finira.

194. Texte à l'endroit au bas d'un cercle ou d'une ellipse

Pour créer un texte à l'endroit à l'intérieur d'un cercle ou d'une ellipse, comme ceci :

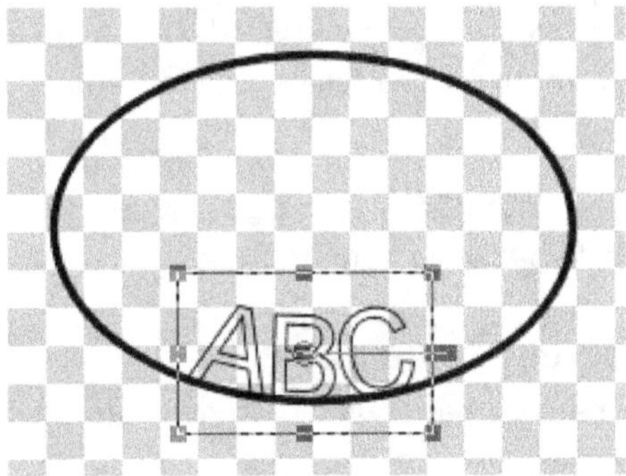

1. Outil **Ellipse** (ou **Cercle**).
2. Cocher : **Créer sur vecteur**, Couleur de **Premier Plan** : noire et d'**Arrière-plan** : transparente, **Épaisseur de trait** : 4.
3. **Objets / Convertir en tracé.**
4. Outil **Stylo / Mode : Édition** (simplement pour activer le tracé).
5. **Objets / Édition / Inverser le tracé.**
6. Outil **Texte / Alignement : Centrer.**

7. Déplacer le curseur sur la partie basse de l'ellipse jusqu'à ce que le curseur en forme de **T** soit souligné par un léger arc de cercle. Cela indique qu'il a "accroché" le tracé et que le texte peut être écrit à cet emplacement. Il s'écrira à l'endroit.

8. Pour effacer l'ellipse, déployer les sous-calques de l'ellipse dans la **palette Calques** (cliquer sur le petit triangle blanc) et désactiver la visibilité du sous-calque de l'ellipse.

195. Texte à bord flou

Réaliser un effet de flou autour d'un texte :

1. Taper le texte.
2. Dans la **palette Calques**, dupliquer le calque qui contient le texte (clic-droit).
3. Sélectionner le calque du bas qui contient le texte original. C'est lui qui servira pour créer la zone floue.
4. Clic-droit **/ Convertir en calque raster.**
5. **Effets / Effets 3D / Ombre portée.**
6. **Décalage Vertical et Horizontal** : 0.
7. **Opacité** : 100.
8. **Flou** : 16 (pour l'exemple ci-dessus).
9. **Couleur** : blanc (pour l'exemple ci-dessus).
10. Cocher : **Ombre sur le nouveau calque.**
11. Pour accentuer l'effet : clic-droit sur le calque **Ombre** et le **Dupliquer**, plusieurs fois si nécessaire.

196. Conserver le réglage d'un texte

Vous avez créé amoureusement un superbe style de texte (jolie police, couleur précise et autres effets créatifs). Pour réutiliser ce réglage ultérieurement dans un autre document, vous pouvez l'enregistrer.

Sélectionner votre texte avec l'outil Sélecteur puis cliquer sur **Paramètre par défaut / Enregistrer le paramètre par défaut** et lui donner un nom.

197. Insérer un caractère grec ou autre

Les caractères d'une police ne sont pas tous directement accessibles dans PaintShop Pro.

Le symbole © (Copyright), par exemple, s'obtient avec la combinaison de touches **Alt+0169** (pavé numérique).

Utilisez la Table de caractères de Windows pour insérer n'importe quel caractère lors de la saisie du texte dans PaintShop Pro. La table de caractères affiche à l'écran tous les caractères qui existent dans une police donnée.

198. Remplissage du texte

Vous tapez un texte et l'intérieur des lettres est blanc tandis que
le contour est noir. Or vous voulez l'effet inverse. Si ce sont vos premiers
pas avec PaintShop Pro, il est normal que ce soit perturbant. C'est
pourtant le réglage de base du programme.

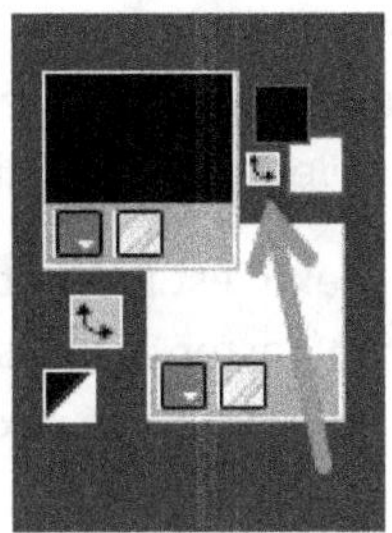

La correction est simple. Il suffit de cliquer sur l'icône **Permuter
les couleurs** (flèche) :

La couleur de **Premier Plan** (en haut) est la couleur du contour des lettres
et la couleur d'**Arrière-plan** (en bas) est celle de l'intérieur des lettres.

199. Surligner un texte scanné ou photographié

1. Outil **Pinceau.**
2. Choisir la couleur.
3. **Rigidité** : 50, **Opacité** : 100.
4. **Taille** : en fonction du document.
5. **Mode mélange** : Multiplier.
6. Passer sur le texte avec le **Pinceau.**

200. Saisie du texte dans une fenêtre séparée

Les anciennes versions de PaintShop Pro ne permettaient pas que le texte soit tapé

directement sur l'image. Il fallait écrire le texte
dans une fenêtre de saisie qui, une fois fermée,
affichait le texte sur l'image.

Les versions plus récentes de PaintShop Pro
autorisent la saisie directe du texte sur l'image,
comme le font la plupart des programmes
graphiques. L'ancienne manière de saisir le texte
n'est plus activée par défaut.

Cette fonction existe cependant toujours dans le programme. L'ancienne fenêtre de saisie
apparaît lorsque vous appuyez sur la touche **Maj** tout en cliquant sur l'icône de l'**outil Texte.**

201. Préserver le texte

Si vous avez transformé votre texte en bitmap (raster) pour lui appliquer des effets (ombre,
relief), vous avez "cuit le gâteau" et il n'est plus possible ensuite de revenir en arrière pour
corriger la faute de frappe ou d'orthographe qui vous avait échappé.

Solution : avant tout traitement sur votre texte vectoriel, dupliquer son calque et désactiver
sa visibilité. Ce sera votre copie de sauvegarde !

202. Supprimer l'effet escalier du contour des lettres d'un texte

Si le texte est en cours de saisie, cocher **Anticrénelage : Net** ou **Doux** pour lisser le bord des lettres et supprimer l'effet "escalier" tel que visible ci-contre.

SI le texte est fourni tel quel, par exemple dans une image sous forme raster, c'est souvent impossible à corriger s'il est de petite taille. Si le texte est de grande taille, une amélioration est possible :

1. **Sélection / Baguette magique** pour sélectionner le texte.
2. **Sélections / Modifier / Anticrénelage d'après la forme / Intérieur.**

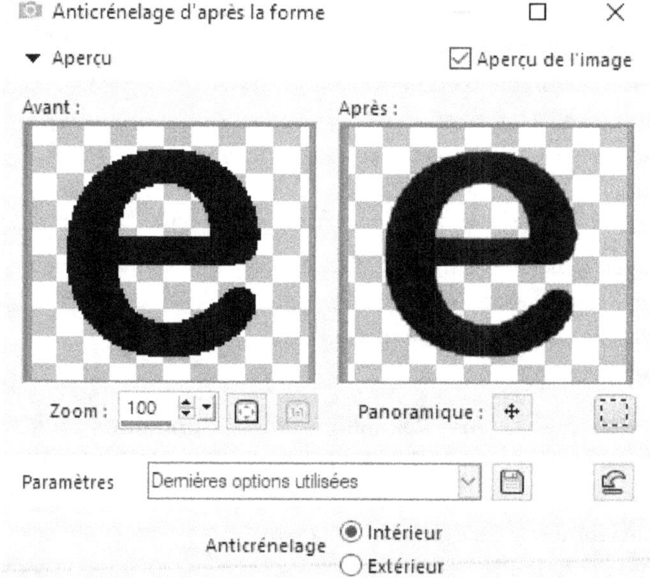

3. **Sélections / Transformer la sélection en calque** et effacer le texte original.

Si le texte est suffisamment grand, l'opération peut être recommencée.

203. Appliquer un texte scanné ou un logo sur une image

Incruster un texte noir ou un logo sur fond blanc dans une image, sans faire de sélection ni de détourage :

1. Copier le texte ou le logo (**Édition / Copier**).
2. **Édition / Coller comme nouveau calque** dans l'image de destination.
3. Activer le calque du logo dans la **palette Calques.**
4. Régler le mode de **Mélange du calque** sur **Multiplier.**

Pour obtenir un texte blanc :

1. **Image / Image en négatif.**
2. **Mode Mélange du calque : Écran.**

204. Retenir le texte d'une image à l'autre

Pour copier le même texte sur une série d'images sans avoir à le retaper chaque fois, activer l'icône **Mémoriser le texte** :

En déposant le curseur de l'**outil Texte** dans l'image suivante, le texte mémorisé lors de la dernière entrée de texte sera automatiquement affiché, prêt à être validé.

205. Tracer un rectangle de couleur autour d'un texte

1ère méthode :

1. Utiliser le rectangle de l'**outil Sélection** pour entourer le texte.
2. **Sélections / Modifier / Sélectionner les bordures de la sélection.**
3. Définir la **Largeur** de la bordure.
4. Choisir une couleur dans la **palette Styles et textures.**
5. Outil **Pot de peinture** et remplir la bordure.

2ème méthode :

1. Sélectionner l'**Outil Rectangle.**
2. Avant de tracer le rectangle autour du texte, choisir sa **Largeur**, la couleur de **Premier Plan** (qui sera le contour) et la couleur d'**Arrière-plan** qui sera transparente.
3. Tracer le rectangle.
4. Pour le modifier par la suite, activer son sous-calque dans la **palette Calques** et double-cliquer dessus pour accéder aux réglages du contour et du remplissage.

206. Direction du texte

Vous avez certainement remarqué qu'il est possible d'écrire un mot verticalement en cliquant sur la deuxième icône sous le mot **Direction**. Mais que vous choisissiez l'icône **Vertical et vers la gauche** ou **Vertical et vers la droite**, votre mot reste vertical sans changement apparent.

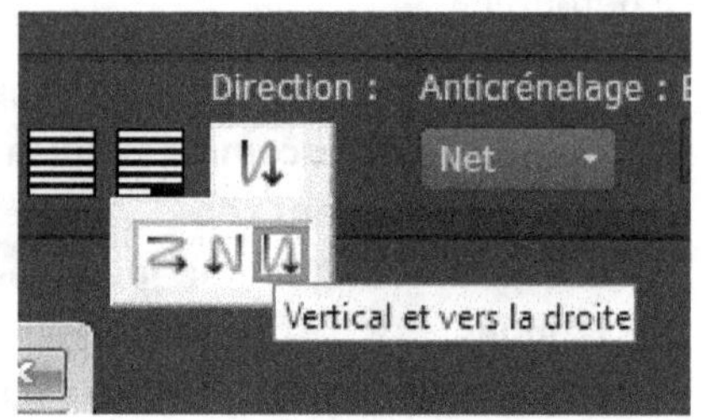

L'explication est simple : ces deux icônes sont prévues pour aligner plusieurs lignes de texte, quand il y en a. Si vous avez écrit deux mots, l'un en dessous de l'autre, la deuxième icône placera le deuxième mot verticalement à gauche du premier. La troisième icône placera le deuxième mot à droite du premier.

207. Décoller le texte

Placer un texte dans une forme déclenche automatiquement la fonction de collage du dit texte sur le bord de la forme ou à l'intérieur de celle-ci avec pour conséquence une difficulté à maîtriser son positionnement.

Pour échapper à cette "tyrannie", appuyer sur la touche **Alt** pendant le placement du texte.

208. Déformer le texte

Si le texte est en mode raster, voici deux outils pour le déformer rapidement :

- Outil **Grille déformante.**
- Outil **Pinceau déformant.**

209. Régler finement l'espace entre les lettres

Le crénage est le terme utilisé pour caractériser l'espacement entre les caractères d'un mot. Pour un meilleur rendu visuel, on peut rapprocher les lettres les unes des autres ou les éloigner.

Le réglage du crénage se trouve dans les options de l'**outil Texte** :

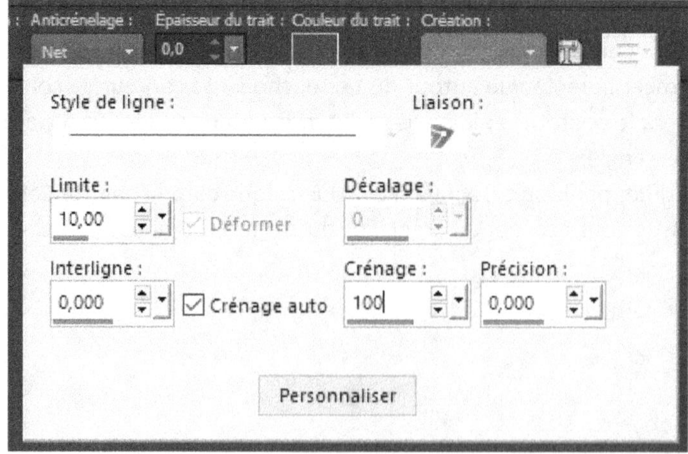

En cliquant sur les deux petites flèches noires, on augmente ou diminue la valeur du crénage de 25 unités par clic.

Cela peut se régler aussi au moyen de la roulette de la souris à condition d'avoir cliqué une fois dans le champ qui affiche la valeur pour y "déposer" le curseur.

Pour obtenir un incrément par unité, maintenir la touche **Ctrl** enfoncée pendant l'utilisation de la roulette de la souris.

210. Changer rapidement la couleur ou le contour d'un texte

Pour changer le style et la texture d'un texte vectoriel sans avoir besoin de reprendre l'outil **Texte**, utiliser l'**outil Sélecteur.**

Ensuite, procéder aux changements dans la **palette Styles et textures.** Ils seront visibles immédiatement sur le texte.

Cette astuce fonctionne aussi pour d'autres objets vectoriels (formes prédéfinies, rectangles).

211. Créer une liste à puces

Cette fonctionnalité n'existe pas dans PaintShop Pro, mais on peut la simuler.

1. Créer un texte de plusieurs lignes.
2. Au début de chaque ligne, positionner le curseur et entrer la combinaison de touches **Alt+0149** (sur le pavé numérique).
3. Pour une puce plus petite, taper **Alt+0183.**

Il est possible également d'utiliser le Tableau des caractères de Windows pour insérer d'autres types de puces.

212. Dégradé intérieur

Réaliser un dégradé à l'intérieur du texte ou d'une forme est possible avec la fonction **Styles de calque.**

Dans l'exemple ci-dessus, la feuille est extraite de la police "PT Dingbats 4" et le texte est réalisé avec la police Ravie. Feuille et texte sont chacun sur un calque séparé.

1. Dans la **palette Calques**, cliquer sur le calque du texte.
2. Clic-droit **/ Propriétés / Onglet Styles de calque.**
3. Cocher uniquement **Lueur interne**, **Taille** : 6, **Opacité** : 100 et choisir une couleur (ici du vert) puis valider. Le fait de décocher **Calque** (en dessous de Lueur interne) rend l'intérieur du texte transparent.
4. Dans l'image, sélectionner le dessin (la feuille noire dans notre exemple) et le basculer en blanc (couleur d'**Arrière-plan**).
5. Dans la **palette Calques**, cliquer sur le calque du dessin pour le sélectionner.
6. Clic-droit **/ Propriétés / Onglet Styles de calque.**
7. Cocher **Lueur interne**, **Calque** et **Ombre portée.**
8. **Lueur interne** est réglé sur **Taille** : 24, **Opacité** : 100 et couleur verte. La **Taille** définit l'importance de la zone interne blanche.
9. **Ombre portée** est réglé sur **Taille** : 18, **Opacité** 43, **x** : -0,13, **y** : 0,25 et couleur noire.

213. Conserver la même taille de texte d'une image à l'autre

Vous l'aurez peut-être remarqué, le même texte écrit en 12 points n'a pas la même taille dans une autre image affichée au même taux de zoom.

La taille du texte en points dépend de la valeur **PPI** enregistrée dans l'image. Il faut donc que les deux images aient la même valeur **PPI** pour que le texte appliqué conserve la même taille.

Cliquer sur **Image / Informations sur l'image** pour voir la valeur enregistrée en **Pixels par pouce**.

Pour changer la valeur **PPI** d'une image :

1. **Image / Redimensionner.**
2. Dans la fenêtre **Redimensionner**, cocher **Taille d'impression.**
3. Cocher **Paramètres avancés.**
4. Décocher **Conserver la taille d'impression d'origine.**
5. Dans **Résolution (Pixels par pouce)**, inscrire la nouvelle valeur **PPI.**
6. Cocher **En pixels.**
7. Vérifier que les valeurs **Original** et **Nouveau** (**Largeur et Hauteur**) sont les mêmes.
8. Cocher **Paramètres avancés.**
9. Décocher **Conserver la taille d'impression d'origine.**
10. Valider par **OK.**

L'image comporte toujours le même nombre de pixels, mais sa valeur **PPI** a changé.

214. Texte incrusté dans l'image

Pour placer un texte dans une photo en créant une imbrication entre le texte et certains éléments de l'image, utiliser le mode **Étendue du mélange de calque.**

Dans l'exemple ci-après, les nuages et le ciel ne se trouvent pas sur des calques séparés. Ils forment un tout. La méthode utilisée ici permet d'incruster un texte sans détourer et de donner l'impression qu'il est intercalé entre les nuages et le ciel.

1. Placer le texte sur l'image à l'endroit souhaité et lui appliquer tous les réglages et effets nécessaires
2. Clic-droit sur le calque du texte **/ Propriétés.**
3. Onglet **Étendue du mélange.**
4. **Mélanger : Canal du gris.**
5. **Calque sous-jacent** : réglé comme suit

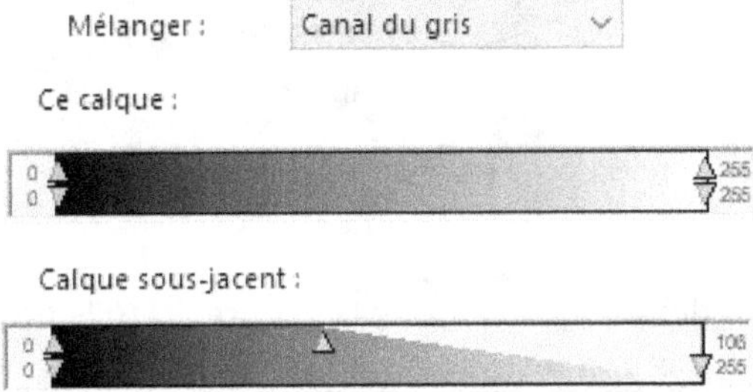

Dans l'exemple ci-après, il n'est pas nécessaire de détourer les cheveux du modèle avant de placer le texte :

Le calque du texte est placé au-dessus de celui qui contient l'image.

Le réglage de l'**Étendue du mélange** du calque texte est le suivant :

215. Texte appliqué sur une texture

1. Appliquer le texte sur un calque au-dessus de l'image de la texture, ici toile de jute. Dans l'image ci-dessus, le texte a été transformé en raster puis déformé avec le **Pinceau déformant** et la **Grille déformante** pour lui donner la forme du sac de jute.
2. Ensuite clic-droit sur le calque du texte **/ Propriétés.**
3. **Propriétés de calque /** onglet **Étendue du mélange.**
4. **Mélanger : Canal du gris.**
5. **Calque sous-jacent** : glisser le curseur supérieur droit vers la gauche pour rendre le texte semi-transparent et faire apparaître la texture. La valeur 98 a été choisie pour cet exemple.

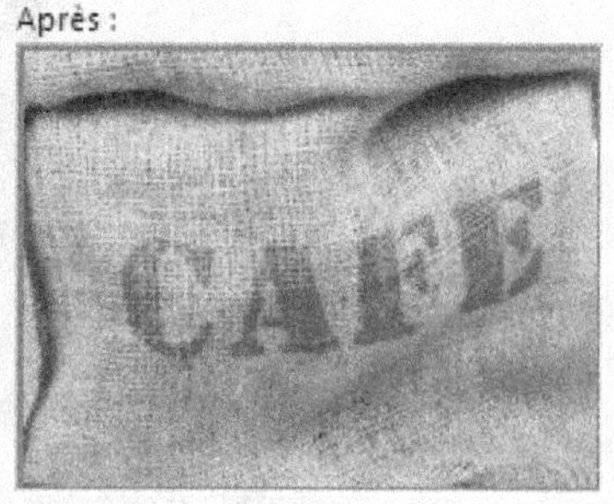

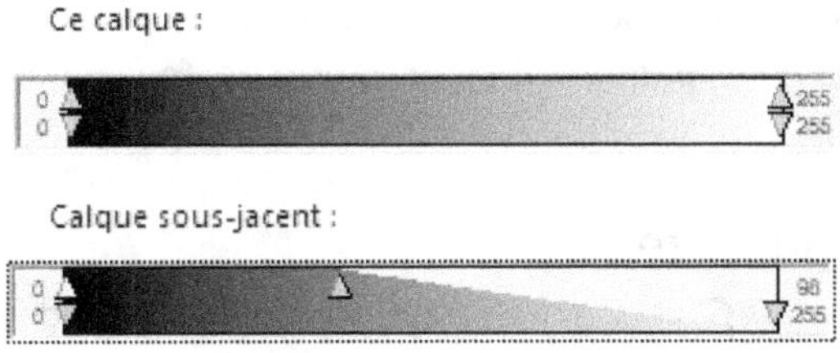

216. Effacer du texte sur une image tout en conservant le fond

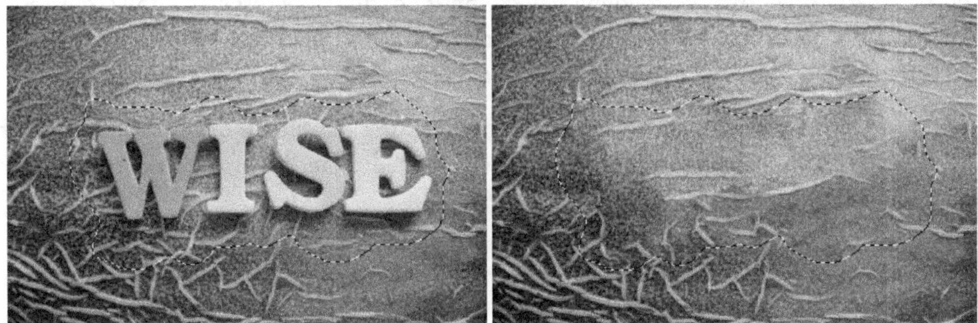

Pour enlever le texte et le remplacer par un logo, deux méthodes sont disponibles.

1ère méthode :

1. Outil **Sélection.**
2. Dans cet exemple, la sélection a été effectuée manuellement autour du texte en utilisant le mode **Lasso** avec les réglages par défaut.
3. Immédiatement après la sélection, cliquer sur l'icône **Remplissage magique** (icône avec la gomme, sous le mot **Action**).
4. Le texte est enlevé et son emplacement est remplacé par ce qui entoure la sélection.
5. Si le contenu de remplissage n'est pas satisfaisant, cliquer une ou plusieurs fois sur l'icône **Remplissage magique**. Utiliser **Ctrl+Z** pour revenir en arrière. Si le résultat n'est toujours pas satisfaisant, recommencer la sélection en modifiant son tracé.

6. Taper le nouveau texte ou insérer le logo à l'emplacement du précédent.

2ème méthode :

1. Outil **Suppression d'objets.**
2. Tracer la sélection.
3. Cliquer sur l'icône à droite de l'icône du **Lasso** dans la barre des **Options de l'outil** (dessin d'un cadrage symbolisé).
4. Déplacer ce rectangle sur la zone qui servira de motif de remplissage de la sélection.
5. Utiliser le réglage de **Progressivité** pour adoucir le bord de la sélection.

6. Cocher ou décocher **Mélange optimal** en fonction du résultat obtenu.

7. Cliquer sur l'icône **Appliquer**. Cliquer plusieurs fois modifie légèrement l'aspect du remplissage.

217. Pas de JPG pour le texte

Ne pas utiliser le format **JPG** pour enregistrer du texte ou du dessin au trait. Ce format est destructeur. Dans le cas du texte, il provoque l'apparition de défauts sous forme de "salissures" autour des lettres. Cela peut devenir gênant pour la lisibilité ou lorsqu'il faut passer un texte scanné à la reconnaissance optique de caractères. Le taux d'erreurs augmentera et nécessitera un travail de correction plus important. Tous les formats de fichier sont acceptables pour enregistrer du texte (**pspimage, PNG, TIF**), sauf le **JPG**.

L'image de gauche est un extrait de texte agrandi à 300 % et celle de droite le même texte enregistré en **JPG** à un taux de compression de 30. On observe l'apparition d'un nuage de points autour des lettres.

Si vraiment le passage en **JPG** est obligatoire, il faut enregistrer l'image à un taux de compression égal ou inférieur à 10 afin de réduire le défaut.

MINI-TUTORIELS

218. Réaliser un script sans savoir coder, en une leçon

Les scripts permettent de réaliser des tâches répétitives en un seul clic. Dans la leçon qui suit, nous allons réaliser un script qui trace un bord autour d'une image.

1. **Affichage / Barre d'outils /** cocher **Scripts** pour faire apparaître la barre de script.
2. Ouvrir une image.
3. Dans la barre de script, cliquer sur le bouton rouge pour commencer l'enregistrement du script.
4. **Image / Ajouter des bordures.**
5. Dans la fenêtre **Ajouter des bordures,** cliquer sur la couleur et choisir le blanc.
6. **Symétrique** doit être coché s'il ne l'est pas.
7. **Taille en pixels** : 15.
8. Cliquer sur **OK.**

9. Dans la barre de script, cliquer sur la dernière icône **Sauvegarder l'enregistrement du script.**
10. Lui donner un nom, par exemple **Bordures blanches 15.**
11. E**nregistrer.**
12. Ouvrir une autre image.
13. Dans la barre des scripts, choisir le script **Bordures blanches 15** dans la liste déroulante.
14. Cliquer sur le triangle bleu **Exécuter le script sélectionné.**
15. Les bordures blanches seront tracées automatiquement autour de l'image.

Voici ce que vous avez appris dans cette leçon :

- Afficher la barre de script.
- Démarrer l'enregistrement du script.
- Donner un nom au script.
- Enregistrer le script.
- Exécuter le script sur une autre image.

Pour réaliser des scripts plus complexes, il faudra éditer le script et écrire le code à la main en langage Python.

219. Découvrir les calques en une leçon

Quand on parle de calques, les débutants et même certains utilisateurs plus chevronnés sont rebutés par cette fonctionnalité s'ils ne l'ont jamais utilisée. Voici une leçon d'initiation toute simple...

1. Ouvrir une image.
2. L'enregistrer au format **pspimage (Enregistrer sous / Type : pspimage).**
3. Cliquer sur **Calques / Nouveau calque raster**. Bravo, vous avez créé un calque !
4. Prendre l'outil **Pinceau** et dessiner quelque chose sur l'image.
5. Si la **palette Calques** n'est pas visible (habituellement à droite de l'écran), appuyer sur la touche de fonction **F8.**
6. Le calque y est affiché sous le nom Raster 1 au-dessus du calque de l'image intitulé **Arrière-plan**. Le contenu de chaque calque est visible sous forme de vignette miniature.
7. Cliquer sur le petit œil à gauche de la vignette du calque du haut. Ce que vous avez dessiné disparaît de l'image, car vous avez annulé la visibilité du calque qui contient ce dessin. Cliquer une nouvelle fois sur l'œil et votre dessin réapparaît. Vous venez de découvrir la fonction de **Visibilité** d'un calque.
8. En haut de la **palette Calques** sont visibles côte à côte le mot **Normal** et le chiffre 100. Changer ce chiffre en 50. Votre dessin est devenu semi-transparent. Vous avez modifié la transparence du calque.

La leçon s'arrête ici. Voici ce que vous avez appris :

- Créer un calque.
- Dessiner sur un calque.
- Afficher la **palette Calques.**

- Rendre un calque invisible.
- Rendre un calque semi-transparent.

C'est très bien pour une première leçon !

220. Ajouter une géolocalisation à d'anciennes photos

Les possibilités actuelles d'internet, des logiciels, de la technologie GPS et des appareils photo évolués permettent de situer des photos sur une carte. L'endroit où ces photos ont été prises est renseigné dans l'image sous forme de coordonnées Longitude et Latitude.

Mais toutes les photos ne possèdent pas cette géolocalisation, notamment les anciennes photos ou celles qui sont scannées.

Voici comment procéder pour ajouter les informations de géolocalisation manquantes à ces photos.

1. En haut de l'espace de travail, cliquer sur l'onglet **Gestion de photos.**
2. Sous **Navigation**, onglet **Ordinateur**, accéder au dossier qui contient les photos à géolocaliser.
3. Afficher l'**Organiseur** via **Affichage / Palettes / Organiseur.**
4. Dans la colonne **Infos** à droite de l'écran, cliquer sur l'onglet **Lieux.**
5. En haut d'écran, cliquer sur le **Mode Carte** (mappemonde).
6. Afficher l'endroit qui servira à géolocaliser les photos.
7. Sélectionner dans l'**Organiseur** la photo à géolocaliser.
8. Cliquer sur le pointeur vert visible en haut à gauche de la carte.
9. Cliquer ensuite à l'emplacement souhaité sur la carte (ne pas glisser le curseur).
10. Le clic dépose le pointeur et une fenêtre de confirmation s'affiche.

11. Après validation par **OK**, les informations GPS sont affichées dans la colonne **Infos**, sous l'onglet **Lieux**, à droite de l'écran (**Latitude et Longitude**).
12. Si après dépôt du pointeur vert sur la carte, la fenêtre affiche "**Supprimer les informations géographiques**", cliquer sur la croix pour fermer cette fenêtre. Ensuite, cliquer sur le pointeur et le déplacer légèrement, ce qui fera apparaître la fenêtre de validation.

13. Pour appliquer cette géolocalisation à d'autres photos prises au même endroit, cliquer sur le bouton **Copier** en dessous de **Modifier les données GPS** dans la colonne **Infos** à droite, sélectionner les photos à géolocaliser dans l'**Organiseur** et cliquer sur **Coller**.

221. Redresser un document photographié avec un smartphone

Il est de plus en plus courant de photographier des documents administratifs, des cours ou des notices avec l'appareil photo qu'on a sous la main, à savoir le smartphone ou un appareil photo compact.

Le document est la plupart du temps déformé (perspective fuyante). Pour le corriger :

1. **Outil Correction de la perspective.**
2. Glisser les quatre coins du rectangle de réglage sur les quatre coins du document.
3. Cocher **Recadrer l'image.**
4. **Valide**r.

222. Enlever le liseré blanc autour du sujet

Après un détourage ou simplement après avoir téléchargé une image à fond transparent trouvée sur internet, il peut arriver qu'une fine ligne blanche entoure le sujet.

Pour l'enlever :

1. Outil **Baguette magique** avec ses réglages par défaut.
2. Cliquer à l'extérieur du sujet pour sélectionner la zone transparente.
3. **Sélections / Modifier / Agrandir la sélection.**
4. Régler sur 1 ou 2 pixels en fonction de la largeur du liseré blanc.
5. **Édition / Couper.**

223. Cloner depuis une autre image

1. S'assurer d'être en **Mode Cascade** activé (**Fenêtre / Cascade**).
2. Ouvrir les deux images dans le plan de travail de PSP.
3. Activer l'outil de **Clonage.**
4. Dans une image, cliquer-droit pour définir la zone de prélèvement.
5. Activer l'autre image (cliquer sur son nom ou dans l'image).
6. Cliquer-gauche pour cloner dans l'autre image.

224. Modifier le bleu du ciel

Dans une photo de paysage, modifier la couleur du ciel sans toucher à l'herbe, aux fleurs, aux arbres et autres éléments - et sans effectuer de sélection – peut s'effectuer selon les trois méthodes suivantes.

1ère méthode :

1. **Calques / Nouveau calque de réglage / Teinte/Saturation/Luminosité.**
2. Dans la fenêtre de **Propriétés de calque**, cliquer sur l'onglet **Réglage.**

3. Changer **Édition : Principale** en **Cyans** ou **Bleus** selon le type de bleu présent dans l'image.

4. Entre les deux cercles colorés du graphique central, une glissière permet d'ajuster le réglage.

5. Cliquer sur le point circulaire blanc pour faire coulisser la glissière et amener le point blanc en face du bleu du cercle extérieur qui se rapproche le plus du bleu de l'image.

6. Les deux barres blanches de part et d'autre du point blanc sont déplaçables pour élargir ou rétrécir la gamme de bleu à traiter dans l'image. Cliquer dessus et les glisser pour les rapprocher ou les éloigner du point blanc central.

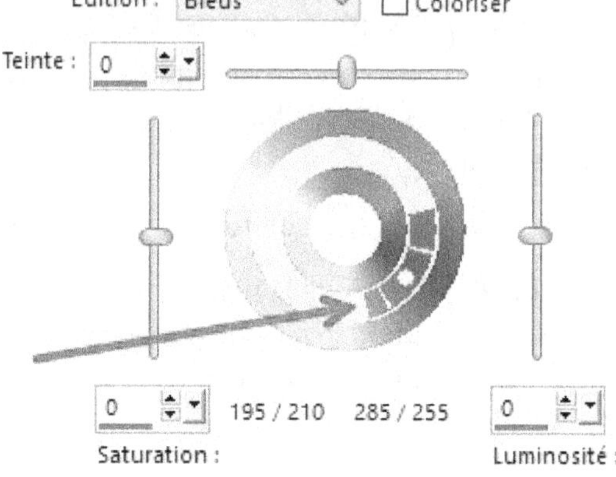

7. Le curseur de **Teinte** modifie la gamme de couleurs du cercle intérieur qui influence le coloris de la glissière.

8. Le curseur de **Saturation** intensifie ou diminue la coloration.

9. Le curseur de **Luminosité**, comme son nom l'indique, peut assombrir ou éclaircir le bleu sans toucher au reste de l'image.

2ème méthode :

L'outil qui suit permet de modifier des tons de manière différente. Il convient parfaitement dans certaines situations (tonalités franches), mais pas dans d'autres (tonalités pastel). Il est plus délicat à manipuler.

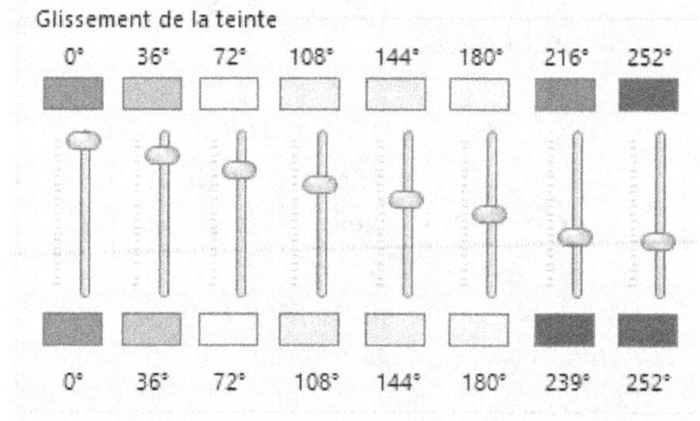

1. **Réglage / Teinte et saturation / Glissement de la teinte.**

2. Glisser les curseurs pour faire varier la couleur dans l'image.

3ème Méthode :

Utilisation de l'outil **Changeur de couleur** (accessible via l'outil **Pot de peinture** dans la barre d'outils à gauche).

1. Dans la **palette Styles et textures**, cliquer sur le bleu destiné à remplacer le bleu de l'image. Il doit être la couleur de la case **Premier Plan**.

2. Sélectionner l'outil **Changeur de couleur**.

3. Régler la **Tolérance** entre 5 et 10 (à augmenter ou réduire si le résultat n'est pas satisfaisant).

4. Cliquer à l'endroit du bleu le plus intense.

5. Tant que l'icône **Appliquer** (dans la barre des **Options de l'outil**) n'est pas cliquée, un autre ton de bleu peut être choisi et s'appliquera immédiatement dans l'image.

6. Après avoir cliqué sur **Appliquer**, un deuxième clic est possible avec un autre ton de bleu, à un autre endroit.

225. Double exposition

Cette technique consiste à mélanger deux images.

Il est préférable que l'image de départ présente des zones foncées, car c'est principalement dans ces zones que viendra se fondre l'image de remplissage. En principe, il suffit donc de deux images : l'image de base sur fond blanc et l'image de remplissage placée sur un calque au-dessus de l'image de base, calque dont on modifie le **Mode mélange** en **Écran**, **Lumière dure** ou **Lumière douce**. Pour mieux contrôler l'effet souhaité, il faut quelques opérations supplémentaires. Les étapes énumérées ci-après permettent d'obtenir le résultat suivant :

1. Choisir une image et la détourer, même si elle se présente sur fond blanc. Pour cette démonstration, c'est un portrait qui est utilisé.

2. Sélectionner la partie détourée : cliquer avec la **Baguette magique** sur une zone transparente en dehors du sujet puis inverser la **Sélection.**

3. **Sélections / Enregistrer la sélection sur disque.** Elle sera appliquée ultérieurement sur l'image de remplissage.

4. **Sélections / Ne rien sélectionner** (ou raccourci clavier **Ctrl+D**).
5. Choisir l'image de remplissage et la placer en tant que calque au-dessus de l'image à traiter. Dans l'exemple illustré, c'est un tapis de feuilles d'automne.
6. Renommer ce calque en Remplissage.
7. Modifier le **Mode mélange** du calque Remplissage en **Écran**.
8. Utiliser l'**outil Sélecteur** pour déplacer, pivoter, agrandir ou rétrécir l'image de remplissage afin qu'elle soit disposée à votre convenance sur le portrait. Ce qui déborde sera coupé dans l'étape suivante.
9. **Sélections / Charger la sélection à partir du disque.**
10. **Sélections / Inverser.**
11. **Édition / Couper.** L'image de remplissage est découpée selon la forme du portrait.
12. **Sélections / Ne rien sélectionner** (ou raccourci clavier **Ctrl+D**).
13. Utiliser l'**outil Gomme** à bord adouci (**Rigidité** : 0) pour effacer les parties gênantes du remplissage qui sont visibles sur le portrait.
14. Créer un calque raster vierge à placer tout en bas de la pile dans la **Palette Calques.**
15. Outil **Pot de peinture** pour remplir ce calque d'un dégradé.

226. Changer la couleur d'un véhicule

1. Cliquer sur l'outil **Changeur de couleur** (voir le sous-menu du **Pot de peinture**).
   Ne pas confondre avec l'outil **Remplacer la couleur** qui est prévu pour des aplats et pas pour des intensités de couleur variables à respecter comme c'est le cas pour ce camion. Le curseur de l'outil **Changeur de couleur** s'affiche sous forme de **Pot de peinture**.
2. Sélectionner la nouvelle couleur de **Premier Plan** dans la **Palette Styles et textures.**
3. Dans les options de l'outil **Changeur de couleur**, régler les valeurs comme suit : **Tolérance** à 35 et **Douceur du bord** à 20.
4. Cliquer sur le véhicule. La nouvelle couleur est immédiatement appliquée.
5. Cliquer sur l'icône **Valider** pour fixer le changement.

Si d'autres parties de l'image sont colorées également et que ce n'est pas souhaité, tracer une sélection autour du sujet à traiter avant application de l'outil. C'est ce qui s'est passé pour le camion. D'autres éléments de l'image ont changé de couleur. J'ai délimité le jaune du camion par une sélection grossière et limité le changement de couleur à la carrosserie.

Tant que la couleur n'est pas appliquée en cliquant sur l'icône **Appliquer** dans la barre des **Options de l'outil**, elle est modifiable. Il est possible de cliquer plusieurs fois à différents endroits en modifiant la valeur de **Tolérance**. Ensuite, en faisant varier les valeurs de **Tolérance** et de **Douceur**, l'intensité de la coloration peut être réglée avec effet visible immédiatement.

227. Fusionner des photos côte à côte

L'effet souhaité est un fondu adouci entre les deux images et pas une ligne nette.

1. Ouvrir l'image de gauche.

2. **Image / Taille du support** et régler comme suit.
3. Décocher **Verrouiller les proportions.**
4. Conserver la même hauteur et doubler la **Largeur / Emplacement droite.**
5. Ouvrir l'image de droite.

6. Cliquer sur **Édition / Copier.**
7. Activer l'image de gauche en cliquant sur sa barre de titre.
8. Cliquer sur **Édition / Coller comme nouveau calque** pour insérer l'image de droite au-dessus de l'image de gauche.
9. Positionner l'image de droite pour qu'elle chevauche l'image de gauche (outil **Déplacer**).
   Réduire l'**Opacité du calque** si nécessaire pour faciliter l'ajustement.

10. Sélectionner l'outil **Gomme** réglé en **Rigidité** : 0 et **Opacité** : 50 et **Bord Optimal** décoché.

11. La **Taille** de la **Gomme** ne doit pas dépasser la largeur du chevauchement des photos.

12. Gommer progressivement le bord gauche de l'image de droite.

13. Pour terminer, recadrer l'image.

228. Créer un arrière-plan latéral flou

Les vidéos enregistrées verticalement, de même que les photos prises en mode portrait, sont souvent présentées avec un arrière-plan flou constitué de l'image elle-même. Cet effet est destiné à remplir la zone noire qui apparaît à gauche et à droite sur un écran horizontal.

Pour réaliser cet effet :

1. Utiliser l'outil **Zoom** pour afficher l'image sur l'écran à la taille où elle devra être vue. Noter le chiffre du pourcentage affiché dans la barre du nom de l'image.

2. **Image / Redimensionner / En pourcentage** : la valeur que vous venez de noter **/ Rééchantillonnage : Optimal /** décocher **Conserver la taille d'impression** / cocher **Verrouiller les proportions** / décocher **Redimensionner tous les calques.**

3. Ensuite, utiliser l'outil **Zoom** pour afficher l'image à 100%.

4. Dans la **palette Calques**, clic-droit sur le calque d'**Arrière-plan** et choisir **Transformer le calque d'arrière-plan.** Son nom devient Raster 1.

5. **Dupliquer** le calque Raster 1. Il est nommé automatiquement **Copie de Raster1.**

6. Activer le calque du bas (Raster 1) en cliquant dessus dans la **palette Calques**. C'est lui qui contient l'image qui sera agrandie et floutée.

7. **Image / Taille du support /** décocher **Verrouiller les proportions / Nouvelles dimensions Largeur en Pixels :** 2,5 fois la Largeur indiquée dans **Dimensions d'origine / Hauteur** identique à la **Hauteur d'origine.**

8. Sous **Emplacement,** cliquer sur le point central. Seuls les champs **Gauche** et **Droite** contiennent à présent une valeur.

9. Valider par **OK.** Un espace vide est visible à gauche et à droite de l'image verticale.

10. **Image / Redimensionner.**
    Décocher **Redimensionner tous les calques,** en **Pourcentage :** 250 %.

11. **Réglage / Flou / Flou gaussien / Rayon** 20 ou autre valeur mieux adaptée à l'image.

229. Éclaircir une photo trop sombre d'un côté

De l'ombre lors d'une prise de vue, un éclairage au flash qui ne porte pas assez loin, les exemples ne manquent pas. Ils produisent tous une partie bien éclairée et une autre trop sombre sur une photo. Ce défaut peut se corriger avec **l'outil Lumière de remplissage/clarté** qui se trouve sous **Réglage / Luminosité et contraste** ou via un calque de réglage **Lumière de remplissage/clarté.** C'est le curseur **Lumière de remplissage** qu'il faudra utiliser.

230. Rassembler en une seule image deux scans d'un document

Cela peut être nécessaire lorsqu'on scanne un document en deux parties parce qu'il est trop grand pour la vitre du scanner. Cela peut aussi être une photo avec du texte au verso et on souhaite voir les deux faces sur une seule image.

Prenons l'exemple d'un scan de carte postale horizontale avec un texte au verso.

1. Ouvrir les deux images sur le plan de travail de PaintShop Pro.

2. Activer l'image scannée du recto en cliquant dedans ou sur sa barre de titre.

3. Sélectionner **/Image / Taille du support.**

4. **Nouvelles dimensions :**
    Largeur : conserver la même valeur.
    Hauteur : doubler la Hauteur d'origine.

5. **Emplacement :** cliquer sur la flèche centrale du haut.

6. Activer l'image scannée du verso.

7. **Édition / Copier.**

8. Activer l'image scannée du recto.

9. **Édition / Coller comme nouveau calque.**

10. **Objets / Aligner / Bas.**

Si les scans sont des morceaux d'un document unique scanné en deux fois, le principe de travail est le même. Pour faciliter la juxtaposition des deux morceaux, régler temporairement le calque du dessus sur **Opacité** 50 et utiliser l'outil **Déplacer** pour faire coïncider le raccord. Une méthode de vérification alternative consiste à régler le **mode de Mélange** du calque supérieur sur **Différence**. Lorsque les images seront alignées, leur juxtaposition sera complètement noire. Désactiver le **mode de Mélange** après l'alignement.

231. Quel taux de réduction ou d'agrandissement ?

Prenons le cas de deux images de dimensions différentes affichées côte à côte sur le plan de travail de PaintShop Pro. Pour les amener à peu près à la même dimension sur l'écran, l'outil **Zoom** est utilisé pour réduire ou agrandir l'image à l'écran.

Nous supposons que l'image de gauche est affichée à 100 % et que vous souhaitez utiliser tout ou partie de l'image de droite dans l'image de gauche. Vous avez ajusté visuellement le taux de l'image de droite pour que les dimensions soient compatibles. L'image de droite est donc agrandie ou réduite via l'outil **Zoom**.

Si vous prenez à présent un élément de l'image de droite pour le placer dans l'image de gauche, ses dimensions ne concorderont pas. Il sera trop grand ou trop petit parce que l'affichage avec l'outil **Zoom** est virtuel. Cela ne modifie pas vraiment les dimensions intrinsèques de l'image.

Pour amener réellement l'image de droite à la dimension de l'image de gauche, noter le taux de zoom affiché dans la barre de titre de l'image de droite.

Ensuite, cliquer sur **Image / Redimensionner / En pourcentage** et entrer la valeur de zoom notée.

Cette méthode n'est pas scientifique, mais elle est très rapide et peut suffire dans beaucoup de situations.

La méthode scientifique consiste à relever la taille de l'image de gauche en pixels et à redimensionner l'image de droite avec le même nombre de pixels.

232. Appliquer les mêmes corrections sur plusieurs photos

Pour appliquer sur d'autres photos les réglages effectués sur l'une d'elles :

1. Cliquer sur l'onglet **Réglage** ou sur l'onglet **Édition** en haut d'écran.
2. Appliquer les corrections sur l'image sélectionnée.
3. Cliquer sur une autre image dans l'**Organiseur.**
4. Un message d'avertissement s'affiche et demande d'enregistrer l'image corrigée. **Valider.**
   Note : parfois l'avertissement n'apparaît pas. Enregistrer quand même la photo corrigée.

5. Cliquer sur l'onglet **Gestion de photos** en haut d'écran.
6. Sélectionner l'image qui vient d'être corrigée et enregistrée. Sa vignette affiche dans le coin supérieur gauche un crayon qui indique qu'elle vient d'être modifiée et qu'on peut capturer ces informations de modification.

7. Le bouton **Capturer les modifications** est à présent activé dans l'**Organiseur.**

8. Cliquer dessus pour enregistrer les modifications apportées à l'image de référence.
9. Sélectionner les autres images sur lesquelles appliquer la correction.
10. À présent l'icône **Appliquer les modifications** est activée.

11. Cliquer dessus pour appliquer les corrections sur les images sélectionnées.

Une méthode alternative :

1. Dans **Gestion des photos**, sélectionner l'image qui vient d'être modifiée et enregistrée.
2. Clic-droit sur l'image pour afficher le menu contextuel.
3. Cliquer sur **Capturer les modifications.**
4. Sélectionner les autres images sur lesquelles les modifications doivent être appliquées.
5. Clic-droit sur une image pour afficher le menu contextuel.
6. Choisir **Appliquer les modifications.**
7. En cas d'erreur, faire un clic-droit sur l'image modifiée et dans le menu contextuel, choisir **Inverser les modifications actuelles** ce qui annule les modifications.

233. Ajouter un bord à une image

Plusieurs possibilités existent :

- La commande **Image / Ajouter des bordures.**
- La commande **Sélections / Modifier / Sélectionner les bordures de la sélection** et remplir cette sélection d'une couleur avec l'outil **Pot de peinture.** Il faut préalablement avoir sélectionné l'image.
- **Image / Taille du support /** décocher **Verrouiller les proportions / Nouvelles dimensions** : entrer une valeur supérieure à celle d'origine / **Arrière-plan** : choisir la couleur du bord **/ Emplacement : central.**

234. Multiplier une image

Supposons des étiquettes adhésives pour les pots de condiments de la cuisine. Leur longueur souhaitée est 6 cm. Cela permet d'en disposer trois par ligne sur une feuille A4.

1. Lors de la création de la nouvelle image, choisir les **Unités** en centimètres. Entrer 18 en **Largeur** et 29 en **Hauteur**.
2. **Image / Filigrane / Filigrane visible.**
3. **Source du filigrane / Charger l'image / Parcourir …** pour sélectionner l'image de remplissage.
4. Régler comme suit :
   Emplacement : Mosaïque, Taille : 33, **Opacité** : 100, **Gaufrage** : 0.
   La valeur de **Taille** donnée ici est celle utilisée pour notre exemple. Cette valeur est à régler en fonction de la quantité d'images souhaitées.

Les deux paragraphes suivants exposent d'autres méthodes pour multiplier une image.

235. Répéter une image sur une feuille A4

1. Ouvrir l'image à multiplier. L'exemple en annexe est un portrait d'enfant.
2. Créer une nouvelle image :
   Fichier / Nouveau / Trame vierge / Papier / A4 / Unités : centimètres.
3. Dans la **palette Styles et textures** cliquer sur la couleur de **Premier Plan.**
4. Dans la fenêtre des **Propriétés des Styles et textures**, choisir **Motif.**
5. Sélectionner l'image du portrait qui s'affiche en haut des motifs disponibles.
6. Régler l'**Échelle** selon la taille finale souhaitée sur la feuille ou le nombre d'images désirées.
   Si l'image est redimensionnée à 35x45 mm (format identité) en 300 PPP (**Image/Redimensionner/En taille d'impression**), régler l'**Échelle** sur 100 pour l'imprimer à la même taille.

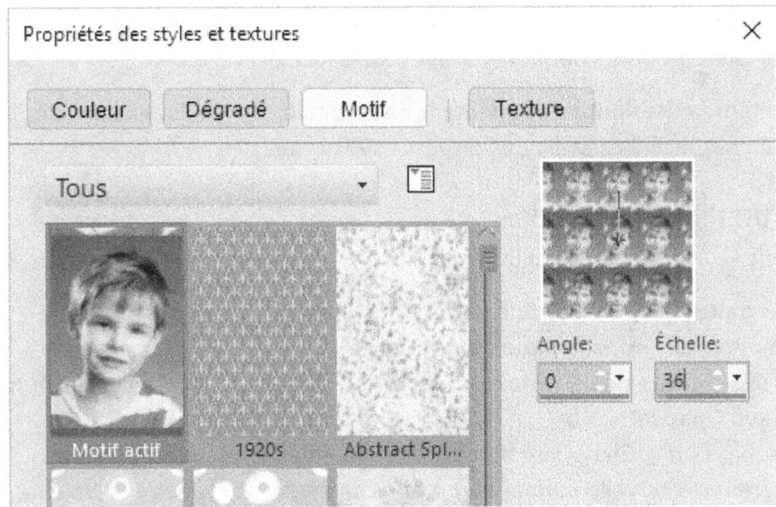

7. Cliquer sur l'outil **Pot de Peinture** et l'utiliser sur l'image vide.

Il faudra probablement procéder à quelques essais avant de trouver le bon taux pour l'**Échelle**, taux qui permettra de remplir la feuille selon vos souhaits.

236. Billet de banque pour jeu de société

Ce type de billet est disponible sur internet.
La méthode qui suit concerne l'impression de billets de taille fixe répartis sur une feuille A4.

1. Ouvrir l'image du billet de banque.
2. **Image / Redimensionner / En Taille d'impression.**
3. Régler la **Résolution** à 300 Pixels par pouce.
4. Régler la nouvelle **Largeur**, par exemple 9 centimètres.
5. La **Hauteur** se réglera automatiquement.
6. Valider par **OK.**
7. **Fichier / Impression d'une composition.**
8. **Fichier / Configuration de l'impression** et régler en mode A4, orientation portrait et couleur.
9. **Affichage / Afficher la grille.** Elle montre la zone imprimable.

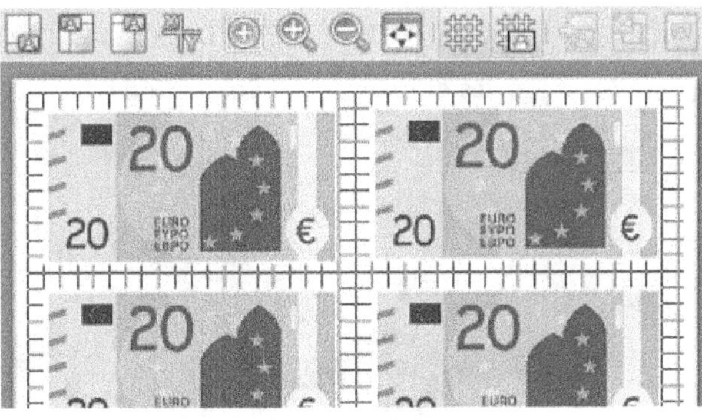

10. **Affichage / Aligner sur la grille**. Cela "colle" les images au quadrillage.
11. **Affichage / Options** et régler comme suit :
    Unités : Millimètres, Espacement horizontal : 5,00 millimètres et même chose pour **Espacement vertical.**
12. Glisser l'image sur la page autant de fois que nécessaire.

13. Il est préférable d'aligner les images sur la grille si un outil de rognage du papier est utilisé ensuite pour découper les images. Cela facilite la coupe.

Note : la fonction **Réorganiser automatiquement** ne respecte pas les dimensions des images au-delà d'un certain nombre d'exemplaires disposés sur la page.

237. Ajouter un filigrane visible

Les quatre méthodes suivantes sont applicables.

- **Image / Filigrane / Filigrane visible** (utilise une image).
- **Fichier / Ajouter des infos** (uniquement du texte).
- **Calques / Nouveau calque raster** ou **vectoriel** contenant une image ou un texte et réduire son **Opacité.**
- Créer un tube à image ne contenant qu'une image et l'appliquer après avoir coché **Créer en tant que nouveau calque raster** dont on peut ensuite régler l'**Opacité.**

238. Image en noir et blanc avec un élément en couleur

1. Ouvrir l'image en couleur à traiter.
2. **Palette Calques / Dupliquer.**
3. Dans la **Palette Calques**, cliquer sur le calque dupliqué pour le sélectionner.
4. **Réglage / Teinte et saturation / Teinte/Saturation/Luminosité.**
5. Régler la **Saturation** à -100.
6. Sélectionner l'outil **Gomme.**
7. Gommer les zones qui doivent apparaître en couleur.

239. Corriger une image par l'histogramme

Beaucoup de corrections peuvent être effectuées par le biais de l'outil de Correction par histogramme. Nous illustrons ci-après les corrections pour réduire le contraste, raviver, rectifier les couleurs et éclaircir.

Pour activer l'outil :
Réglage / Luminosité et contraste / Correction par histogramme.

Réduire le contraste :

Utiliser le curseur des Tons moyens et augmenter la valeur (compresser) :

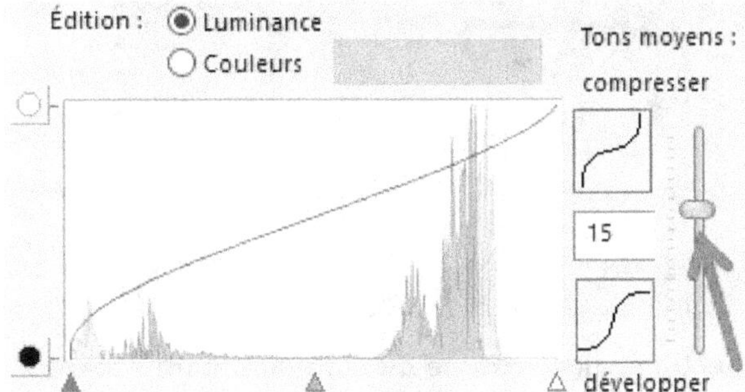

Raviver :

1. Réinitialiser l'outil avec la valeur par défaut.
2. Décocher **Recouvrir l'histogramme des résultats.**
3. **Édition : Couleurs.**
4. Pour les trois couleurs **Rouge, Vert** et **Bleu**, amener le curseur noir et le curseur blanc aux pieds de la courbe.
5. Si visuellement le résultat n'est pas assez bon, mordre un peu dans le pied de la courbe.
6. Le curseur gris (**Gamma**) peut lui aussi être mis à contribution pour accentuer ou réduire une dominante de couleur qui ne serait pas suffisamment corrigée par le biais des curseurs noir et blanc.

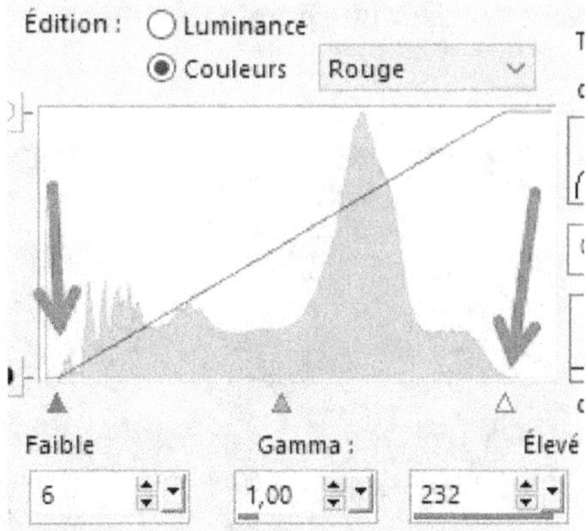

Rectifier les couleurs :

Dans l'exemple qui suit, il a suffi de ramener les curseurs rouge, vert et bleu aux pieds de chaque courbe de couleur :

La correction la plus spectaculaire s'est effectuée sur la courbe du bleu qui montre un fort excédent de jaune dans l'image :

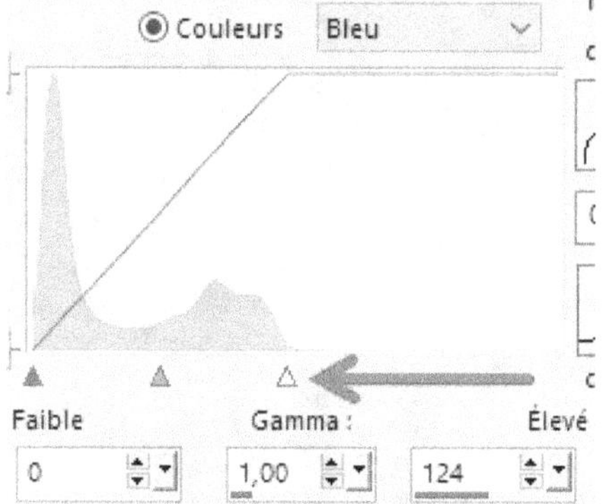

Ce type de correction peut aussi se réaliser avec l'outil **Points noir et blanc** (voir le paragraphe suivant **Corriger une dominante de couleur**).

Éclaircir :

1. Réinitialiser l'outil avec la valeur par défaut.
2. **Édition : Luminance.**
3. Déplacer le curseur central (**Gamma**) vers la droite.

240. Corriger une dominante de couleur

Les photos numériques présentent rarement une dominante gênante, car les appareils disposent presque tous d'un automatisme qui règle les couleurs. De plus, les effets de mode aidant, les utilisateurs acceptent aujourd'hui des photos aux couleurs "déviantes" qui n'auraient jamais été acceptées il y a quelques années.

Il reste cependant des situations où l'on souhaite retrouver la couleur exacte initiale : photo prise sous une lumière trop bleue ou trop jaune, photo couleur qui a subi les outrages du temps, nécessité d'un respect strict des couleurs.

L'outil **Points noir et blanc** vient à la rescousse pour corriger ce type de défaut colorimétrique. Avant de pouvoir l'utiliser, il faut l'extraire des **Commandes inutilisées** selon la procédure indiquée dans le paragraphe **Créer une barre d'outils personnalisée** dans le chapitre **OUTILS** (page 28). Il n'est pas nécessaire de suivre toute la procédure du tutoriel pour créer une nouvelle barre d'outils. Il suffit de déplacer l'outil **Points noir et blanc** dans un menu ou une barre d'outils existante.

L'exemple qui suit montre une photo couleur des années '70 qui a mal vieilli. Elle est devenue jaunâtre. La correction effectuée par l'outil **Points blanc et noir** permet de retrouver les couleurs initiales :

Le principe de fonctionnement de l'outil est simple.

1. Réinitialiser l'outil pour afficher les panneaux d'interdiction visibles à droite de **Couleur d'origine.**
2. Cliquer sur la pipette du gris.
3. Sur la photo, cliquer sur une zone estimée gris neutre. J'ai choisi le mur de neige à l'abri du soleil à gauche du personnage visible sur l'image.

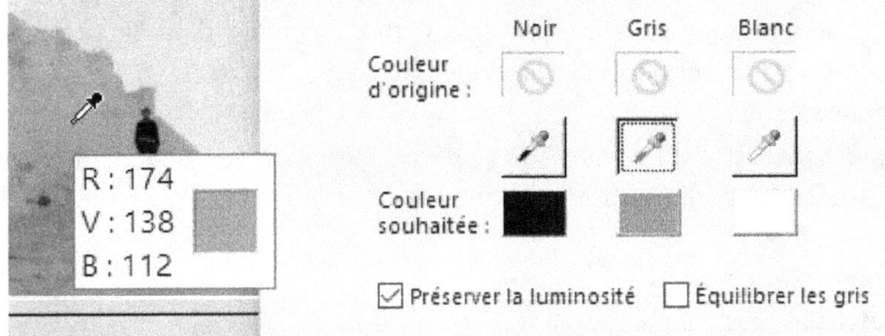

4. Aussitôt les couleurs de l'image sont corrigées. Si le résultat n'est pas satisfaisant, cliquer à un autre endroit.

5. La photo étant fortement colorée au départ, je valide le réglage par **OK** et je recommence la mesure du gris pour affiner (à partir du point 1. ci-dessus).

6. La dernière étape consiste à sélectionner la pipette blanche et cliquer sur le blanc de la neige du toit de la maison à droite.

7. Puis je termine par la pipette noire pour cliquer sur le vêtement du personnage.

La photo peut paraître encore bleutée, mais il ne faut pas oublier que les ombres sont souvent bleutées lorsque le ciel est majoritairement bleu, ce qui est le cas dans cette image.

L'outil de **Correction par histogramme** (page 112) permet lui aussi de rectifier les couleurs.

241. Placer quatre images dans les coins

1. **Édition / Copier** (pour mettre l'image en mémoire dans le presse-papier).
2. **Image / Taille du support.**
3. **Nouvelles dimensions** : entrer en **Largeur** le double de la **Largeur d'origine** et doubler la **Hauteur** également.
4. **Emplacement** : cliquer sur la case en haut à gauche (l'espace ajouté se situera à droite et en bas).
5. Dans l'image ainsi agrandie, faire trois fois **Ctrl+V**. L'image dans le presse-papier sera copiée trois fois, chaque fois sur un nouveau calque.
6. **Objet / Aligner : Haut.**
7. **Objet : Aligner : Droite** (pour placer l'image du premier calque en haut à droite).
8. Dans la **palette Calques**, cliquer sur le calque suivant.
9. **Objet / Aligner : Bas.**
10. **Objet / Aligner : Gauche.**
11. Dans la **palette Calques**, cliquer sur le troisième calque.
12. **Objet / Aligner : Bas.**
13. **Objet / Aligner : Droite.**
14. Dans la **palette Calques**, clic-droit sur un des calques.

15. **Fusionner / Tous** (aplatir).

242. Utiliser une photo pour un avatar

1. Utiliser l'outil **Recadrer** en mode **Carré** qui est habituellement ce qui est demandé sur les sites et recadrer la partie de la photo qui sera transformée en avatar.
2. **Image / Redimensionner.**
3. Cocher **En pixels.**
4. **Largeur** : 100 ou une autre valeur selon ce qui est demandé sur internet (70 ou 90) La **Hauteur** s'affiche automatiquement. Si elle n'est pas la même que la **Largeur**, revenir au rectangle de recadrage et l'ajuster. Les valeurs de largeur et hauteur s'affichent en bas d'écran à droite pendant l'ajustement.
5. Cocher **Paramètres avancés.**
6. **Rééchantillonnage : Bicubique, Plus net** : 100.
7. Décocher **Conserver la taille d'impression d'origine.**
8. Cocher **Verrouiller les proportions** et **Redimensionner tous les calques.**
9. Ajouter éventuellement un effet : **Effets / Effets 3D / Bouton.**
10. Enregistrer en **JPG** compression minimale (valeur 1) ou en **GIF**.

243. Montage de plusieurs photos dans une seule

Pour réaliser un photomontage, c'est-à-dire un assemblage de plusieurs photos dans une seule, plusieurs méthodes existent. En voici trois.

1ère méthode :

Elle est entièrement libre de toute contrainte.

1. Créer l'image de destination vide, d'une taille suffisante. La remplir d'un motif ou d'une texture.
2. Ouvrir toutes les images à combiner.
   Pour chacune, faire **Édition/Copier** puis cliquer dans l'image de destination et y faire **Édition / Coller comme nouveau calque.**
3. Chaque image peut ensuite être déplacée, ajustée avec l'outil **Sélecteur** et travaillée pour obtenir la présentation souhaitée.

2ème méthode :

S'il y a beaucoup de photos à traiter, il est fastidieux de suivre la méthode de copier/coller décrite dans la 1ère méthode, car elle demande beaucoup de clics et de manipulations.

Il est possible de réaliser l'opération, en utilisant moins de clics, par un glissé/déposé depuis la **Palette calques** vers l'image de destination.

Supposons 3 photos horizontales (mode paysage) à combiner dans une seule image, côte à côte ou se chevauchant. L'image de destination sera créée vide afin de recevoir les trois photos.

1. Ouvrir les photos dans PaintShop Pro.
2. Dans le menu **Fenêtre**, décocher **Documents à onglets.**
3. Vérifier la dimension en pixels de chaque photo.
4. Supposons que ces images ont ces formats :
   1000 x 700 pixels
   500 x 300 pixels
   1500 x 1200 pixels
5. Additionner les trois nombres de gauche : 1000 + 500 + 1500 = 3000.
6. Créer une image vide à fond coloré de dimensions :
   3000 x 1200 pixels (1200 est la plus grande dimension en hauteur parmi les trois photos).
7. Disposer les trois photos ainsi que l'image vide côte à côte sur le plan de travail en réduisant leur taux de zoom.
8. Cliquer sur la première photo.
9. Dans sa **palette Calques**, cliquer sur son calque (calque d'**Arrière-plan**) et tout en maintenant le bouton de souris enfoncé, glisser le calque sur l'image vide.
10. Cela crée un calque dans l'image vide, calque qui contient la première photo.
11. Procéder de même avec les autres photos.
12. Les trois calques sont à présent superposés dans l'image de destination.
13. Utiliser l'outil **Sélecteur** pour agrandir ou réduire chaque image et pour l'agencer dans l'image de destination.
14. Si les photos se chevauchent et que leur ordre de superposition n'est pas correct, déplacer leur calque vers le haut ou vers le bas dans la **palette Calques.**
15. Recadrer l'image lorsque la composition est terminée.

3ème **méthode** :

Elle utilise un modèle prédéfini.

PaintShop Pro est livré avec une série de modèles. Certains sont payants et d'autres gratuits :

Fichier / Nouveau à partir d'un modèle.

Pour l'utilisation de ce type de modèle, voir le paragraphe **Utiliser un modèle** dans le chapitre **MINI-TUTORIELS** (page 145).

244. Centrer un élément

Pour placer un élément au centre d'une image, il faut le copier (**Édition / Copier**) puis le coller dans l'image (**Édition / Coller comme nouveau calque**). Le centrage est effectué automatiquement par PaintShop Pro.

245. Corriger l'éclaircissement fade d'une image

Lorsqu'on souhaite éclaircir une image très sombre, le premier outil de correction qui vient à l'esprit est **Luminosité/contraste**. Pourtant cet outil n'est pas toujours le plus adapté pour cette tâche. Il provoque souvent un affadissement des parties sombres ainsi qu'une disparition des parties claires de l'image. On le constate dans l'exemple ci-après :

L'image de droite a été corrigée par l'outil **Luminosité/contraste**, **Luminosité** : 80 et **Contraste** : 30. La couleur du ciel a disparu et bien que les bâtiments soient éclaircis, peu de détails sont visibles.

Il vaut mieux utiliser l'outil de **Correction par histogramme** (**Réglage / Luminosité et contraste / Correction par histogramme**) qui donne un meilleur résultat :

1. **Édition : Luminance.**
2. Déplacer le curseur central (**Gamma**) vers la droite (valeur 2,70 dans l'exemple illustré) pour préserver les parties claires, le ciel dans notre exemple.
3. Déplacer le curseur des **Tons moyens** vers le bas (valeur -30 dans notre exemple) pour augmenter le contraste dans les parties sombres.

L'exemple choisi est extrême pour bien visualiser la différence de comportement entre les deux outils.

246. Étiquette à coins arrondis

Sur la photo, vous avez placé le texte "Fraises" pour réaliser une étiquette à coller sur un pot de confiture.

Pour arrondir les coins de l'étiquette :

1. **Sélections / Sélectionner tout (Ctrl+A).**
2. **Sélections / Modifier / Contracter.**
   La valeur dépend de la taille de l'image. Sur une image de 400x300 pixels, la valeur de 40 pixels peut servir de référence.
3. **Sélections / Modifier / Agrandir.**
   Entrer la même valeur que pour **Contracter.**
4. **Sélections / Inverser.**
5. **Édition / Couper** ou touche **Suppression** du clavier.

247. Corriger les yeux lumineux des animaux

La couleur rouge des yeux humains photographiés au flash est causée par la réflexion de la couche située derrière la rétine, très vascularisée, vers l'appareil photo. Chez les chats, il existe un revêtement réfléchissant au fond de l'œil, appelé tapetum lucidum ou tapis choroïdien, qui s'illumine en jaune, vert, turquoise, bleu ou rose.

L'outil de **Correction des yeux rouges** visible dans la barre d'outils à gauche est un outil rapide pour la correction des yeux rouges humains. Il ne convient pas pour les animaux. Un outil de correction des yeux rouges plus évolué existe dans PaintShop Pro. Il peut corriger plus finement aussi bien les yeux humains que les yeux d'animaux.

1ère méthode : Contour de la pupille sélectionné point à point

1. **Réglage / Suppression des yeux rouges.**
2. Dans ce premier exemple, sélectionner la **Méthode : Contour de la pupille point à point.**
3. Double-clic à la fin du tracé pour le fermer.
4. Les autres paramètres ont été choisis en les testant et en observant le résultat sur l'image.
5. Le bouton **Supprimer les yeux rouges** est trompeur. Il ne supprime pas les yeux rouges, mais le contour point à point qui a été tracé. Utile si on souhaite recommencer le tracé, mais irritant si on vient d'effectuer minutieusement un tracé difficile !

6. Le curseur de la glissière **Améliorer** est déplacé à l'extrême droite.

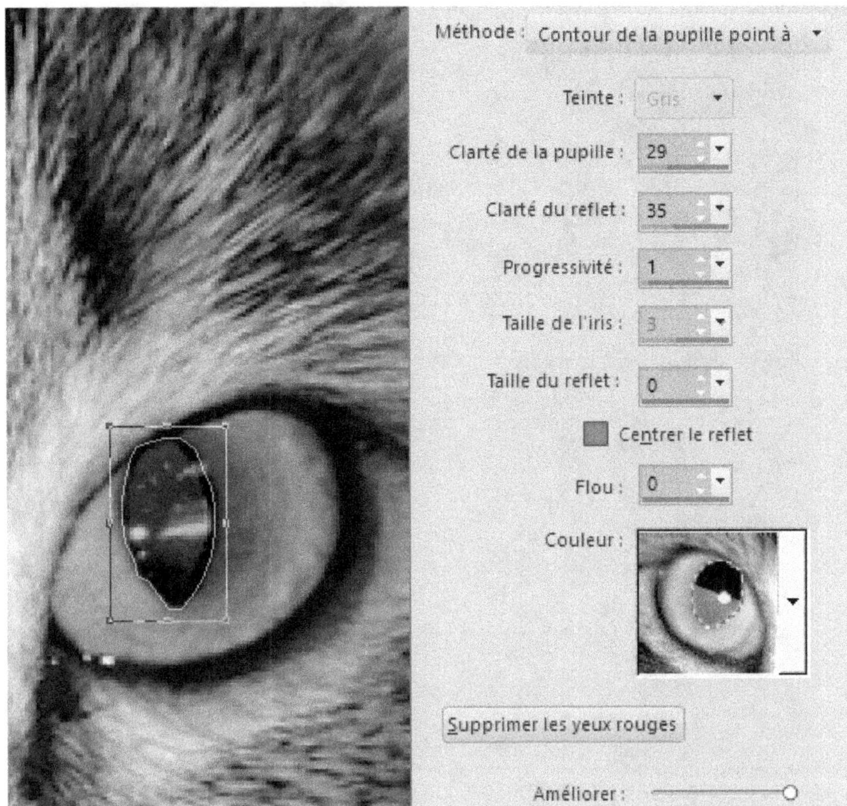

Le résultat :

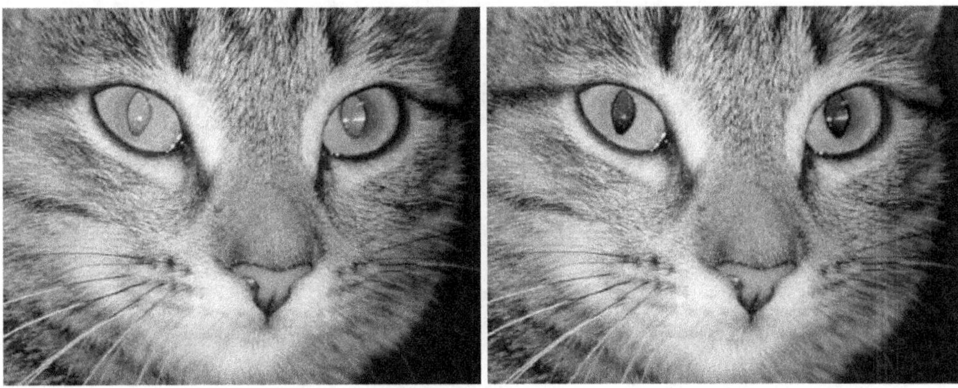

2ème méthode : Œil animal automatique

1. **Réglage / Suppression des yeux rouges.**
2. Dans ce deuxième exemple, sélectionner la **Méthode : Œil animal automatique.**
3. Maintenir la touche **Maj** enfoncée, cliquer au centre de la pupille à corriger et tirer le curseur vers l'extérieur pour tracer un cercle autour de l'œil. Si la touche **Maj** n'est pas enfoncée, le tracé commence par le bord et non plus par son centre.

4. Tirer vers la gauche le curseur de la glissière **Améliorer**. Ce réglage limite la correction à la pupille.

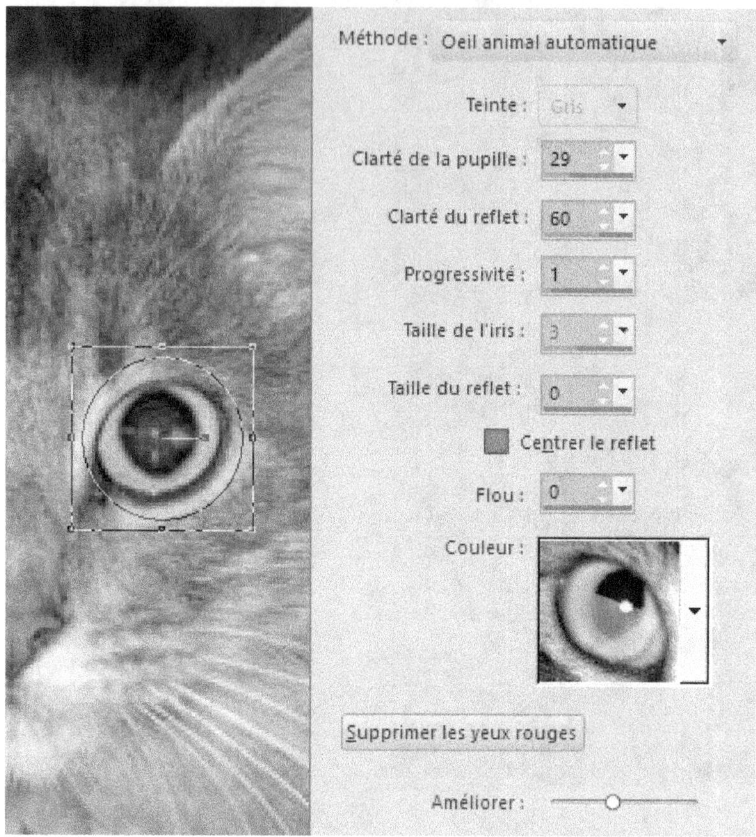

Le résultat :

248. Atténuer les rides d'un visage

L'outil **Lissage de la peau** dans le menu **Réglage** peut donner un aspect non naturel à un visage. La peau peut prendre une apparence de matière plastique.

L'astuce consiste à dupliquer le calque de l'image et à appliquer l'outil de **Lissage** sur ce calque. Ensuite, avec l'outil **Gomme** à bord adouci (**Rigidité** 50 ou moins), effacer les parties trop fortement traitées pour faire apparaître la texture originale. L'**Opacité** de la **Gomme** doit être réglée sur une valeur moindre afin de moduler l'intensité du gommage.

249. Recréer l'écran d'accueil de PaintShop Pro 2018

Nous n'allons pas refaire l'image à l'identique, mais plutôt expliquer une méthode pour reproduire l'effet.

1. Copier les photos dans une seule image, chacune sur un calque, le bâtiment sur le calque du haut.
2. S'il y a un manque de place autour des photos, agrandir la taille de l'image support via **Image / Taille du support**.
3. Réduire à 65 % ou moins la **Visibilité** du calque du haut contenant le bâtiment pour distinguer par transparence le portrait situé en dessous. On peut évidemment faire l'inverse, à savoir placer l'image du portrait au-dessus.
4. Utiliser l'outil **Déplacer** pour ajuster la photo du bâtiment par rapport aux éléments du portrait et à l'effet final souhaité dans le visage.
5. Rétablir la **Visibilité** du calque bâtiment à 100 %.
6. L'outil **Gomme circulaire** est utilisé pour effacer la partie du bâtiment qui recouvre le portrait. Le régler comme suit :

   Rigidité : 0, **Opacité** : 50, **Bord optimal** décoché.
   La taille de la **Gomme** doit être assez grande afin que le bord de la **Gomme** produise un effet très adouci. La **Gomme** doit recouvrir au moins 1/3 de l'image. Sa taille peut être modifiée en cours de travail.

   Ne pas gommer en glissant le curseur, mais en effectuant des clics. Il est ainsi plus facile d'annuler un clic de trop via **Ctrl+Z**. On peut aussi rétablir une partie effacée en cliquant avec le bouton droit de la souris.

250. Recréer l'écran d'accueil de PaintShop Pro 2019

L'image de présentation du logiciel est caractérisée par une fusion transparente de deux images monochromes.

J'ai choisi de reproduire cet effet en combinant les deux présentations : un fond noir et les coloris de l'image de droite.

1. Placer chaque image sur un calque (deux calques en tout dans une seule image).
2. Détourer chaque sujet pour obtenir un arrière-plan transparent.
3. Désaturer chaque image via
    Réglage / Teinte et saturation / Teinte/Saturation/Luminosité / Saturation à -100.
4. Dans la **Palette Calques**, clic-droit sur chaque calque **/ Propriétés /** cocher **Verrouiller la transparence.**
5. Sélectionner l'Outil **Pinceau / Rigidité** 100 / **Opacité** 100 **/ Mode Mélange : Écran.**
6. Pour réaliser l'image bleue, cliquer sur son calque dans la **Palette Calques.**
    Peindre sur l'image avec la couleur R13 V205 B243.
7. Pour réaliser l'image rouge, cliquer sur son calque dans la **Palette Calques.**
    Peindre sur l'image avec le rouge R255 V22 B6.
    On ajoute ensuite du jaune dans ce rouge pour que le chevauchement des deux images produise un bleu-vert :
    Réglage / Luminosité et Contraste / Correction par histogramme.
    Édition : Couleurs Bleu **/ Gamma** à 0,72.
8. Déplacer les sujets dans l'image pour produire et ajuster le chevauchement.

9. Dans la **Palette Calques**, cliquer sur le calque du haut (le rouge) et le régler en **mode Mélange : Assombrir davantage.**

10. Pour créer un fond noir, ajouter un calque opaque noir tout en bas de la pile.

11. Dupliquer le calque du haut (rouge) et le placer au-dessus du calque noir pour éviter l'effacement partiel de l'image du haut.

12. Régler ce calque dupliqué sur **Mode mélange : Normal**.

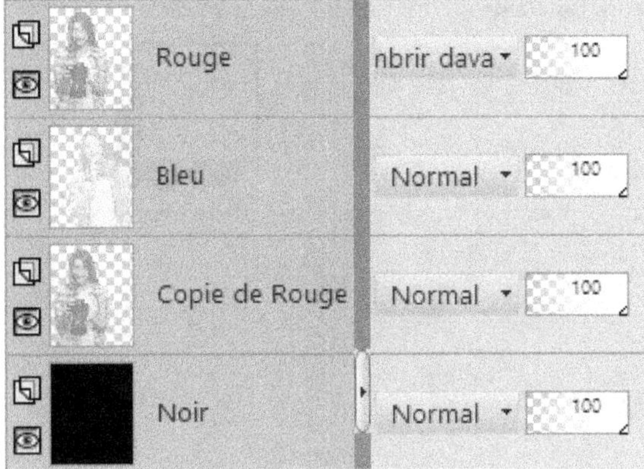

251. Créer une forme prédéfinie

Une forme prédéfinie est toujours une forme vectorielle. Tout dessin en mode vectoriel pourra être enregistré et utilisé comme Forme prédéfinie. Nous allons utiliser une forme prédéfinie vectorielle existante que nous colorierons avant de l'enregistrer comme nouvelle forme.

1. Créer une image de 300 x 300 pixels à fond transparent.
2. Outil **Forme prédéfinie.**
3. Dans la **Liste des formes**, choisir le cœur.
4. Cocher **Conserver Style**, **Anticrénelage** et **Création vectorielle.**
5. Tracer le cœur sur l'image.
6. Dans la **Palette calques**, cliquer sur la petite flèche en vis-à-vis du calque Vectoriel 1 afin de faire apparaître le sous-calque qui contient le cœur vectoriel intitulé Corel_11_086.
7. Double-clic sur ce sous-calque pour faire apparaître la fenêtre des **Propriétés vectorielles.**
8. Changer le nom en Cœur rouge. C'est ce nom qui apparaîtra dans la **Liste des formes** et il peut être différent du nom du fichier (voir ci-après).
9. Clic-droit sur la couleur de **Remplissage** et choisir la couleur rouge R255 V0 B0.
10. **Fichier / Exporter / Forme.**
11. Le nom du fichier n'est pas le nom qui apparaîtra dans la **Liste des formes.**

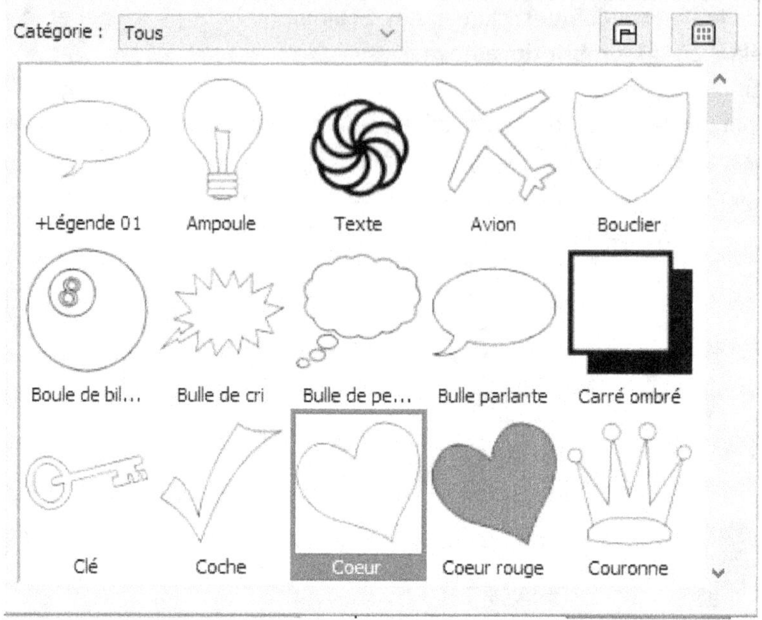

252. Créer un espace pour une légende

1ère méthode : L'espace créé est ajouté à l'extérieur de la photo.

1. **Image / Ajouter des bordures.**
2. Régler les unités sur **Pixels.**
3. Entrer zéro comme valeur de bordure.
4. Décocher **Symétrique.**
5. Modifier la valeur du **Bas (Taille en pixels**).

2ème méthode : L'espace créé est ajouté à l'intérieur de la photo (exemple illustré).

1. Agrandir la fenêtre qui contient l'image pour faire apparaître la zone vide autour de l'image. Au besoin, dézoomer pour réduire l'image à l'écran.
2. Outil de **Sélection / Type : Rectangle / Mode : Remplacer / Progressivité :** 0 **/** décocher **Anticrénelage / Style de sélection : Normal.**

3. Tracer le rectangle de sélection en commençant à l'extérieur de l'image, dans la zone vide, ce qui garantit que les bords de l'image seront bien sélectionnés. Tracer un rectangle horizontal qui recouvre la partie inférieure de l'image.
4. Outil **Pot de Peinture** pour cliquer dans la sélection et la remplir avec la couleur de **Premier Plan**.
   Pour que la couleur recouvre bien la zone, régler l'outil comme suit : **Correspondance : Aucun, Mode Mélange : Normal, Opacité** : 100.
5. Autour de l'image, j'ai ajouté une fine bordure de la même couleur que le texte.

253. Créer sa propre pointe de pinceau

1. Régler l'outil **Pinceau** selon vos souhaits, par exemple en barre oblique.
2. Ouvrir la fenêtre des pinceaux disponibles.
3. En bas de cette fenêtre, juste au-dessus de Faites-en plus avec les pinceaux, cliquer sur l'icône **Créer une pointe de pinceau.**

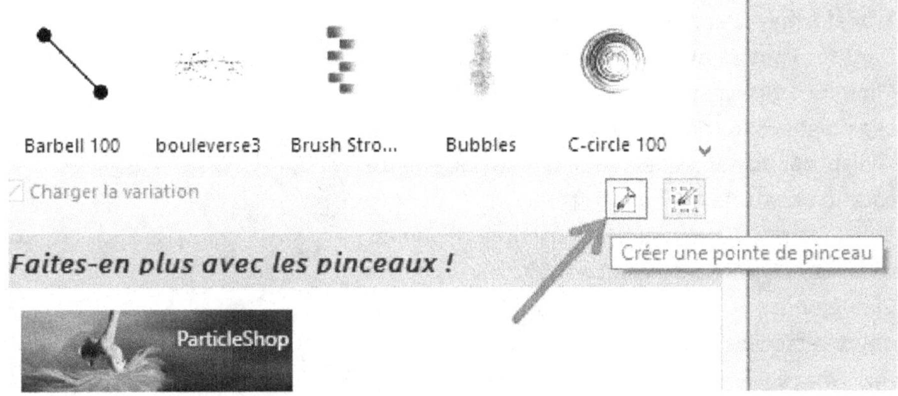

4. Une nouvelle fenêtre s'ouvre intitulée **Création d'une pointe de pinceau.**
5. L'icône de votre pinceau sera affichée.
6. Lui donner un nom.
7. Cocher la case **Enregistrer la variation.**
8. Éventuellement, adapter le chemin d'enregistrement.
9. Cliquer sur **OK** pour finaliser.

Au lieu de créer la pointe de pinceau au départ d'une pointe existante, il est possible d'utiliser toute image dans laquelle on a effectué une sélection. Dans ce cas, cocher la deuxième icône **Créer une pointe de pinceau à partir de la sélection.** On peut de cette manière enregistrer en tant que **Pinceau** une signature qui pourra être déposée en bas d'un document ou même la tête d'une personne.

254. Découper une image selon une forme prédéfinie

Si vous créez un montage photo en assemblant des photos de vacances ou celles d'un évènement familial, vous avez parfois besoin de découper une image en forme de cœur, d'étoile ou toute autre forme vectorielle.

Avec les **Formes prédéfinies** de PaintShop Pro, c'est facile à réaliser :

1. Ouvrir l'image à découper.
2. Dans la **palette Calques**, cliquer-droit sur le calque d'**Arrière-plan** et choisir **Transformer le calque d'arrière-plan.**
3. Dans les **Formes prédéfinies**, sélectionner une forme.
4. Cliquer et glisser sur l'image pour tracer la forme autour du sujet à découper.
5. Les poignées autour de la forme permettent de la disposer au mieux de même que la poignée de rotation centrale.
6. Si la forme est opaque et masque le sujet, diminuer l'**Opacité** du calque à 50.
7. Cliquer ensuite sur **Sélections / A partir d'un objet vectoriel.**
8. Puis **Image / Recadrer sur la sélection.**
9. Supprimer le calque qui contient la forme.
10. L'image recadrée peut à présent être copiée et collée dans un autre document ou enregistrée au format **PNG** pour conserver la transparence.

Si la forme qui sert pour la découpe n'est pas vectorielle, utiliser la méthode décrite dans le paragraphe **Utiliser une image raster comme cutter de forme** (page 129).

255. Convertir une photo 10 x 15 cm en photo 13 x 18 cm

La méthode s'applique à tout format, en agrandissement ou en réduction.

La photo est supposée entrer dans un cadre photo de 13 x 18 cm.

1. Ouvrir l'image dans PaintShop Pro.
   Nous supposons qu'elle est en mode paysage (horizontale).
2. Puis cliquer sur **Image / Redimensionner.**
3. Cocher **En taille d'impression.**
4. Changer les mesures en **Centimètres.**
5. Cocher **Paramètres avancés.**
6. En **Largeur** (Width), entrer la valeur 18.

Si **Verrouiller les proportions** est coché, la **Hauteur** affichera 11,997 cm, c'est-à-dire pratiquement 12 cm.

Si **Verrouiller les proportions** est décoché, la valeur de la **Hauteur** pourra être fixée indépendamment de la **Largeur**, au prix d'une déformation de l'image.

Si la photo doit entrer dans un cadre, il vaut mieux cocher **Verrouiller les proportions** et mettre 13 cm en **Hauteur**. La **Largeur** sera de 19,5 cm, ce qui décalera la photo vers la droite ou vers la gauche dans le cadre dont l'ouverture est 18 cm.

7. Cocher **Rééchantillonnage Optimal.**
8. Cocher **Redimensionner tous les calques.**
9. Valider par **OK.**

256. Utiliser une image raster comme cutter de forme

La fonction **Cutter de forme** effectue le découpage d'une image selon une forme. Cet outil ne fonctionne qu'avec du texte ou une forme vectorielle.

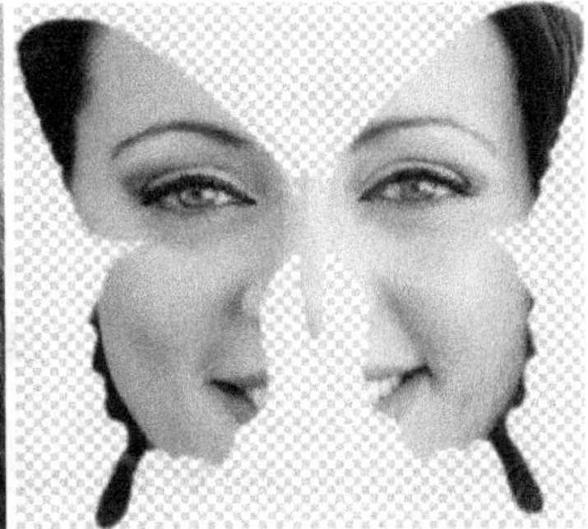

Voici une méthode pour utiliser le même principe de découpage au départ d'une forme raster.

1. Créer un calque raster transparent au-dessus de l'image à découper, c'est-à-dire celle qui servira au remplissage de la forme.
2. Placer la forme raster sur ce calque transparent. Diminuer l'**Opacité** du calque au besoin pour faciliter l'ajustement de la forme au-dessus de l'image à découper. Utiliser l'outil **Sélecteur** pour régler le positionnement. J'ai choisi un papillon du **Tubes à images**. Je l'ai détouré pour supprimer son ombrage.
3. **Sélections / Sélectionner tout.**
4. **Sélections / Flottante.**
5. Désactiver la **Visibilité** de tous les calques sauf celui qui contient l'image à découper. Le contour de la sélection sera affiché sur l'image à découper. Dans notre exemple, la **Visibilité** du calque Papillon est désactivée. Seul le calque qui contient le portrait est visible ainsi que le contour de la sélection du papillon.

6. Clic-droit sur un calque et choisir **Fusionner / Tous (aplatir).**
7. **Édition / Copier.**

8. **Édition / Coller comme nouvelle image**. Cela créera une image à fond transparent ne contenant que la sélection découpée.

257. Blanchir le fond de page d'un document texte scanné

Lors d'un scan de texte, il est préférable de le scanner en niveaux de gris, ou mieux, en couleur afin de conserver le maximum d'informations, notamment pour les anciens documents manuscrits.

Vient ensuite le problème de blanchiment du fond de page dont la couleur grise ou le fond coloré peuvent s'avérer indésirables.

Voici plusieurs méthodes pour supprimer le fond gris :

1. Basculement de l'image en deux couleurs, la noire et la blanche
   Image / Réduire la profondeur de couleur / Palette 2 couleurs.
   Appréciation :
   Résultats mitigés. Possibilité de perte de certains détails.
   Ne convient pas à tous les documents.
   Réglages très limités.

2. Outil **Pot de peinture** réglé sur la couleur blanche
   Régler en **Correspondance** : RVB, **Tolérance** : 20, **Mode mélange** : Normal, **Opacité** : 100
   Appréciation :
   Résultat incomplet : les lettres fermées (a, 0, B, P) ne sont pas remplies de blanc.

3. **Réglage / Luminosité et Contraste / Courbes.**
   Dans la fenêtre **Courbes**, cliquer sur **Aperçu** pour afficher la prévisualisation du document **Avant / Après**.
   En bas de la fenêtre, cliquer sur la pipette blanche pour la sélectionner.
   Cliquer avec la pipette dans une zone du texte censée être blanche dans la fenêtre d'aperçu de gauche.
   Faire de même avec la pipette noire avec laquelle cliquer sur le texte censé être noir (au besoin augmenter le **Zoom** de la fenêtre d'**Aperçu**).
   Appréciation :
   Résultat rapide et satisfaisant.

4. **Réglage / Luminosité et contraste / Niveaux**
   Canal RVB.

   Utiliser la **Pipette blanche** pour cliquer dans une zone qui doit être blanche dans le document. S'il subsiste des zones non blanchies, recommencer.

   Utiliser la **Pipette noire** pour cliquer sur le texte noir afin de renforcer le noir.

   Sous le graphique, déplacer les losanges.

   Le losange noir représente les noirs. Le glisser vers la droite augmente leur intensité.

   Le losange blanc traite les blancs. Le glisser vers la gauche accroît les zones blanches.

   Le losange gris régule les tons moyens.

   Il faut jouer avec les curseurs jusqu'à obtenir un résultat satisfaisant. Le réglage peut être mémorisé en cliquant sur le symbole de la disquette. Il pourra être réutilisé sur d'autres documents qui présentent les mêmes caractéristiques.

   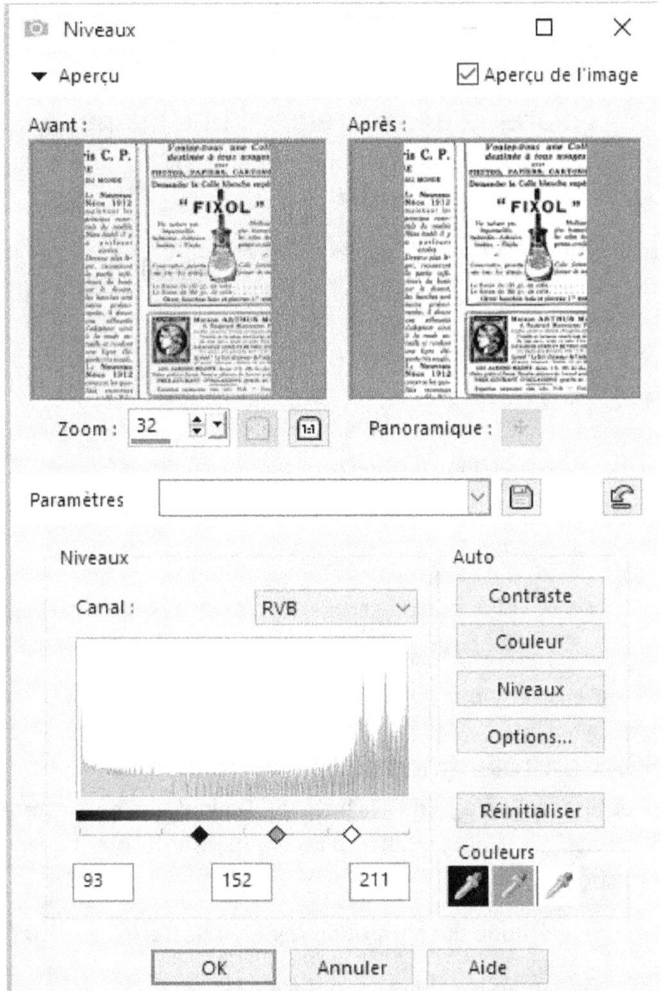

   Appréciation :

   Résultat rapide et très satisfaisant.

   Enregistrement possible du réglage pour le réutiliser sur d'autres images de même type.

5. **Réglage / Luminosité et contraste / Correction par histogramme**

   Cliquer sur **Aperçu** pour afficher les fenêtres de prévisualisation **Avant/Après**.

   Réinitialiser avec la valeur par défaut (icône flèche courbée).

   Sous le graphique, le curseur/triangle blanc de droite règle le blanc.

   Le glisser vers la gauche, à peine au-delà du pic de pixels gris. Ces pixels représentent le gris du fond de page. En laissant ce pic à droite de la flèche blanche, on élimine ces pixels de l'image.

Le triangle noir règle l'intensité du noir. Le glisser vers la droite.

Appréciation :

Résultats excellents.

Réglages précis qui permettent de moduler l'action en fonction du type de page.

Le réglage reste en mémoire durant la session : passer à l'image suivante puis appliquer le même réglage (**Ctrl+Y**) se fait en quelques secondes.

258. Colorer la transparence d'une image

Lorsqu'une image à fond transparent est enregistrée au format **JPG**, la transparence est transformée en blanc opaque.

Dans certaines situations, par exemple lorsqu'il faut placer l'image sur une page à fond coloré d'un site internet, il est souhaitable que la transparence soit transformée en une autre couleur que le blanc.

Voici comment procéder :

1. Ouvrir l'image à fond transparent.
2. **Fichier / Enregistrer sous / Type : JPG.**
3. Cliquer sur **Options.**
4. Cliquer sur **Optimisation.**
5. Onglet **Couleur d'arrière-plan.**
6. Cliquer sur la couleur blanche et en choisir une autre.
7. **OK** pour valider.

Puis enregistrer l'image.

259. Contrôler finement la netteté

Les outils de **Réglage de Netteté** et **Davantage de netteté** ne possèdent pas de réglage d'intensité. Ils s'appliquent "d'un coup" sur toute l'image, sans possibilité de moduler leur action.

Voici une méthode qui permet de régler la netteté :

1. Dupliquer le calque de l'image à traiter.
2. Appliquer le réglage de **Netteté** une ou plusieurs fois sur le calque.
3. Ensuite, réduire la **Visibilité** du calque pour diminuer l'intensité du réglage de **Netteté.**

Il est même possible de **Gommer** certaines parties du calque pour laisser apparaître l'image non traitée et ne conserver que certaines zones nettes localement.

Ne pas oublier qu'il existe aussi un **Pinceau de Netteté** pour appliquer la netteté localement.

Le **Calque de réglage Lumière de remplissage/clarté** possède également un réglage de **Netteté** qui peut être appliqué seul.

260. Rendre transparent le blanc d'une image

Outre les techniques exposées dans le paragraphe **Colorer la transparence d'une image** (page 132) et la sélection à la **Baguette magique**, il existe une méthode moins connue exposée ci-après.

Note : Cette méthode ne convient pas si l'intérieur du sujet contient du blanc qui doit rester blanc opaque.

1. **Palette Calques** / clic-droit sur le calque de l'image : **Transformer le calque d'Arrière-plan.**
2. **Propriétés / Propriétés de calque /** onglet **Étendue du mélange.**
3. **Mélanger : Canal du gris.**
4. **Ce calque** : déplacer le curseur supérieur de droite vers la gauche pour faire disparaître le blanc (valeur 225 pour l'exemple illustré) et le curseur inférieur de droite d'une valeur moindre (235 dans notre exemple). Le blanc devient transparent.
5. Enregistrer l'image au format **PNG** en cochant **Préserver la transparence** (**Options / Optimisation**).

261. Coordonner les tons de deux photos

Il peut arriver que deux ou plusieurs photos réalisées à peu près en même temps présentent des différences de couleur. C'est le cas lorsque le flash n'a pas été suffisamment rechargé entre deux vues ou lorsque les conditions de lumière ont changé. Pour réduire l'écart colorimétrique entre ces photos, PaintShop Pro dispose de l'outil **Correction manuelle des couleurs.**

Cet outil est caché dans les **Commandes inutilisées.** Pour l'extraire et l'utiliser, voir **Créer un nouveau menu** dans le chapitre **MENUS** (page 23) et **Créer une barre d'outils personnalisée** dans le chapitre **OUTILS** (page 28).

Deux images doivent être ouvertes sur le plan de travail de PaintShop Pro, celle qui doit être corrigée **(couleur source)** et celle qui sert de modèle **(couleur cible)**. En d'autres termes, on souhaite que la **Source** devienne comme la **Cible**. La couleur cible peut aussi être choisie dans les **Couleurs prédéfinies** de la fenêtre **Correction manuelle des couleurs** de l'outil ou bien être une couleur spécifique choisie manuellement **(Couleur cible** manuelle).

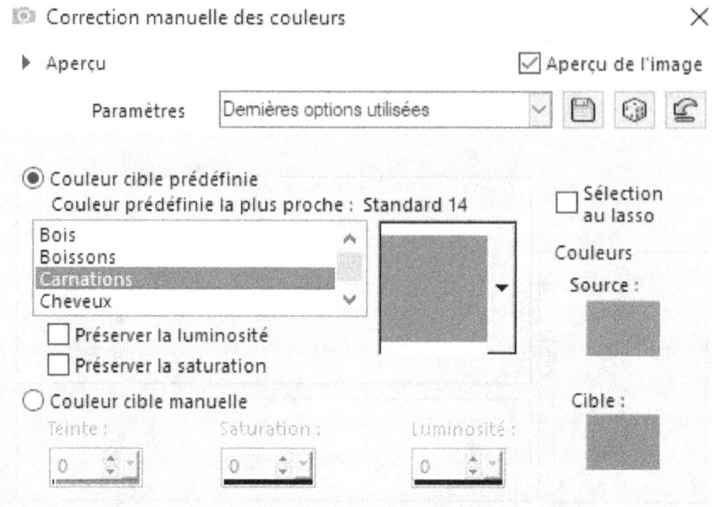

L'exemple qui suit montre une photo prise avec flash (à gauche) et une autre sans flash qui présente une dominante jaune orangé. C'est cette dernière que nous allons corriger pour que ses couleurs se rapprochent de la première photo.

La troisième image montre le résultat obtenu.

Ce n'est pas parfait, car l'écart de couleur était très important entre les deux photos, mais l'image obtenue peut être considérée comme étonnamment bonne.

La procédure est la suivante :

1. Ouvrir les deux images.
2. Activer l'image à corriger.
3. Régler la **Pipette** sur 11x11 pixels.
4. Cliquer sur l'outil **Correction manuelle des couleurs**.
5. Dans la fenêtre des réglages, cliquer sur l'icône **Réinitialiser avec la valeur par défaut** (icône à droite de celle du dé).

6. Cocher **Aperçu** pour faire apparaître les petites fenêtres de prévisualisation **Avant / Après**.

7. Cocher **Sélection au lasso**, ce qui fera une moyenne des couleurs de la zone sélectionnée

8. Dans la fenêtre **Avant**, délimiter une zone au lasso. Ne pas s'inquiéter si la fenêtre **Après** montre une coloration anormale.

9. Variante : ne pas cocher **Sélection au lasso** et faire un clic-gauche sur la couleur à rectifier dans l'image ou tracer un **Rectangle** de sélection.

10. Déplacer le curseur sur l'image de référence, celle qui sert de modèle. Le curseur se transforme en **Pipette**.

11. Cliquer-droit sur la même zone que celle délimitée au lasso. La correction est appliquée sur l'image à corriger.

La fenêtre de réglage **Correction manuelle des couleurs** se présente comme suit après application :

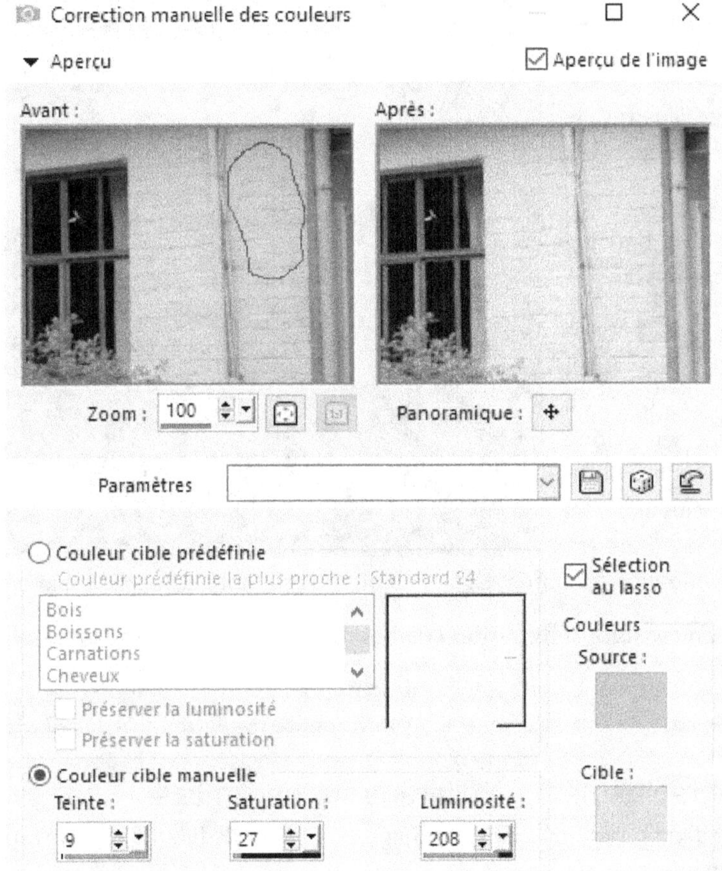

Cet outil peut aussi servir lorsque l'image contient des zones de carnation à corriger ou pour obtenir exactement une couleur.

L'utilisation à des fins artistiques est possible également pour donner une coloration particulière à l'image en utilisant la liste des **Couleurs cibles prédéfinies**. Dans ce cas, il faut cliquer sur le carré coloré au milieu de la fenêtre de réglage (carré vide dans cette capture d'écran) pour faire apparaître la palette des couleurs disponibles dans chaque catégorie (Bois, Carnation, Herbe …).

262. Corriger le banding

Le "banding" ou "effet de bande" est un défaut visible habituellement dans les dégradés. Au lieu d'une graduation régulière et progressive, on observe des transitions bien marquées sous forme de bandes nettes juxtaposées.

Cela peut se produire lors du passage de l'image en 256 couleurs pour l'enregistrement au format **GIF**, par exemple. Pour réduire ou supprimer cet effet, l'astuce consiste à introduire un certain pourcentage de bruit dans l'image.

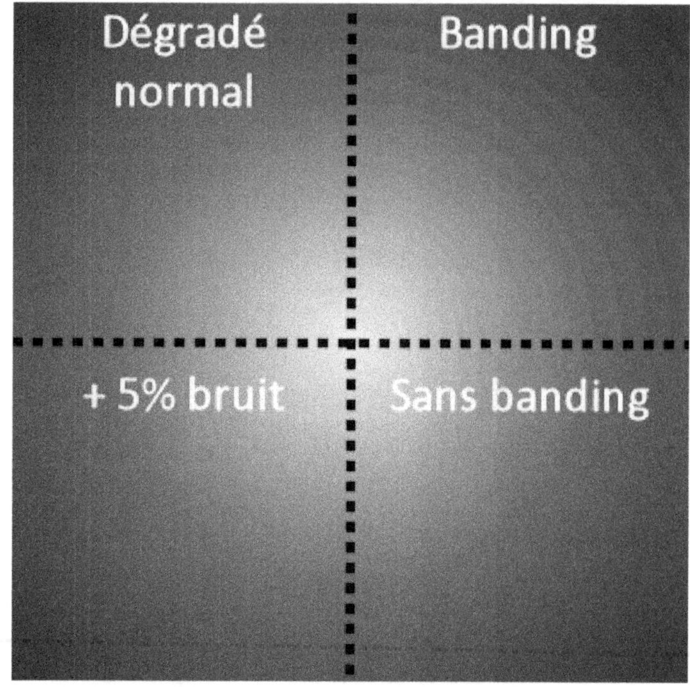

Dans l'exemple illustré, le dégradé normal de départ est visible en haut à gauche.

En haut à droite, le banding est apparent après passage en 256 couleurs.

En bas à gauche, 5 % de **Bruit gaussien** ont été ajoutés, en **Mode uniforme** et **Mode monochrome** décoché. Cette valeur est à moduler en fonction de l'image, de sa taille et de la dégradation acceptée. Le bruit ajouté a tendance à dégrader l'image.

En bas à droite, on constate la disparition du banding après passage en 256 couleurs.

On peut aussi réduire le banding lors du passage en 256 couleurs (**Image / Réduire la profondeur de couleur**) en choisissant la **Méthode de réduction : Diffusion des erreurs**.

263. Ajouter rapidement un filigrane sur une image

Cet outil permet d'imprimer du texte sur l'image, soit en mode filigrane semi-transparent, soit en mode texte plein.

L'image peut être légendée avec un texte libre ou avec les infos EXIF (date, focale, ISO, etc.). Le texte peut être placé automatiquement à des endroits préréglés (centre, bas, etc.).

Pour accéder à l'outil :

264. Faire apparaître une texture de toile dans une image

1. Clic-droit sur le calque d'**Arrière-plan** qui contient l'image.
2. Cliquer sur **Transformer le calque d'arrière-plan.**
3. Créer un nouveau calque via
   Calques / Nouveau calque raster / Mode mélange : Normal.
4. Utiliser l'outil **Pot de peinture** pour remplir ce calque avec le motif à faire apparaître dans l'image. L'exemple illustré est réalisé en utilisant le motif Support (Corel_08_022) à l'**Échelle** 77 et **Angle zéro**. Pour le sélectionner, cliquer sur le couleur de **Premier Plan** et dans la fenêtre **des Propriétés des styles et textures**, choisir l'onglet **Motif** et non pas **Texture**.
5. Dans la pile de calques de la **palette Calques**, déplacer le calque du motif sous le calque de l'image.
6. Dupliquer ce calque et changer le **mode de Mélange** du calque dupliqué en **Multiplier**
7. Clic-droit sur le calque de l'image en haut de la pile et choisir **Propriétés** pour faire apparaître la fenêtre de **Propriétés de calque.**
8. Onglet **Étendue du mélange.**

9. **Mélanger : Canal du gris.**
10. **Ce calque** : curseur supérieur droit à glisser vers la gauche pour faire apparaître le motif toilé. Pour l'image ci-dessus, la valeur était de 173.

265. Supprimer la texture du papier dans un scan

Lorsque le papier photo est du papier structuré de type gaufrage ("silk"), des défauts répétitifs réguliers sont visibles sur le scan. Ils forment une espèce de trame désagréable. Cela est causé par la lampe du scanner qui provoque une ombre à chaque microrelief du papier.

Voici une méthode pour atténuer ce défaut.

1. Scanner la photo à 600 DPI.
2. Tourner la photo à 180° et réaliser un deuxième scan.
3. Dans PaintShop Pro, remettre à l'endroit la photo scannée à 180° (cliquer deux fois sur l'icône **Pivoter vers la gauche**).
4. Copier cette photo retournée et la placer sur un calque dans l'image du premier scan. Il y a à présent deux calques : celui d'**Arrière-plan** qui contient la photo scannée dans un sens et celui de la photo scannée dans l'autre sens.
5. Réduire l'**Opacité** du calque du haut à 50.
6. Outil **Déplacer** et ajuster ce calque pour qu'il coïncide exactement avec celui du dessous. Pour faciliter la tâche, cliquer plusieurs fois sur **Basculer la visibilité** (l'œil du calque dans la **Palette Calques**) jusqu'à ce qu'il n'y ait plus de déplacement perceptible entre les deux calques.

En scannant la photo dans le sens inverse, on inverse aussi le sens des ombres du microrelief. La superposition des calques annule en grande partie la visibilité du défaut. Cette technique est applicable également aux dessins sur papier structuré.

266. Flouter un visage

Il est parfois nécessaire de flouter un visage ou un élément d'une photo.

Voici quatre méthodes pour le réaliser :

1ère méthode :

1. Dupliquer le calque d'**Arrière-plan** et travailler sur le calque dupliqué (conseillé afin de préserver l'image originale, mais pas obligatoire techniquement).
2. Sélectionner l'outil **Pinceau Adoucir (Pinceau d'Adoucissement)**.
3. **Rigidité** : 50, **Opacité** : 100 et décocher **Continu.**
4. Passer plusieurs fois avec le **Pinceau** sur la zone à flouter.

2ème méthode :

1. Dupliquer le calque d'**Arrière-plan** et travailler sur le calque dupliqué.
2. Activer ce calque dupliqué en cliquant dessus dans la **palette Calques.**
3. **Réglage / Flou / Flou gaussien / Rayon** : 5 ou plus si nécessaire.
4. **Calques / Nouveau calque de masque / Masquer tout.** L'image redevient nette.
5. Dans la **palette Calques**, cliquer sur le calque de masque qui affiche une vignette noire
6. Sélectionner l'outil **Pinceau** et le régler sur **Rigidité** : 50, **Opacité** : 100, **Mode mélange : Normal** et couleur de **Premier Plan** blanche.
7. Peindre sur la zone à flouter ce qui équivaut à gommer le calque de masque à cet endroit.
8. En variant l'**Opacité du Pinceau** on agit sur l'intensité du flou, mais aussi en utilisant du gris clair au lieu de blanc.

3ème méthode :

1. Dupliquer le calque d'**Arrière-plan.**
2. Activer ce calque dupliqué en cliquant dessus dans la **palette Calques.**
3. **Réglage / Flou / Flou gaussien / Rayon** : 5 ou plus si nécessaire. Cela rend floue toute l'image. Si l'effet souhaité n'est pas du flou, mais de la pixellisation, cliquer sur **Effets / Effets de distorsion / Pixellisation** et régler selon le rendu souhaité.
4. Dans la **palette Calques**, clic-droit sur le calque d'**Arrière-plan** et choisir **Transformer le calque d'arrière-plan** dont le nom change en Raster 1.
5. Dans la **palette Calques**, glisser ce calque Raster 1 au-dessus du calque pixellisé.

6. Outil **Gomme** réinitialisé à ses valeurs par défaut et effacer le visage à masquer. Le gommage fait apparaître le calque inférieur qui est flou (ou pixellisé).

4ème méthode :

1. Dupliquer le calque d'**Arrière-plan.**
2. Activer ce calque dupliqué en cliquant dessus dans la **palette Calques.**
3. **Réglage / Profondeur de champ / Plan focal : Inverser.**
4. Régler le cercle sur le sujet à flouter ou tracer une sélection.
5. Régler le curseur de **Flou** sur 25, le curseur de **Bord de progressivité** sur 2 et la **Distance focale** sur 100. Ce sont des valeurs indicatives qu'il faudra modifier en fonction de votre image.

267. Créer un fond de studio vintage

Dans cet exemple, les étapes sont les suivantes :

1. Détourage des personnages.
2. Choix d'une photo aux tons pas trop vifs, ici des feuilles mortes.
3. Appliquer un flou gaussien via **Réglage / Flou / Flou gaussien / Rayon** : 20 sur les feuilles mortes.
4. Placer les personnages détourés devant le fond flouté.

268. Image dans une sphère transparente

1. Ouvrir la photo ou l'image. Plus la taille de l'image sera grande, meilleure sera la qualité finale.
2. **Palette Calques /** clic-droit sur le calque d'**Arrière-plan / Transformer le calque d'Arrière-plan.**
3. **Effets / Effets géométriques / Sphère.**
4. **Intensité** : 100, **Forme : Cercle.**
5. Étape facultative : appliquer une deuxième fois l'effet pour le renforcer en utilisant **Ctrl+Y**, mais cela a tendance à rendre l'image moins nette et à augmenter la déformation.
6. **Effets / Effets artistiques / Bulles.**
7. Onglet **Forme : Bulle unique,** cocher Taille maximale possible.
8. Onglet **Surface : Style et texture** : noir, **Opacité** : 15, **Eclat** : 40, **Brillance** : 15. Ces valeurs peuvent être augmentées pour adapter le rendu à l'image.
9. Onglet **Paramètres** : cocher **Environnement**. Si le rendu ne plaît pas, décocher.
10. Onglet **Éclairement** : pour la **Lumière 1.**

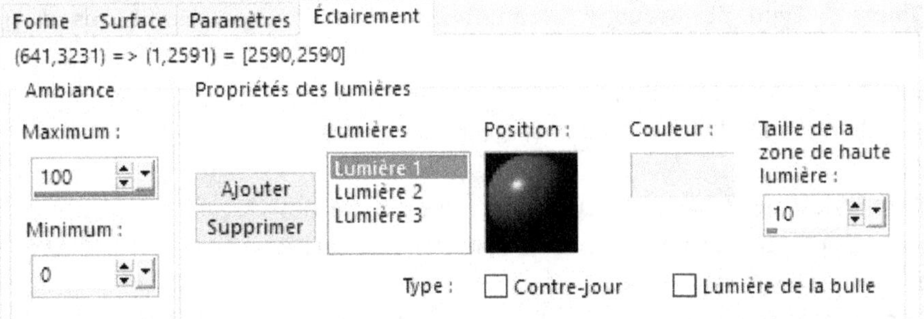

11. Onglet **Éclairement** : ajouter une 2ème lumière à régler de la même façon, mais en cochant **Contre-jour** et **Taille de la zone de haute lumière** : 4.
12. Onglet **Éclairement** : ajouter une 3ème lumière en réglant comme pour la 2ème lumière, mais en réglant la **Taille de la zone de haute lumière** sur 14 et en cochant en plus **Lumière de la bulle.**
13. Sélectionner l'outil de **Sélection** qui va servir à découper la sphère.
14. **Type de sélection : Cercle, Mode : Remplacer, Progressivité** : 0, décocher **Anticrénelage, Type de sélection : Normal.** Commencer à tracer la sélection à partir du centre de la sphère, puis la sélectionner complètement.

15. **Sélections / Modifier la sélection** pour adapter le cercle au contour de la sphère.
16. **Sélections /** décocher **Modifier** pour quitter le mode de modification.
17. **Sélections / Inverser.**
18. **Édition / Couper.**

269. Faire mûrir une pomme

Voici une méthode pour coloriser une pomme d'une manière assez réaliste.

1. Tracer un cercle vectoriel sur le contour de la pomme via Outil **Ellipse / Mode Cercle**, couleur de **Premier plan** : Noir et couleur d'**Arrière-plan** : **Transparent, Largeur de ligne** : 1.
2. Outil **Sélecteur** et faire coïncider le mieux possible le cercle avec le contour de la pomme.
3. **Objets / Convertir en tracé** afin de permettre un ajustement plus précis avec l'outil **Stylo** ci-après.
4. **Objets / Type de nœud / Sommet** pour désolidariser les flèches de réglage l'une de l'autre.
5. Outil **Stylo / Mode Édition**, ce qui fait apparaître quatre nœuds qui sont les points d'ancrage des courbes de Bézier.
6. Outil **Stylo** : cliquer sur les nœuds et tirer les pointes des flèches pour ajuster plus précisément le tracé du cercle à la courbure de la pomme.
7. Dans la **palette des Styles et textures**, choisir un rouge R227 V36 B0 en couleur d'**Arrière-plan**. Pour ce faire, cliquer sur la couleur d'**Arrière-plan** et dans la fenêtre des **Propriétés des styles et textures**, cliquer sur l'onglet **Couleur** puis sur le bouton **Curseur**.

8. Dans la **palette Calques**, cliquer sur le calque vectoriel du cercle et déployer le sous-calque. Il est intitulé Nouvelle ellipse dans la capture écran ci-contre.

9. Clic-droit sur le sous-calque Nouvelle ellipse et choisir **Propriétés** pour accéder à la fenêtre de réglage des **Propriétés vectorielles.**

10. Décocher le **Trait** pour rendre invisible le contour noir.

11. Cliquer sur la couleur de **Remplissage** rouge. Un cercle rouge opaque recouvre la pomme.

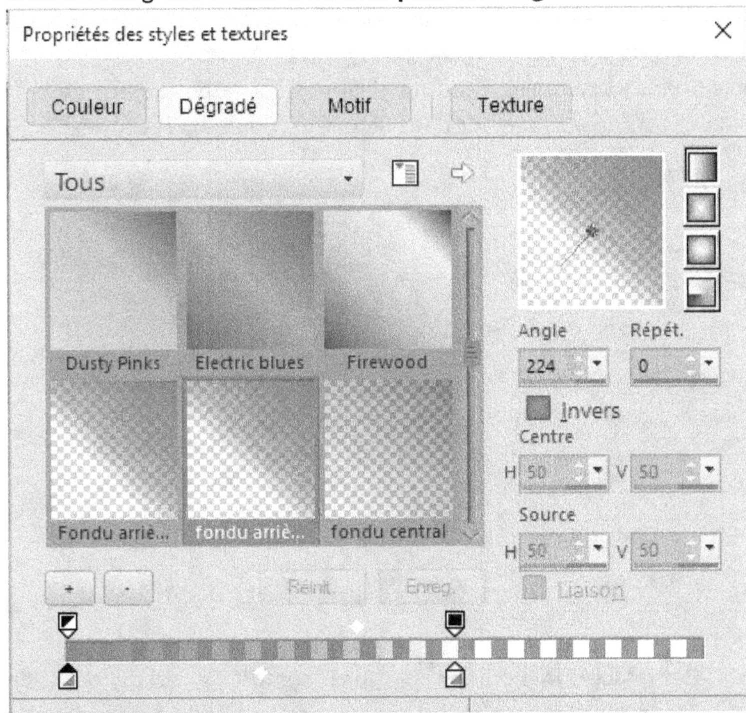

12. Dans la fenêtre des **Propriétés des styles et textures**, cliquer sur l'onglet **Dégradé.**

13. Choisir le dégradé **Fondu d'Arrière-plan** et le régler comme suit :

14. Dans la **palette Calques**, régler le **Mode mélange** du calque vectoriel sur **Teinte** :

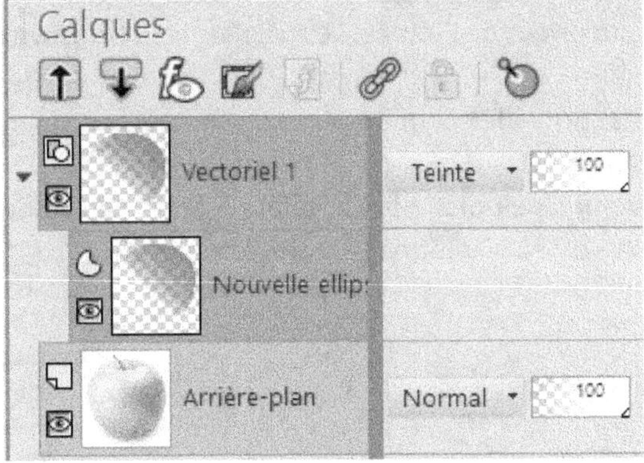

270. Créer une illusion d'optique

Cette illusion vous fait voir une couleur qui n'existe pas dans l'image.

1. Créer une nouvelle image de 300 x 300 pixels à fond transparent (**Unités : Pixels, Résolution : 200 Pixels/Pouce**).
2. **Fichier / Préférences / Générales / Transparence et ombrage.**
3. **Taille grille : Très petite.**
4. **Combinaison : Gris clair .**
5. Faire une capture écran de cette image à fond transparent, lequel est représenté par un fin damier blanc et gris clair.
6. Coller cette image dans PaintShop Pro et la recadrer sur le damier.
7. Outil **Pipette** et régler sur **Profil de couleur : RVB** et **Taille de l'échantillon : 1 pixel.**
8. Faire un clic-droit avec la **Pipette** sur un carré gris clair de l'image pour mettre cette couleur en **Arrière-plan** dans la **palette Styles et textures.**
9. Dans la **palette Styles et textures,** faire un clic-droit sur le petit carré de la couleur de **Premier plan** et choisir le rouge pur dans la fenêtre **Couleurs récentes** :

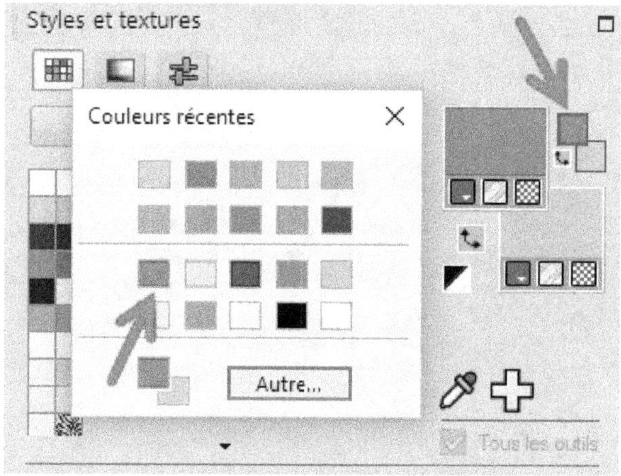

10. Prendre l'outil **Remplacer la couleur** (ne pas confondre avec l'outil **Changer la couleur**). La couleur de **Premier plan** est rouge et celle d'**Arrière-plan** est grise.
11. Régler l'outil sur **Forme : Carré, Taille : 90, Rigidité : 100, Tolérance : 20.**
12. Peindre horizontalement le tiers supérieur de l'image. Les pixels gris se transformeront en pixels rouges.
13. Dans la **palette Styles et textures,** procéder comme au point 9 ci-dessus, mais cette fois, choisir le bleu pur (3ème carré).
14. Avec l'outil **Remplacer la couleur,** peindre horizontalement le deuxième tiers de l'image ainsi que le troisième tiers. Les pixels gris se transformeront en pixels bleus.

15. Dans la **palette Styles et textures**, choisir le blanc comme couleur d'**Arrière-plan** et le rouge précédemment choisi comme couleur de **Premier plan**.

16. Avec l'outil **Remplacer la couleur**, peindre horizontalement le troisième tiers de l'image. Les pixels blancs situés entre les carrés bleus se transformeront en pixels rouges. Il y a à présent autant de rouge que de bleu dans la partie inférieure de l'image.

L'illusion obtenue est la couleur magenta que l'œil voit dans la partie inférieure, mais qui n'existe pas dans l'image. Outre le blanc, l'image ne contient en effet que du bleu et du rouge.

271. Utiliser un modèle

Pour rassembler plusieurs images dans une seule, pourquoi ne pas utiliser les modèles de PaintShop Pro ? Ils contiennent des emplacements prédéfinis dans lesquels il suffit de glisser vos images.

1. **Fichier / Nouveau à partir d'un modèle.**
2. Le modèle de l'exemple ci-dessus est un modèle gratuit, à télécharger, intitulé Collage_Shatter_Shatter_01.
3. Si vous accédez à vos images par l'**Organiseur**, cliquez sur l'image à insérer et glissez-la dans la **Palette calques** du modèle, sous le calque de masque noir et blanc. Vous pourrez déplacer l'image dans la palette calque par la suite si nécessaire.

4. Si vos images sont déjà ouvertes sur le plan de travail, cliquer sur l'image à insérer, cliquer sur le calque d'**Arrière-plan** dans sa **Palette calques**, maintenir le bouton de souris enfoncé et amener le curseur sur le modèle, ce qui fait apparaître sa **Palette calques**. Continuer à maintenir le bouton de souris enfoncé et glisser le curseur dans la **Palette Calques** du modèle, sous le calque de masque noir et blanc.

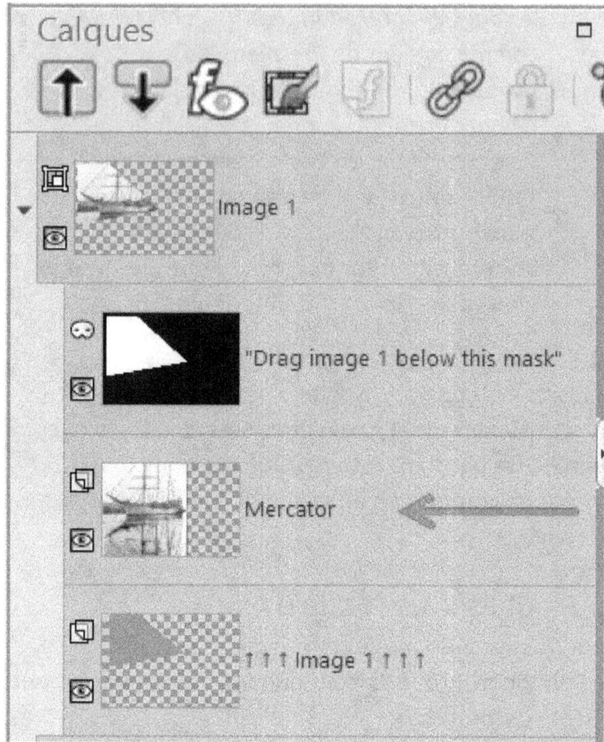

La vignette du calque Image 1 ci-contre apparaît automatiquement dès que l'image (ici Mercator) est glissée sous le calque noir et blanc. Le calque Image 1 est l'intitulé du **Groupe** des trois calques situés en dessous.

5. Cliquer sur l'outil **Sélecteur** pour déplacer l'image insérée dans le modèle. Utiliser les poignées de l'outil **Sélecteur** pour adapter l'image.
6. Procéder de la même manière pour les autres images.
7. Pour colorer la séparation blanche de ce modèle, faire un clic-droit sur son calque (Template) et dans **Propriétés**, cocher **Verrouiller la transparence**. Utiliser ensuite l'outil **Pot de peinture**.

272. Créer un drapeau de la forme du pays

Il faut deux images : le drapeau et la forme du pays.

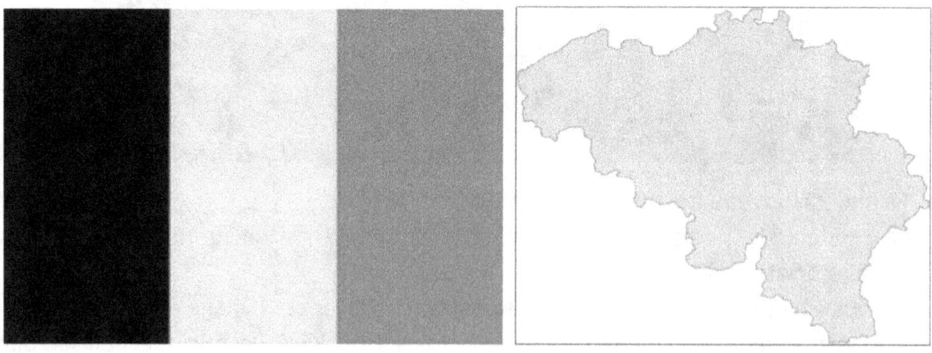

1. Les deux images doivent être ouvertes sur le plan de travail.

2. Outil de **Sélection / Baguette magique** et sélectionner l'intérieur du pays.
3. Activer l'outil **Pot de peinture**.
4. Dans la **palette Styles et textures**, cliquer sur la couleur de **Premier Plan**.
5. Dans la fenêtre **Propriétés des styles et textures**, cliquer sur l'onglet **Motif** et sélectionner l'image du drapeau.
6. Cliquer avec l'outil Pot de peinture dans la sélection du pays. Le drapeau remplira le pays.

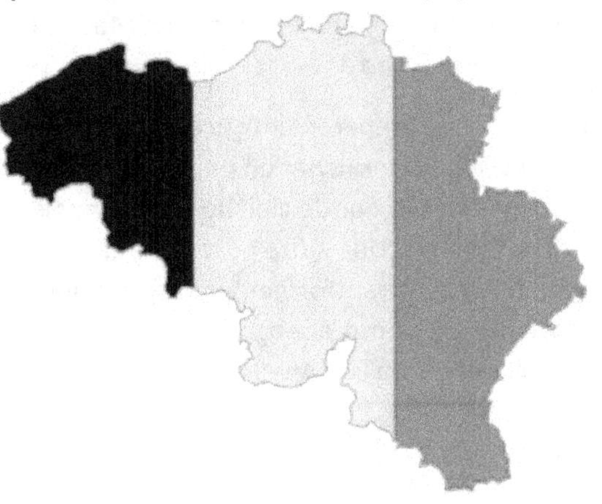

EFFETS DIVERS

273. Effet mini-planète

Cet effet très en vogue se réalise très facilement.

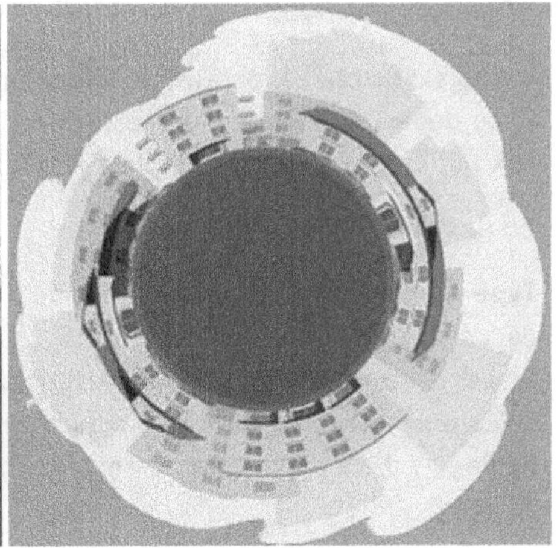

L'image de départ doit être carrée, même si les images rectangulaires fonctionnent également au prix d'une petite manipulation supplémentaire.

1. Retourner l'image tête en bas (cliquer deux fois sur l'icône **Pivoter vers la gauche** ou **la droite**).
2. **Effets / Effets de distorsion / Coordonnées polaires.**
3. Régler comme suit :
Cocher **Rectangulaires à polaires.**
Mode Bord : Répétition.

4. Si l'image de départ est un rectangle, la planète aura la forme d'une ellipse. Dans ce cas, utiliser l'outil **Sélecteur** en **Mode Échelle** pour déformer l'image au plus proche d'un format carré.

Il est préférable de préparer l'image en vue de réaliser une jonction aussi invisible que possible de ses bords. Il faut retoucher un peu les côtés (gauche et droite) de l'image pour qu'ils soient similaires (même couleur de ciel, horizon à même hauteur, etc.). Cela peut se réaliser à l'aide de l'outil de **Clonage**. Une autre possibilité est de sélectionner une zone rectangulaire verticale le long d'un bord, la transformer en calque et lui appliquer un effet de **Miroir horizontal** pour la placer le long du bord opposé. Ensuite, utiliser l'outil **Gomme** à bord adouci pour effacer le bord trop net et réaliser une jonction progressive avec l'image de fond.

274. Effet verre laiteux

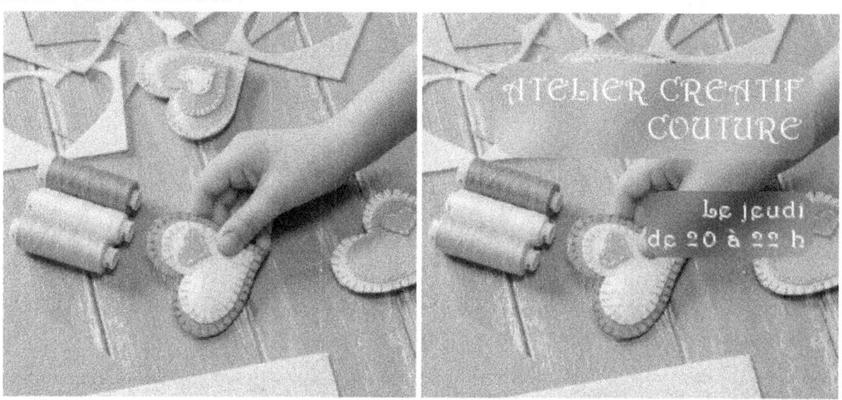

Dans l'exemple illustré, les rectangles laiteux ont des coins arrondis. L'arrondi est plus facile à réaliser au départ d'un rectangle vectoriel. Si vous ne recherchez pas cet effet d'arrondi, vous pouvez utiliser la méthode simple de l'outil **Sélection** expliquée ci-après.

Utilisation de l'outil **Sélection** (coins droits) :

1. **Type de sélection : Rectangle, Mode : Remplacer, Progressivité** : 0, **Anticrénelage** décoché, **Style de sélection** : Normal.
2. Tracer le rectangle destiné à être transformé en verre laiteux.
3. **Sélections / Transformer la sélection en calque.**
4. **Réglage / Flou / Flou gaussien / Rayon** : 13 ou une autre valeur mieux adaptée à l'image.

Utilisation de l'outil **Rectangle** (coins arrondis) :

1. Cocher **Créer sur vecteur.**
2. Couleur de **Premier plan** : désactivée.
3. Couleur d'**Arrière-plan** : blanc.
4. **Rayon horizontal et vertical** : 13.
5. **Anticrénelage** : coché.
6. Facultatif : après traçage du rectangle, réduire l'**Opacité** du calque à 50 pour le rendre semi-transparent et faciliter son positionnement sur l'image.

7. Cliquer sur l'outil **Sélecteur.**

8. **Sélections / A partir d'un objet vectoriel**.

9. Dans la **palette Calques**, désactiver la **Visibilité** du calque qui contient le tracé vectoriel.

10. Cliquer sur le calque de l'image situé en dessous pour l'activer. La sélection est à présent appliquée à l'image.

11. **Réglage / Flou / Flou gaussien / Rayon** : 13 ou autre valeur.

12. **Sélections / Transformer la sélection en calque.**

13. Placer le texte sur l'image. La police utilisée ici est Harrington.

275. Effet radial

1. Créer un calque Raster transparent sur l'image et le laisser actif. Il doit être sélectionné dans la **palette Styles et textures**.

2. Dans la **palette Styles et textures**, régler la couleur de **Premier plan** sur noir et d'**Arrière-plan** sur blanc.

3. Dans la même palette, cliquer sur la couleur de **Premier Plan** et dans la fenêtre de réglage des **Propriétés des styles et textures**, choisir le **Dégradé Premier plan – Arrière-plan** ou le **dégradé Noir-Blanc**.

4. Régler sur **Halo** (circulaire).

5. **Répétition** : 100. C'est le réglage principal qui va générer des cercles concentriques.

6. Cliquer sur **Liaison** pour que le **Centre** et la **Source** se déplacent ensemble.

7. Cliquer au centre de la fenêtre de prévisualisation. Le curseur se change en quatre flèches en croix. Déplacer le centre du dégradé de manière à le placer à peu près où vous souhaitez qu'il se trouve dans l'image. Il n'y a pas de visualisation directe sur l'image et il faudra probablement effectuer quelques essais pour arriver à trouver le bon emplacement. Les valeurs **H** et **V** permettent un positionnement plus précis. Ne pas oublier de cliquer sur **OK** pour valider les changements intermédiaires.

   Note : Désactiver **Liaison** et la réactiver si le **Centre** et la **Source** ne coïncident pas. Il s'agit d'un bug de synchronisation dans les versions PaintShop Pro 2018 et 2019, toujours présent au moment de la rédaction de ce texte.

8. Outil **Pot de peinture** et cliquer sur l'image pour la remplir de cercles concentriques.

9. Dans la **palette Calques**, régler le **Mode de mélange** sur **Lumière douce** ou **Lumière dure**.

10. Modifier la transparence du calque (curseur **Opacité**) selon l'intensité de l'effet souhaité.

276. Effet néon

1. Dans la **palette Calques**, dupliquer le calque qui contient l'image à traiter.
2. Appliquer sur ce calque dupliqué un **Flou gaussien** qui dépend de la taille de l'image. La valeur 5 est une bonne base de départ.
3. Régler le **Mode mélange** du calque flou sur **Différence**.
4. Dans la **palette Calques**, clic-droit sur le calque flou **/ Fusionner / Fusionner le calque de dessous.**
5. Dupliquer le calque fusionné et régler son **Mode mélange** sur **Éclaircir.**

   Le résultat produit l'image de droite sur fond noir. Pour obtenir l'effet monochrome ci-contre, appliquer les points suivants.
6. **Ajouter un calque Raster transparent** au-dessus de la pile de calques.

7. Outil **Pot de peinture** et remplir ce calque d'une couleur vive.
8. Régler le **Mode mélange** du calque coloré sur **Couleur (héritée).**

277. Effet de halo

Cette technique est utilisée pour faire ressortir un sujet sombre sur un arrière-plan sombre.

Exemple d'une silhouette noire sur un fond noir.

Le personnage ou la silhouette doivent être détourés (fond transparent)

1. Le fond noir se trouve sur un calque sous le personnage.
2. Dans la **palette Calques**, double-cliquer sur le calque du personnage pour avoir accès aux **Propriétés du calque**.
3. Onglet **Styles de calque /** cocher **Lueur externe**.
4. Régler **Taille**, **Opacité** et **Couleur**. Pour l'exemple de la fée, j'ai réglé la **Taille** sur 45, l'**Opacité** sur 80 et sélectionné la couleur blanche.

278. Effet de flou radial

1. Dupliquer le calque de l'image à traiter et le sélectionner.
2. **Réglage / Flou / Flou radial.**
3. Dans la fenêtre des réglages **Flou radial**, cliquer sur **Aperçu** pour afficher les vignettes de prévisualisation **Avant/Après.**
4. Dans la fenêtre **Avant**, déplacer la croix sur le centre du sujet principal. La fenêtre **Après** montre le résultat en temps réel.
5. Régler ensuite le flou radial comme ceci : cocher **Zoom**, **Intensité** : 25 %, **Protéger le centre** : 20 %. Ces valeurs peuvent varier selon la taille de votre image. Valider par **OK**.

6. Prendre l'outil **Gomme** réglé sur **Rigidité** : 0 et **Opacité** : 100 pour effacer une partie du flou radial qui recouvre le sujet principal et le faire apparaître plus net. Pour commencer, régler la taille de la **Gomme** pour qu'elle soit à peu près équivalente à la plus petite dimension du sujet (largeur ou hauteur). Dans l'exemple illustré ci-dessus, j'ai commencé par une largeur équivalente à celle du casque. Ensuite, j'ai adapté la taille de la **Gomme** à quelques détails du sujet à gommer.

7. Pour terminer, j'ai réduit l'**Opacité** du calque à 90 % parce que je trouvais le flou trop intense.

279. Effet contre-jour

Pour réaliser l'effet sur un texte :

1. Créer un nouveau calque raster.
2. Sélectionner l'outil **Pot de peinture**.
3. Choisir le **Dégradé** Œil rouge (Corel 06_042) réglé en forme **Halo** (circulaire) pour la couleur de **Premier plan**.
4. Cliquer sur l'image pour la remplir avec ce dégradé.
5. Renommer ce calque en Œil rouge.
6. Écrire le texte, 2019 dans notre exemple.
7. Pendant que le texte est sélectionné, régler la couleur de **Premier plan** sur **Transparence**.
8. Changer la couleur d'**Arrière-plan**.
9. J'ai choisi le **Paramètre par défaut Gold** pour la couleur du texte, mais en inversant le dégradé pour mettre la brillance en haut.

10. Dupliquer le calque du texte.

11. Puis cliquer-droit sur le calque dupliqué et choisir **Convertir en Calque raster.**

12. Cliquer-droit une nouvelle fois sur le calque dupliqué et choisir **Propriétés.**

13. Dans la fenêtre des **Propriétés de calque**, cliquer sur l'onglet **Styles de calque** et cocher **Verrouiller la transparence.**

14. Prendre l'outil **Pot de Peinture** et le régler sur **Correspondance : Valeur RVB, Tolérance** : 200, décocher **Utiliser tous les calques, Mode mélange : Normal, Opacité** : 100.

15. Dans la **palette Styles et textures**, régler la couleur de **Premier Plan** sur le noir.

16. Avec l'outil **Pot de peinture**, cliquer sur une lettre du texte. Tout le texte deviendra noir.

17. **Image / Miroir / Miroir vertical** pour créer l'effet d'ombre inversée.

18. Outil **Sélecteur** réglé sur Mode Échelle et disposer le texte noir au pied du texte puis l'allonger.

19. Outil **Sélecteur** en **Mode Perspective** et tirer un coin inférieur vers le bord de l'image pour élargir le texte.

20. Dans la **palette Calques**, dupliquer le calque Œil rouge et sélectionner le calque dupliqué. Ceci est fait à titre de précaution afin de conserver le fond original en cas de mauvaise manipulation.

21. **Effet / Effets d'éclairage / Projecteurs**. Pour l'exemple "2019" ci-dessus, le réglage du **Projecteur 1** était le suivant :

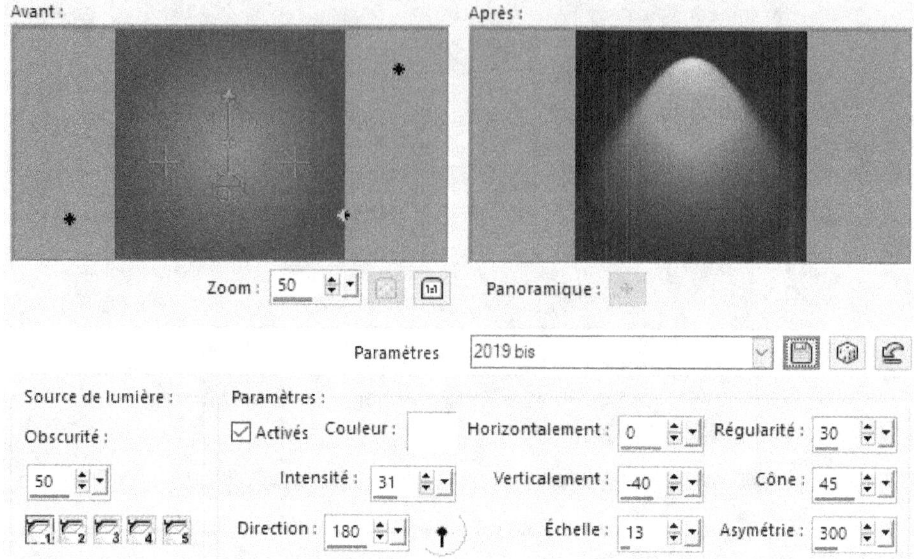

Pour éteindre les projecteurs inutilisés, cliquer sur chaque icône numérotée en bas à gauche (de 2 à 5) et décocher **Activés** dans la zone **Paramètres.**

22. Régler l'**Opacité** du calque de l'ombre sur 60.
23. Pour rendre flou le sommet des chiffres en bas de l'image, j'ai réglé le **Pinceau d'adoucissement** sur **Rigidité** : 50 et **Opacité** : 100 avant de cliquer plusieurs fois sur l'ombre.

L'effet avec le modèle féminin est réalisé de la même manière.

280. Effet Upside Down

Inspiré du film "Le monde d'en haut", cet effet est facile à réaliser.

1. **Effets / Effets de réflexion / Miroir rotatif.**
2. Le décalage vertical est différent pour chaque image.
3. Régler comme ceci :

Remarque : un ciel uniforme est conseillé, car les nuages produisent des motifs géométriques qui attirent le regard et perturbent la perception de la scène.

281. Effet film lith

Le film "lith" (de lithographie) était utilisé en photo argentique, principalement en imprimerie avant l'invention des scanners, pour obtenir un rendu à très haut contraste (du blanc et du noir, sans gamme de gris), notamment pour les trames d'impression. Il était utilisé également en sérigraphie et par extension dans les arts graphiques et la publicité. La photographie au trait s'inspire de ce principe en transformant une image en niveaux de gris en image deux tons (le blanc et le noir). C'est ce procédé qui est appliqué ici pour donner un effet rétro à une image.

1. **Réglage / Luminosité et contraste / Correction par histogramme**. Cliquer sur l'icône **Réinitialiser avec la valeur par défaut.**
2. **Tons moyens : Développer** à − 50 pour accentuer le contraste.
3. Augmenter ou diminuer le **Gamma** (curseur du milieu) pour équilibrer les zones sombres et les zones claires. Pour l'image en exemple, le **Gamma** a été réglé sur 1,30
4. **Image / Réduire la profondeur de couleurs : X couleurs.**
5. **Palette : Nombre de couleurs** à 2 et cocher **Standard / Web.**

6. **Méthode de réduction : Couleur la plus proche.**
7. **Image / Augmenter la profondeur de couleur / RVB - 8 bits / canal.**
8. **Réglage / Flou / Moyen** à 3 pour atténuer les aspérités des contours.
9. **Réglage / Luminosité et contraste / Correction par histogramme.**
10. **Tons moyens : Développer** à – 50 (même réglage que ci-dessus).
11. Augmenter ou diminuer le **Gamma** pour équilibrer les zones sombres et les zones claires.
12. Appliquer sur l'image le pinceau **Remplacer la couleur** avec les réglages par défaut sauf la **Tolérance** à régler sur 125. Choisir la couleur du fond de l'image (bleu dans l'image en exemple) en couleur d'**Arrière-plan** et Orange ou une autre couleur en couleur de **Premier plan.**

282. Effet "insecte".

Des insectes et des coléoptères improbables et bizarres, mais très graphiques, sont aisément réalisables au moyen de la technique suivante.

La plupart du temps, le meilleur rendu est obtenu en pivotant le sujet verticalement au moyen de l'icône **Pivoter vers la gauche** ou la droite. Cela n'interdit pas de tester d'autres positions, car tout dépend de l'image de départ. L'image de gauche est obtenue au départ du zèbre.

Pour ce zèbre :

1. Avant de traiter l'image, ajouter du blanc en bas, du côté des pattes (**Image / Taille du support**) pour éviter que les pattes soient coupées dans la suite de la manipulation. La valeur doit correspondre à peu près à la moitié de la hauteur de l'image.
2. **Pivoter** l'image verticalement, tête en bas, pattes à droite.
3. **Effets / Effets de réflexion / Kaléidoscope.**
4. **Nombre de pétales** : 2.
5. **Décalage horizontal** : -57 pour l'image du zèbre en exemple.

Pour effacer l'excroissance à la queue de l'animal, j'ai réalisé une sélection au **Lasso** à main levée, puis j'ai cliqué sur **Remplissage magique** en mode **Remplacer** :

En voici un autre réalisé au départ d'une photo de chien.

283. Effet Ansel Adams

Ansel Adams est un photographe américain qui s'est rendu célèbre par ses photos de nature. Il travaillait en noir et blanc et s'efforçait de rendre sur ses tirages les somptueux paysages qu'il photographiait en y ajoutant une intensité remarquable par la maîtrise des zones claires et sombres qu'il accentuait.

Le principe de cet effet en photo numérique consiste à convertir en noir et blanc une photo couleur dont on assombrit les bleus et dont on renforce le rouge et le vert. L'outil **Mélangeur de canaux** effectue cette manipulation. On obtient des noirs profonds et des blancs lumineux.

La qualité de l'effet obtenu dépend de la taille de l'image traitée. Il faut une image d'au moins 12 millions de pixels sinon des défauts seront visibles dans certaines zones de l'image, notamment les ciels.

Pour l'image qui sert d'exemple ici, les réglages sont les suivants :

1. **Calques / Nouveau calque de réglage / Mélangeur de canaux.**

2. Onglet **Réglage.**
   Canal de sortie Gris.
   Rouge : 130, **Vert** : 130, **Bleu** : -160.
   Constant : - 10.
   Monochrome.

Le curseur **Constant** est utilisé pour équilibrer l'aspect général de l'image en renforçant ou en diminuant l'intensité des zones claires et des zones sombres.

Les valeurs indiquées dans divers tutoriels semblent être des copier/coller du premier auteur qui a publié cette méthode. Ces valeurs sont R140, V160, B-200. Appliquées à l'image qui sert d'exemple ici, ces valeurs donnaient un résultat décevant. J'ai obtenu le résultat visuel attendu en les modifiant tout en tenant compte du fait que la somme des valeurs attribuées aux trois couleurs doit donner 100 %.

Une fois cette étape effectuée, rien n'empêche de retravailler les zones claires et sombres pour y renforcer les détails. L'outil **Baguette magique** peut être utilisé à cet effet pour effectuer des sélections qui seront traitées en les assombrissant ou les éclaircissant.

Voici une méthode alternative pour réaliser un effet similaire moins extrême :

1. **Image / Séparer les canaux / Séparer les canaux RVB.**
2. Ne conserver que l'image intitulée **Rouge.**
3. **Réglage / Luminosité et contraste / Mappage ton local**
4. **Intensité** : 6.
5. **Ctrl+Y** pour appliquer l'effet une deuxième fois.

284. Effet de filtres Cokin

Les utilisateurs de la photo argentique connaissent tous ces filtres qui permettaient d'ajouter des tonalités colorées, souvent des dégradés dans les ciels, bien avant l'apparition de la photo numérique. Ces filtres sont souvent remplacés aujourd'hui par un rendu similaire réalisé sur ordinateur, en post-traitement.

Voici deux méthodes pour réaliser cet effet.

- Outil **Effets / Effets photo / Filtre dégradé.**
  - o Jouer avec les différents réglages de cet outil.

- Placer un calque raster au-dessus de l'image.
  - o Utiliser l'outil **Remplissage en dégradé** (apparu dans la version PaintShop Pro X9) ou le **Pot de peinture** avec un dégradé pour remplir ce calque.
  - o Utiliser l'outil **Sélecteur** pour ajuster la taille du calque dégradé.
  - o Adapter la transparence du calque dégradé en modifiant son **Opacité.**
  - o Appliquer le **Mode Mélange Assombrir davantage** ou un autre mode en fonction du rendu souhaité.

285. Effet Dragan

Cet effet a été créé par un photographe polonais du nom d'Andrzej Dragan pour contraster et renforcer fortement une image afin de lui donner une intensité dramatique. Tous les sujets ne se prêtent pas à cet effet. Ce sont les visages "à caractère" qui produiront le meilleur résultat.

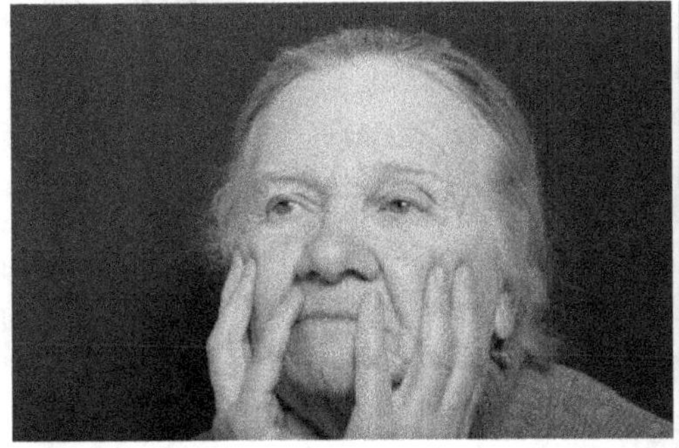

1. Dupliquer deux fois le calque d'**Arrière-plan.**
2. Dans la **palette Calques**, activer le calque du haut.
3. **Réglage / Teinte et saturation / Teinte/Saturation/Luminosité Saturation** à − 100, **Teinte et Luminosité** à 0 pour le transformer en niveaux de gris.
4. **Image / Image en négatif**
5. **Réglage / Flou / Flou gaussien / Rayon** : 20.

6. Régler le **Mode mélange** du calque sur **Recouvrement.**
7. Dans la **palette Calques**, clic-droit sur le calque négatif flou.

8. **Fusionner / Fusionner le calque de dessous.**

9. **Réglage / Luminosité et Contraste / Niveaux**
   Cliquer sur l'icône **Réinitialiser avec la valeur par défaut.**
   Canal RVB, Curseurs noir : 55, **gris** : 140, **blanc** : 255 pour l'image en exemple. Ces valeurs sont à adapter à votre image.

10. Outil **Zoom** pour agrandir l'image à l'écran afin de permettre l'étape suivante sur les yeux.

11. Outil **Pinceau Eclaircissant** (touche clavier **J**) réglé sur **Rigidité** : 0 et **Opacité** : 25.

12. Éclaircir les yeux par clics successifs. Ici, les avis divergent. Faut-il éclaircir le blanc de l'œil ou uniquement l'iris et la pupille ? Dans ce dernier cas, faut-il aller jusqu'à donner l'aspect d'un œil atteint de cataracte ? À chacun de travailler le portrait selon sa sensibilité et l'effet final souhaité. J'ai choisi de n'éclaircir que l'iris.

13. Outil **Pinceau de netteté** réglé sur **Rigidité** et **Opacité** : 50 pour donner un petit coup de punch à l'iris.

14. Outil **Pinceau Assombrissant** réglé sur **Rigidité** : 50 et **Opacité** : 20 pour repasser sur la commissure des lèvres, les rides et les cheveux afin d'accentuer ces reliefs.
   La **Taille** du **Pinceau** sera approximativement le double ou le triple de celle de la ride à traiter. Si la ride fait 10 pixels de large, utiliser un **Pinceau** d'environ 30 pixels. Ceci est une indication et pas une valeur à respecter strictement. Il faut assombrir la ride et la zone contiguë sans plus.

15. **Réglage / Netteté / Netteté passe-haut.**
   Rayon : 20, **Intensité** : 50, **Mode mélange : Lumière dure.**
   Ces valeurs ainsi que le mode mélange peuvent être adaptés en fonction de l'image traitée.

16. **Effets / Effets photo / Vignette.**
   Tracer un cercle autour du visage.
   Régler les valeurs en fonction de l'intensité de vignettage souhaitée (-70, 50, 5, 20 pour l'image en exemple).

17. **Effets / Effets photo / Film noir et blanc.**

18. Modifier l'intensité lumineuse des différentes parties du visage en déplaçant le curseur circulaire dans le diagramme coloré (**Vert** à 10 % et **Bleu** à 90 % pour l'image en exemple). Régler également la **Luminosité** (-10) et **Clarifier** (+10).

19. Si nécessaire, terminer par **Réglage / Luminosité et contraste / Réglage par histogramme.**
   Pour l'image en exemple, j'ai réglé le **Gamma** à 1,20 et **Tons Moyen / Compresser** à - 5.

286. Effet Orton

Du nom de son inventeur, le photographe canadien Michael Orton, cet effet consiste à mélanger deux images, l'une nette et l'autre floue. Cela provoque un effet de diffusion autour des zones contrastées.

1. Dupliquer le calque d'**Arrière-plan.**
2. Appliquer un **Flou gaussien** de 10 ou plus selon la dimension de l'image et de l'effet final souhaité sur le calque dupliqué.
3. Basculer le **Mode de mélange** du calque dupliqué en **Lumière douce**, **Lumière dure** ou **Multiplier** (utilisé dans l'exemple ci-dessus) en fonction du résultat attendu.
4. Clic-droit pour accéder à la fenêtre de **Propriétés du calque.**
5. Onglet **Étendue du mélange.**
6. **Mélanger : Canal du gris.**
7. **Ce calque** : glisser le curseur supérieur gauche vers la droite pour éclaircir les ombres et le curseur supérieur droit vers la gauche pour accentuer les parties claires. Plus exactement, les pixels sombres à gauche du curseur de gauche deviennent transparents et laissent voir le calque original du dessous dont les ombres sont moins bouchées. Les pixels à droite du curseur de droite deviennent transparents également et laissent apparaître les parties claires de l'image d'arrière-plan.

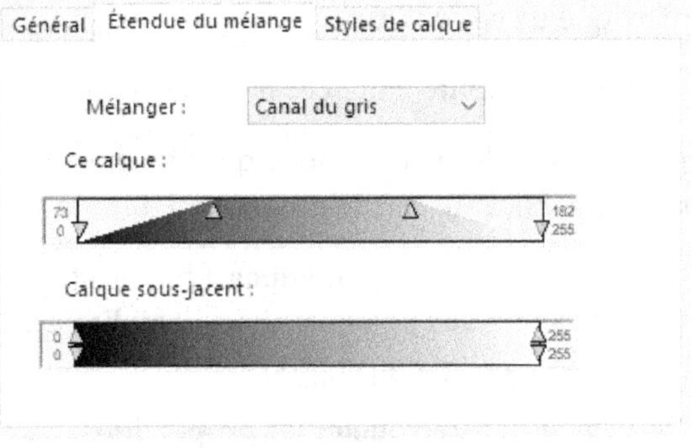

Variante :

Michael Orton réalisait ses prises de vue en argentique (en diapositives), qu'il juxtaposait pour obtenir l'effet final. De ce fait, pour obtenir une luminosité correcte, il devait surexposer ses prises de vues, le total des deux images produisant la balance de luminosité équilibrée attendue. Cette surexposition est réalisée différemment et plus facilement en numérique.

Pour obtenir un calque de travail plus clair, dupliquer deux fois le calque d'**Arrière-plan** et appliquer un **Mode de mélange : Écran** au calque du dessus. Fusionner le calque "Écran" avec celui d'en dessous (**Fusionner / Fusionner le calque d'en dessous**). On obtient deux calques, le supérieur, plus clair, à flouter, et l'original en dessous.

L'effet Orton ravive les couleurs ou dynamise une prise de vue. L'image d'automne traitée ci-après utilise la même technique que celle exposée ci-dessus pour le bâtiment. Le **Mode de mélange** du calque flou est réglé sur **Lumière dure** et l'**Étendue du mélange de calque** est similaire à la dernière étape de la liste ci-dessus.

287. Effet Peter Li

Peter Li est un photographe spécialisé dans les photos d'intérieurs d'églises et cathédrales du monde entier. Ses panoramiques inattendus à 360° accentuent la beauté architecturale symétrique de ces édifices.

La méthode suivante imite ces prises de vues.

L'idéal est d'utiliser une photo qui présente une perspective fuyante vers le plafond.

1. Dans la **palette Calques**, clic-droit sur le calque de l'image et choisir **Dupliquer**.

2. **Image / Taille du support.**

   Décocher **Verrouiller les proportions.**

   Nouvelles dimensions : Largeur : la même que la **Largeur d'origine.**

   Nouvelles dimensions : Hauteur : le double de la **Hauteur d'origine.**

   Emplacement : Haut.

   Un espace blanc aux dimensions de l'image de départ est ajouté en haut d'image.

3. **Image / Miroir / Miroir vertical.**

L'image de départ est celle-ci :

288. Effet Inception

Le film Inception a rendu célèbres les paysages naturels ou urbains qui se redressent à la verticale.

Cet effet peut être imité comme ceci :

Assurez-vous que l'image de départ soit suffisamment allongée. Sa longueur devrait faire au moins deux fois sa hauteur. Au besoin, effectuer un cadrage qui soit dans ces proportions. Plus l'image sera allongée, plus les réglages d'ajustement des images verticales seront facilités. L'image du couple sur la plage a été utilisée pour l'explication ci-après.

1. Dupliquer deux fois le calque d'**Arrière-plan**.
2. Renommer chaque calque dupliqué, l'un Gauche et l'autre Droite.
3. Dans la **palette Calques**, activer le Calque Droite.
4. **Image / Rotation libre / Décocher Tous les calques / Rotation Gauche / 90 degrés.**
5. Utiliser l'outil **Déplacer** pour aligner en haut de l'image horizontale ce qui était le bord droit de l'image.
6. Dans la **palette Calques**, activer le calque Gauche.
7. Procéder comme pour le calque Droite, mais en cochant la **Rotation droite**.

8. Aligner l'image verticale sur le haut de l'image horizontale.

9. Effacer le ciel des deux images verticales soit avec l'outil **Gomme** en mode **Bord Optimal**, soit avec l'outil **Gommage de l'Arrière-plan** et ses réglages par défaut.

10. Sélectionner l'outil **Gomme** à régler comme suit :
    Forme : Carré, Taille : à peu près la même hauteur que l'image horizontale, **Rigidité** : 100, **Pas** : 10, **Densité** : 100, **Épaisseur** : 100, **Rotation** : 45, **Opacité** : 100 et décocher **Bord optimal**. Ce réglage produit une gomme à bord net qui va être utilisée pour effacer en oblique le coin inférieur de chaque image verticale.

11. Sélectionner le calque Gauche dans la **Palette calques** et aligner le bord de la **Gomme** sur le coin inférieur gauche de l'image. Cliquer une fois pour effacer en oblique.

12. Effectuer la même opération sur l'image verticale droite.

13. Utiliser l'outil **Déplacer** pour rapprocher les parties verticales vers le centre de l'image.

14. Recadrer pour enlever les parties de gauche et de droite de l'image horizontale.

289. Effet de contraste

1. Dans la **palette Calques**, dupliquer le calque d'arrière-plan.

2. Le renommer en Calque_01.

3. Appliquer au Calque_01 : **Effets / Effets Photo / Film noir et blanc** (valeurs par défaut).

4. Dupliquer le calque noir et blanc. Le renommer Calque_flou. Il y a à présent trois calques.

5. Sélectionner le calque dupliqué du haut de la pile (Calque_flou).

6. **Image / Image en négatif.**

7. Dans la **palette Calques**, sélectionner le **Mode de mélange Eclaircir**. La photo deviendra blanche.

8. **Réglage / Flou / Flou gaussien.** Tester différents réglages du **Rayon**. Pour l'exemple visible ci-dessus, la valeur était 12.

9. Faire un clic-droit sur le Calque_flou et choisir **Fusionner / Fusionner le calque de dessous.**

10. Il reste à présent deux calques.

11. Sélectionner le calque du haut et changer son **Mode mélange** en **Luminance** pour rendre visible certaines nuances colorées de l'image.

12. Si l'image paraît trop claire (ce qui était le cas dans notre exemple), clic-droit sur un calque, puis :

13. **Fusionner / Fusionner tous (aplatir).**

14. Dupliquer le calque.

15. **Mode mélange** du calque dupliqué : **Multiplier.**

290. Effet Vasarely

Victor Vasarely est un artiste plasticien hongrois rendu célèbre, notamment, par son travail sur l'art optique et la déformation de grilles quadrillées. Voici une méthode pour imiter cet effet.

1. Créer une image vierge à fond transparent. Pour cette démonstration, j'ai choisi une image de 300 x 300 pixels.

2. Pour réaliser le quadrillage noir et blanc, j'utilise le réglage de transparence de PaintShop Pro.

Fichier / Préférences / Générales / Transparence et ombrage.

Taille grille : Grande, Couleur 1 : blanc pur, Couleur 2 : noir pur.

3. J'effectue ensuite une capture écran que je recadre pour ne conserver que le damier. Je l'enregistre.

4. Outil **Grille déformante.**

   Dans la **barre des Options d'outils**, cliquer sur l'icône **Déformation** pour ouvrir les paramètres de déformation.

5. Dans la **Fenêtre de chargement des paramètres de déformation,** cliquer sur la vignette **Déformation** pour accéder à différents modèles applicables.

6. J'ai choisi **Miroir pour maison drolatique.**

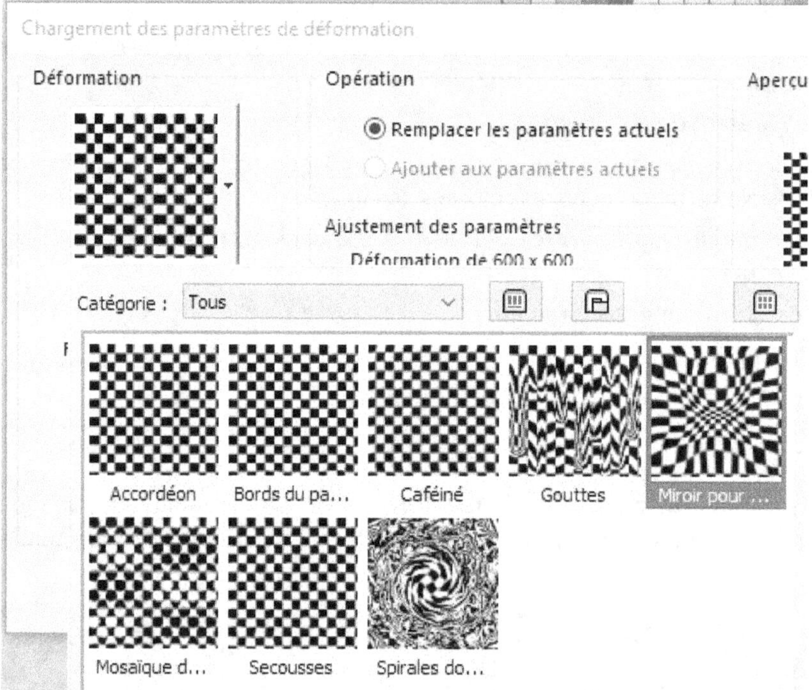

Les déformations peuvent aussi être effectuées manuellement avec l'outil Grille déformante puis enregistrées pour usage ultérieur.

7. Dupliquer le calque du damier déformé.

8. Sous ce calque dupliqué, créer un nouveau calque raster et avec l'outil Pot de peinture, le remplir avec le dégradé circulaire Arc-en-ciel.

9. Régler le **Mode de mélange** du calque du damier en **Exclusion.**

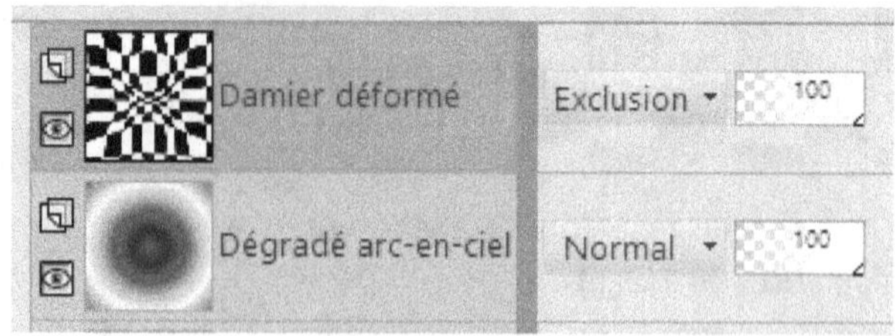

291. Effet d'ombre

Il existe plusieurs méthodes pour ajouter un ombrage à un objet. En voici deux :

- **Effets / Effets 3D / Ombre portée /** cocher **Ombre sur un nouveau calque.**
- Dans la **Palette Calques**, double-clic sur le calque qui contient l'objet puis **Propriétés / Style de calque / cocher Ombre portée.**

La première méthode permet de modifier l'ombre à condition qu'elle soit créée sur un nouveau calque, comme indiqué.

La deuxième méthode permet de revenir plus tard au réglage de l'ombre lorsque l'image a été enregistrée au format **pspimage** (pour rectifier sa position ou son bord adouci), mais n'autorise pas d'autres manipulations (déformation, colorisation).

Vous pouvez aussi créer cet effet vous-même et le contrôler à votre guise selon la troisième méthode ci-après :

1. L'objet doit figurer sur un fond transparent. Pour les besoins de la démonstration, une flèche rouge a été créée au moyen des **Formes prédéfinies**. Cela peut être aussi un objet raster.
2. **Dupliquer** le calque et le renommer Original.
3. Fermer sa **Visibilité**. Le calque du dessous apparaît.
4. **Renommer** le calque du dessous Ombre.
5. **Convertir le calque** Ombre en **raster** (clic-droit sur le calque dans la **palette Calques**).
6. Dans les **Propriétés du calque** Ombre, cocher **Verrouiller la transparence** (un cadenas doit apparaître dans la ligne du calque).
7. Sélectionner le **Pinceau** avec **Opacité** : 100 et couleur de **Premier plan** noire (R0 V0 B0).
8. Peindre sur le sujet visible sur le calque pour le transformer en silhouette noire.
9. Décocher **Verrouiller la transparence.**
10. **Réglage / Flou / Flou gaussien.**
11. Appliquer la valeur qui vous semble appropriée. Les autres types de flou peuvent être utilisés (flou radial, de mouvement).
12. Réduire la valeur d'**Opacité** du calque (par exemple : 80).
13. Utiliser l'outil **Déplacer** pour décaler légèrement l'ombrage.
14. Réactiver la **Visibilité** du calque Original.
15. Pour continuer à déplacer le calque Ombre quand le calque Original est visible, activer le calque Ombre dans la **palette Calques** et appuyer sur la touche **Maj** pendant le déplacement avec l'outil **Déplacer.**

292. Effet pointillisme

1. **Image / Réduire la profondeur de couleur / Palette 2 couleurs.**
2. Cocher **Valeur de gris, Diffusion des erreurs, Floyd-Steinberg, Modifiée.**

Il est à noter que l'image change d'aspect selon son taux d'agrandissement en raison de la trame de l'écran ou celle de l'impression.

293. Effet coloré pop art.

Cet effet peut être réalisé de différentes manières. J'ai choisi de vous présenter celle qui utilise le système de palettes de PaintShop Pro. Lorsque vous aurez appris la méthode, vous pourrez modifier la recette pour traiter vos images en modifiant les paramètres.

 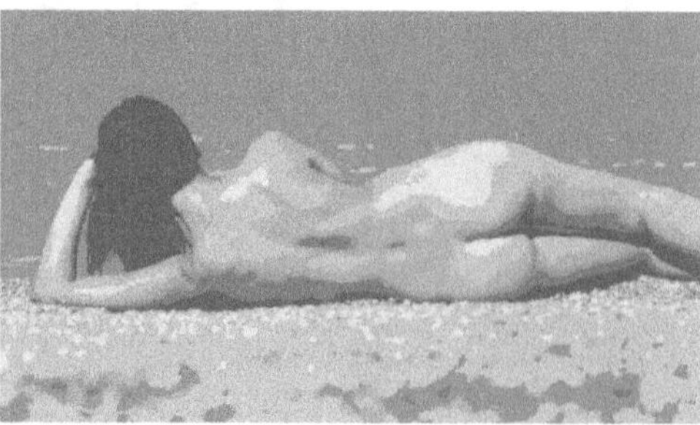

La première étape consiste à créer une palette de couleurs. Il ne s'agit pas des échantillons de couleurs visibles dans la **Palette Styles et textures**, mais de la palette des couleurs qui sont contenues dans une image. Cette palette-là est accessible via :

Image / Palette / …

Il n'existe pas d'outil dans PaintShop Pro pour créer une palette de couleurs à partir de rien. On doit partir d'une image dont on extrait les couleurs. Seules les images de 2, 16 ou 256 couleurs possèdent une palette. La palette est un jeu restreint de couleurs. Au-delà, on passe tout de suite à plusieurs milliers de couleurs jusqu'au maximum de 16 millions de couleurs disponibles. Ces images n'ont pas de jeu de couleurs restreint. Elles peuvent contenir toutes les couleurs disponibles. Il faut donc obligatoirement ramener une image de 16 millions de couleurs, par exemple une photo, à 2, 16 ou 256 couleurs pour pouvoir lui appliquer une palette. Nous verrons plus loin comment procéder. Pour la compréhension de la méthode, je vais travailler avec une palette de 16 couleurs.

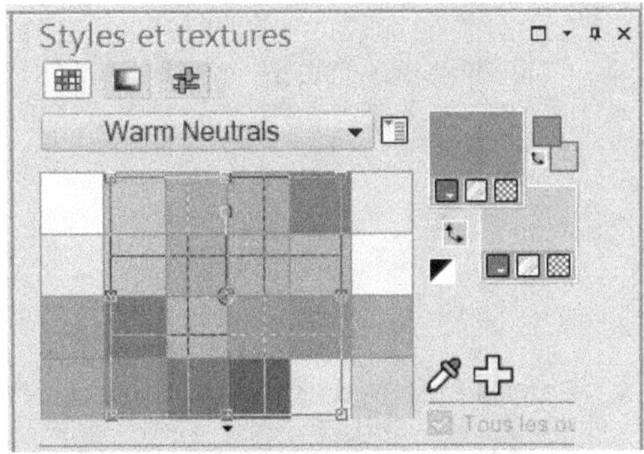

Pour la créer, je pars d'une image existante. Cette image peut être un dessin, une photo, un extrait de n'importe quelle image. Pour la photo du nu sur sable, j'ai choisi des tons neutres et chauds trouvés dans la **Palette Styles et textures** dont je fais une capture d'écran que je recadre sur 16 carrés colorés.

1. Afficher l'image dont il faut extraire la palette de couleurs. Ici, c'est la capture écran recadrée sur les carrés colorés.
2. **Image / Réduire la profondeur de couleur / Palette 16 couleurs**
   Cocher **Couleurs les plus fréquentes utilisées** et **Couleur la plus proche.**
3. **Image / Palette / Enregistrer la palette / Palette PSP .**
   Donner un nom à cette palette et ajouter 16 pour vous souvenir du nombre de couleurs dans cette palette, car vous pourriez avoir la même en 256 couleurs. J'ai nommé la mienne "Tons chauds 16". Dans la palette, les couleurs sont réorganisées automatiquement de la plus foncée vers la plus claire. Nous allons appliquer cette palette à la photo du nu sur sable.
4. Ouvrir l'image à traiter, ici le nu sur sable.
5. **Image / Palette / Charger une palette.**
   Cocher **Couleur la plus proche.**
   Choisir la palette, ici Tons chauds 16, et cliquer sur **Charger.** Les couleurs de la photo sont modifiées.
6. Si une couleur ne vous plaît pas, utiliser la **Pipette** pour connaître son Index.

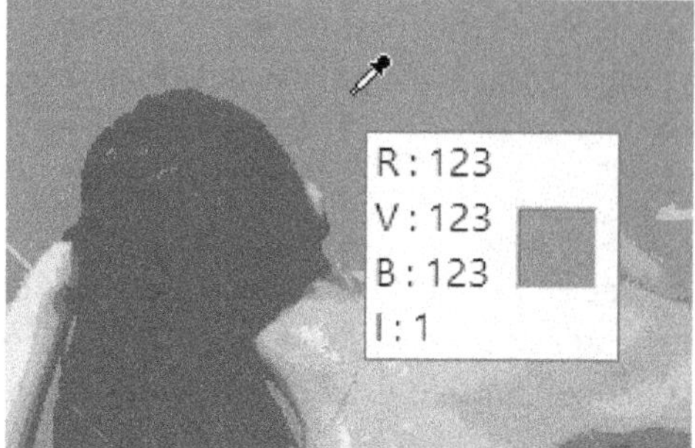

Ici, c'est la couleur de l'index 1 que je veux changer en bleu.

7. **Image / Palette / Modifier la palette.**
8. Double-clic sur la couleur de l'index 1.

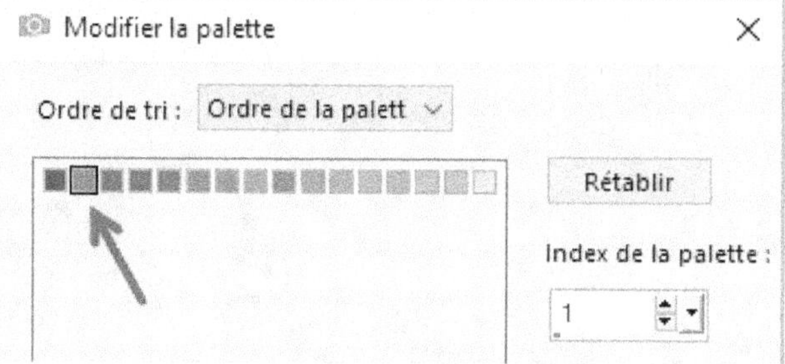

9. Dans la fenêtre de choix de **Couleur**, sélectionner une autre couleur.

Les autres couleurs de l'image sont modifiables de la même manière.

La palette ainsi créée peut être appliquée à d'autres images via **Charger une palette** et être modifiée à volonté.

L'image de la voiture à droite est obtenue en utilisant la palette du nu sur sable :

L'image ci-après est obtenue en attribuant d'autres couleurs à celles de la palette (**Image / Palette / Modifier la palette**).

294. Effet de photo dans la photo

1. Ouvrir la photo.
2. Dans la **palette Calques,** dupliquer le calque d'**Arrière-plan.**
3. Cliquer sur l'outil **Sélection** et le régler en **Mode : Rectangle, Mode : Remplacer, Progressivité** à zéro et **Anticrénelage** décoché.
4. Tracer la sélection autour du sujet. La réaliser en tenant compte que le bord blanc de la photo sera appliqué à l'intérieur de cette sélection.
5. **Sélections / Modifier la sélection**. La sélection apparaît en rouge semi-transparent.
6. Avec l'outil **Sélecteur**, appliquer une rotation à cette sélection.

7. **Sélections / Modifier la sélection** (pour désactiver la fonction de modification). La sélection pivotée est affichée avec son contour en pointillés.

8. **Sélections / Transformer la sélection en calque.**

9. **Sélections / Modifier / Sélectionner les bordures de la sélection.**

10. **Paramètres : Intérieur**, décocher **Anticrénelage, Largeur de la bordure** : à choisir en fonction de la taille de votre image.

11. Outils **Pot de Peinture** avec la couleur blanche sélectionnée comme couleur de **Premier Plan.**

12. **Correspondance : Valeur RVB, Tolérance** : 200, décocher **Utiliser tous les calques, Mode mélange : Normal, Opacité** : 100.

13. Cliquer à l'intérieur de la bordure sélectionnée pour la remplir de blanc.

14. Faire **Ctrl+D** ou **Sélections / Ne rien sélectionner** pour désactiver la sélection.

15. Pour réaliser l'ombrage sous la photo : **Effets / Effets 3D / Ombre portée.**

16. Dans la fenêtre de réglage **Ombre portée,** cocher **Aperçu** de l'image pour voir en temps réel le résultat des réglages de l'ombrage.

17. Dans la **palette Calques,** cliquer sur le calque **Copie de Arrière-plan.**

18. **Effets / Effets Photo / Film noir et blanc.**

19. **Calques / Nouveau calque raster / Réglages par défaut.** S'assurer que ce calque est situé juste au-dessus du calque en niveaux de gris et sous le calque qui contient la sélection avec ombrage.

20. Dans la **palette Styles et textures,** cliquer sur la couleur de **Premier Plan.**

21. **Propriétés des Styles et textures** : choisir un dégradé. Dans cet exemple, j'ai utilisé le dégradé Desert Rocks.

22. Outil **Pot de peinture** pour remplir le calque avec ce dégradé.

23. Modifier le **mode de Mélange** du calque dégradé en **Couleur.**

295. Effet d'inversion colorée

Une méthode simple pour obtenir des effets de couleurs spectaculaires est la séparation de l'image en canaux rouge, vert et bleu puis leur recombinaison dans un ordre différent.

1. Ouvrir l'image à traiter.

2. **Image / Séparer les canaux / Séparer les canaux RVB.**

3. Trois images en niveaux de gris apparaissent, intitulées **Rouge, Vert, Bleu** et un chiffre.

4. **Image / Combiner les canaux / Combiner à partir des canaux RVB.**

5. Dans la fenêtre de réglage **Combinaison des canaux RVB**, il faut permuter 2 ou 3 couches pour produire des effets colorés variés. Dans l'exemple ci-contre, j'ai laissé l'image Rouge pour le canal du rouge et j'ai permuté le Vert et le Bleu pour les autres canaux. Cliquer sur la petite flèche pour faire apparaître la liste des trois images en niveaux de gris qui correspondent chacune à une couleur de base.

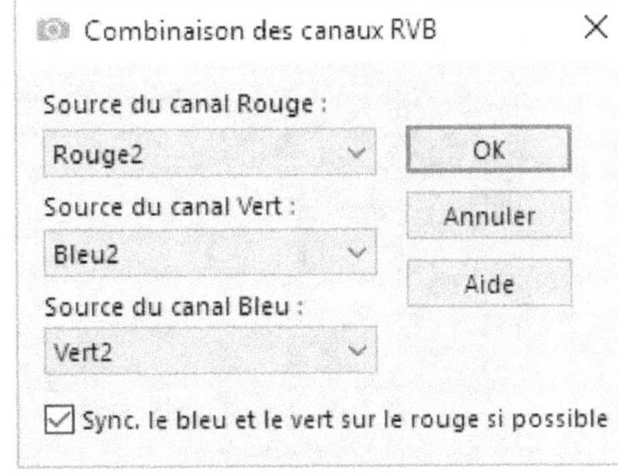

Le résultat produit des couleurs faussées intéressantes graphiquement. L'ordre des combinaisons peut bien entendu être modifié pour tester d'autres coloris.

Des effets supplémentaires peuvent être réalisés. L'effet ci-contre est obtenu en prenant comme base l'image d'inversion colorée réalisée dans l'explication ci-dessus.

La manipulation suivante lui a été appliquée :

1. Ouvrir l'image d'origine (celle qui n'a pas été modifiée).
2. **Image / Image en négatif.**
3. Copier l'image traitée (par recombinaison modifiée des canaux RVB expliquée ci-dessus) et la coller comme nouveau calque sur l'image d'origine en négatif.

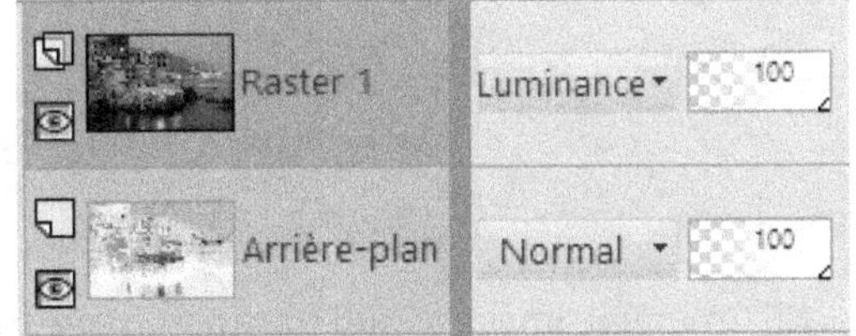

4. Appliquer à ce calque le **Mode de mélange Luminance.**

296. Effet de bandes ou de stries

1. Créer une image de 300 x 1 pixels. La hauteur doit être de 1 pixel, mais la valeur 300 peut être modifiée selon les besoins.
2. Si nécessaire, utiliser l'outil **Zoom** pour agrandir l'image à l'écran et faciliter l'étape suivante.
3. La remplir avec le **Pot de peinture** et un motif, une texture ou une image dont les coloris sont ceux souhaités.

4. Redimensionner l'image à 300 x 300 pixels (ou autre valeur) en décochant **Verrouiller les proportions.**

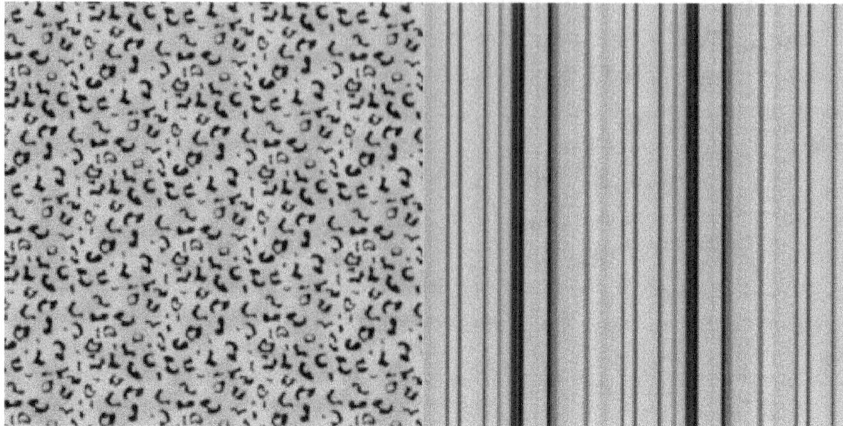

À gauche, le motif utilisé et à droite, le résultat.

297. Effet de plaid écossais

1. Créer une image à fond transparent de 1000x1000 pixels de large (une taille plus petite convient aussi).
2. Choisir comme couleur de **Premier Plan** un dégradé à régler comme suit :
   Angle 45 ° / **Répétition** : commencer avec la valeur 5 et varier cette valeur en fonction du nombre de couleurs dans le dégradé. Le plaid ci-dessus est réalisé au départ du dégradé Or Métallique (Corel_06_021) et 5 **Répétitions**. Il est affiché ici en réduction.
3. Remplir l'image avec l'outil **Pot de Peinture.**
4. Appliquer plusieurs fois (5 fois dans l'image ci-dessus) :
   Réglage / Netteté / Davantage de netteté.
5. Dupliquer ce calque.

6. Sur le calque dupliqué, appliquer une rotation :
   Image / Rotation libre / Droite ou gauche / 90 degrés / décocher **Tous les calques** ainsi que **Pivoter...**
7. Dans la **Palette Calques,** changer le **Mode de mélange** en **Multiplier, Assombrir davantage** ou **Écran** selon l'effet souhaité.
8. **Fusionner les calques visibles.**

Pour créer un motif répétitif sans jointure qui pourra être utilisé pour remplir d'autres images, il faut le modifier comme suit :

Effets / Effets d'image / Mosaïque sans jointure.

298. Effet de relief sur du texte ou sur un objet

Cet effet appelé 3D ou extrusion peut être simulé facilement et rapidement avec PaintShop Pro.

1. Créer le texte (ici la lettre A).
2. **Effets / Effets 3D / Ombre portée.**
3. **Décalage Vertical** : -1, **Horizontal** : 1, **Attributs Opacité** : 100, **Flou** : 0, **Couleur** : gris foncé dans cet exemple.
4. Après application, faire **Ctrl+Y** pour répéter l'action plusieurs fois.

299. Effet de loupe

C'est un effet peu connu de PaintShop Pro et très facile à réaliser.

1. **Effets / Artistiques / Loupe.**
2. Différents onglets donnent accès à divers réglages. L'onglet **Cadre** propose un choix de **Paramètres** pré-réglés.
3. Pour déplacer la loupe sur l'image et modifier sa taille, activer l'**Aperçu**. Dans la fenêtre de prévisualisation **Avant**, déplacer le carré ou utiliser ses poignées.

300. Neige

1. **Ajouter un calque raster.**
2. Utiliser l'outil **Pot de peinture** pour le remplir de gris RVB122.
3. **Réglage / Ajouter/supprimer du bruit / Ajouter du bruit.**
4. Régler sur **Aléatoire, 100 %** et **Monochrome.**
5. **Réglage / Flou / Flou gaussien / Rayon** : 2 (peut varier en fonction de l'image).
6. **Réglage / Luminosité et contraste / Niveaux.**
7. **Canal RVB.**
   Placer les trois curseurs respectivement à 130, 140, 160. Ces valeurs sont indicatives et doivent être modifiées en fonction de l'effet souhaité.
8. Dans la **palette Calques,** basculer ce calque sur le mode **Écran.**
9. Facultatif : **Réglage / Flou / Flou de mouvement** à appliquer sur le même calque ou sur son double dupliqué pour donner une impression de mouvement aux flocons. Pour la fillette et le bonhomme de neige, j'ai réglé sur **Angle** : 25 et **Intensité** : 15.
10. Facultatif : **Dupliquer** le calque Écran pour augmenter l'opacité des flocons.

Avec le **Pinceau de maculage** dont le **Pas** est réglé sur 1, **Rigidité** : 0 et **Opacité** : 75, il est possible de donner un aspect "filé" à certains flocons pour augmenter le réalisme du trucage.

301. Givre sur branches de sapin

1. **Créer un calque raster** au-dessus de l'image à traiter.

2. Le remplir de blanc pur.
3. Clic-droit sur ce calque pour accéder aux **Propriétés du calque.**
4. Onglet : **Étendue du mélange.**
5. **Mélanger : Canal du gris.**
6. **Calque sous-jacent** : déplacer les deux curseurs de gauche vers la droite. Dans notre exemple, le curseur du haut est réglé sur 160 et celui du bas sur 80.

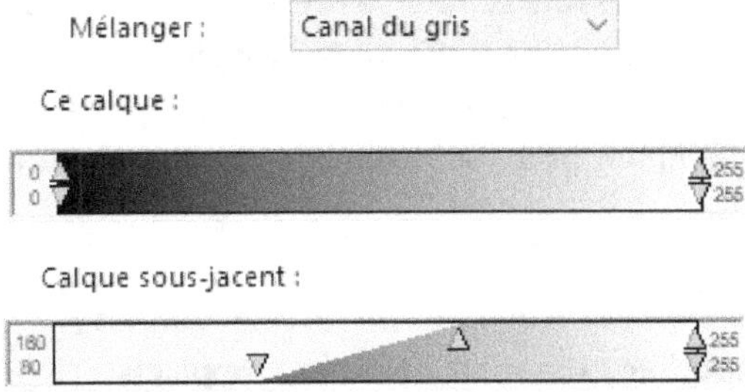

302. Pluie

La méthode consiste à créer des points clairs aléatoires qui seront étirés pour simuler des gouttes de pluie.

1. Créer un calque vide via **Calques / Créer nouveau calque raster.**
2. Dans la **Palette Styles et textures**, choisir le gris RVB 214. Je préfère le gris au blanc, car cela me paraît plus réaliste, notamment pour augmenter la visibilité des gouttes sur fond de ciel. Libre à vous de choisir une autre valeur.
3. Outil **Pot de Peinture / Correspondance : Aucun /** décocher **Utiliser tous les calques / Mode Mélange : Normal / Opacité** : 100 et remplir le calque avec le gris RVB 214.
4. **Réglage / Ajouter/supprimer du bruit / Ajouter du bruit.**
   Régler **Ajouter du bruit** comme suit : **Aléatoire / Bruit** 10 % **/** cocher **Monochrome.**

5. Outil **Zoom** à 500 %.

6. Outil **Pipette : Profil de couleur : RVB** (par défaut sur les anciennes versions de PaintShop Pro) **/ Taille de l'échantillon** : 1 pixel.

7. Outil **Baguette Magique** réglé comme suit : **Mode : Remplacer / Correspondance : Valeur RVB / Tolérance** : 1 / décocher **Utiliser tous les calques** et **Contigu / Progressivité** : zéro / décocher **Anticrénelage.**
   Cliquer sur un pixel très foncé. Pour ce tutoriel, j'ai trouvé un pixel de RVB 88. La valeur RVB des pixels survolés par la **Baguette Magique** s'affiche en bas d'écran, en bas à droite. Une valeur supérieure ou inférieure convient également.

8. **Sélections / Inverser** pour sélectionner tout ce qui est en dehors des pixels sélectionnés.

9. **Édition / Effacer.**

10. **Édition / Inverser** pour revenir aux pixels sélectionnés.

11. **Sélections / Modifier / Agrandir / Nombre de pixels** : 1.

12. Outil **Pot de Peinture** dont la couleur est réglée sur RVB 214 et cliquer sur un des pixels sélectionnés. Tous seront remplis de cette couleur grise.

13. Outil **Zoom** réglé sur 100 %.

14. **Sélections / Ne rien sélectionner** (ou **Ctrl+D**). Des points légèrement gris sont à présent visibles sur l'image.

15. **Effets / Effets de distorsion / Vent / Direction : vers la droite / Intensité** : 100.

16. Dans la **Palette Calques**, clic-droit sur le calque contenant les points gris et cliquer sur **Dupliquer.**

17. Répéter six fois cette opération de duplication qui a pour but de rendre les gouttes de pluie plus visibles.

18. Sélectionner tous ces calques (pas celui de l'image d'arrière-plan).

19. Clic-droit sur l'un d'eux et faire **Fusionner / Fusionner la sélection.**

20. **Image / Rotation libre / Direction : Droite / Degrés : Libre** 300 / décocher **Tous les calques** et **Pivoter un seul calque.**

21. Dans la **palette Calques, Dupliquer** le calque.

22. Outil **Sélecteur** : cliquer sur la poignée centrale et glisser le calque vers le bas jusqu'à recouvrir complètement de gouttes de pluie la partie inférieure de l'image.

23. Dans la **palette Calques**, cliquer sur l'autre calque puis, dans l'image, le déplacer de la même manière vers le haut de l'image.

303. Givre sur vitre

Choisir une photo de nuages.

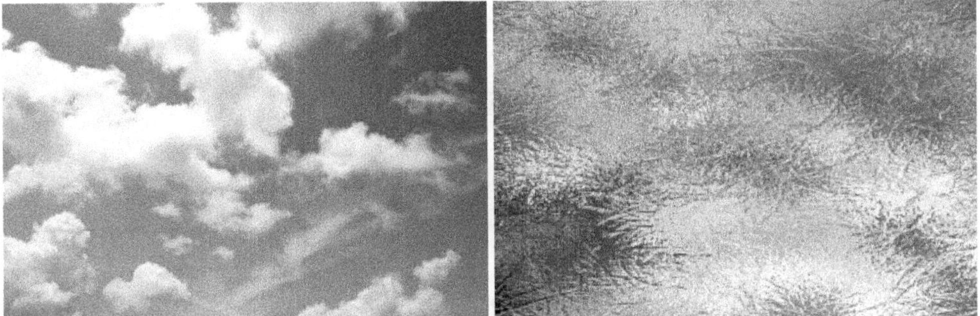

1. **Image / Séparer les canaux / Séparer les canaux RVB.**
2. Sélectionner l'image Rouge1 ou Vert1. Pour l'image en exemple, j'ai choisi Vert1.
3. **Effets / Effets géométriques / Cylindre vertical / Intensité : 95 %.**
4. **Image / Miroir / Miroir vertical.**
5. **Image / Miroir / Miroir horizontal.**
6. **Image / Combiner les canaux / Combiner à partir des canaux RVB.**
7. Sélectionner l'image recombinée.
   Réglage / Teinte et saturation / Coloriser.
   Teinte : 145, **Saturation** : 80.
8. **Effets / Effets de distorsion / Paramètres de déplacement** réglé comme suit :

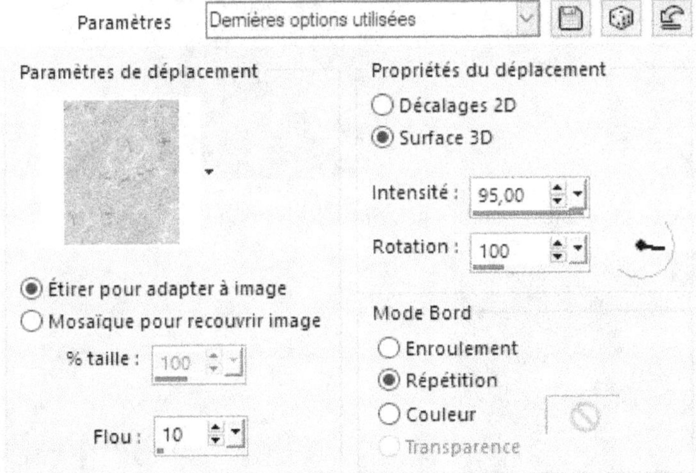

Le motif utilisé peut être l'image des nuages d'origine, Asphalte, Béton ou tout autre motif. J'ai choisi le motif Fiberweave qui produit un résultat proche du givre dans la réalité :

9. **Réglage / Luminosité et contraste / Niveaux.**
   Cliquer sur l'icône **Réinitialiser avec la valeur par défaut.**
   Canal : RVB, Auto : Contraste.

304. Fumée ou brouillard

Cet effet est réalisé en plaçant un calque de nuages flous sur l'image.

1. Ouvrir l'image à traiter, un sous-bois dans notre exemple.
2. Ouvrir une photo de nuages.
3. La copier et la **Coller comme nouveau calque (Ctrl+V)** sur l'image de destination.
4. Éventuellement : avec l'outil **Sélecteur** en **Mode Échelle**, adapter les dimensions de l'image des nuages pour qu'elle recouvre l'image de destination.

5. Dans la **palette Calques**, appliquer le **Mode mélange : Lumière dure** sur ce calque.

6. **Réglage / Flou / Flou gaussien** : valeur entre 10 et 20. Pour l'exemple ci-dessus, la valeur était de 16.

7. **Effets / Effets Photo / Film Noir et blanc.**

8. Diminuer l'**Opacité** du calque si nécessaire.

9. Utiliser la **Gomme** avec **Rigidité** : 0 et **Opacité** : moins de 50 pour gommer les zones trop masquées ou pour créer de la profondeur. Sur l'image en exemple, j'ai réduit fortement la brume sur le tronc au premier plan à droite et sur l'arbre à gauche.

305. Nuage stylisé

Pour réaliser un nuage stylisé, le composer au moyen de cercles de différentes tailles :

1. **Calques / Nouveau calque raster.**

2. Outil **Pinceau.**
   Couleur de **Premier Plan** : blanc uni.
   Forme : Rond, Rigidité : 100, **Opacité** : 100, **Taille** : en fonction de la dimension de votre image.

3. Cliquer une fois pour créer le grand cercle blanc.

4. Réduire la **Taille** du **Pinceau** et cliquer sur le bord gauche et le bord droit du premier cercle.

5. Modifier la **Taille** plusieurs fois pour créer les autres cercles qui formeront les arrondis du nuage.

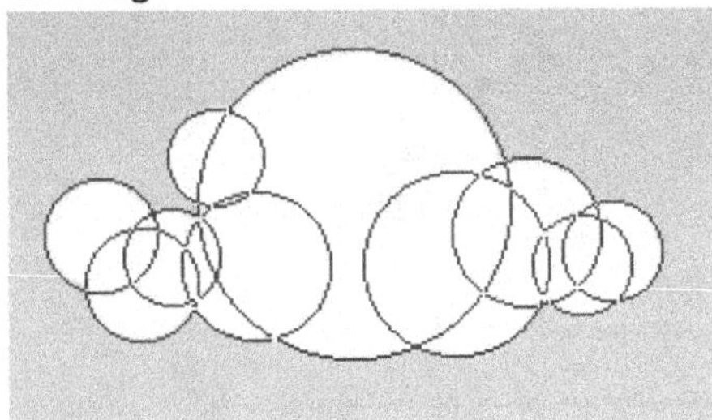

6. Outil **Baguette Magique** et sélectionner le blanc du nuage.

7. Outil **Pot de Peinture.**

Valeur : RVB, Tolérance : 20, décocher **Utiliser tous les calques, Mode mélange :
Normal, Opacité** : 100.

8. **Palette Styles et textures.**

   Choisir un **Dégradé** comme couleur de **Premier Plan**. Dans l'exemple ci-dessus,
   j'ai choisi le dégradé inverse de celui du fond de l'image, c'est-à-dire le blanc en haut
   et le bleu en bas.

9. Outil **Pot de Peinture** : remplir le nuage avec le dégradé.

306. Éclairs

J'ai utilisé le **Tube à images** Foudre de PaintShop Pro.

1. Outil **Tube à images / Foudre.**

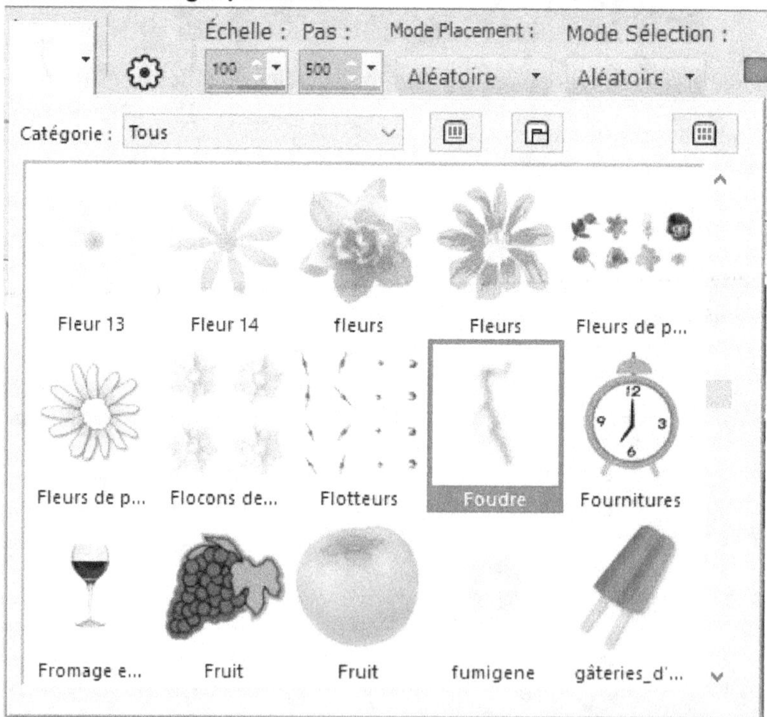

2. Important : cocher **Créer en tant que nouveau calque raster**. Cela placera chaque éclair sur un calque. Régler la **Taille** en fonction de celle de l'image. Le tube contient des éclairs de tailles différentes.

3. Cliquer une fois. Si l'éclair ne convient pas, faire **Ctrl+Z** pour annuler. Si l'éclair convient, utiliser l'outil **Sélecteur** pour l'agrandir, le rétrécir ou lui appliquer une inclinaison.

4. Recommencer l'opération pour les éclairs suivants.

5. Pour augmenter la luminosité d'un éclair et rendre plus visible le halo qui l'entoure, **Dupliquer** le calque de l'éclair.

307. Reflets d'un coucher de soleil

1. **Créer un calque raster** au-dessus de l'image et le nommer Reflets.

2. Sélectionner l'outil **Pinceau.**
   Rigidité : 0, **Opacité** : 100, **Mode mélange : Normal.**
   Taille : légèrement moins que la largeur du soleil dans l'image.

3. La couleur de **Premier Plan** peut être sélectionnée à la **Pipette** dans l'image à proximité du soleil pour une teinte colorée soutenue ou dans le soleil lui-même pour une teinte plus claire.

4. Peindre sur l'image entre le soleil et le bas de l'image. Il n'est pas nécessaire d'être précis ni régulier.

5. **Réglage / Flou / Flou gaussien** réglé sur 3 ou plus selon la taille de l'image.

6. Dans la **palette Calques**, clic-droit sur ce calque Reflets.

7. Fenêtre des **Propriétés de calque /** Onglet : **Étendue du mélange**

8. **Mélanger : Canal du gris.**

9. **Calque sous-jacent** : curseur supérieur gauche sur 190, curseur inférieur gauche sur 70 (pour l'image exemple ci-dessus). Valeurs à adapter selon l'image.

10. Pour atténuer certaines zones du calque Reflets, utiliser l'outil **Gomme / Rigidité** : 0, **Opacité** : 50.

11. Pour renforcer le reflet, utiliser l'outil **Pinceau** avec la même couleur pour peindre sur le calque Reflets.

308. Flammes

Le **Tube à images** Feu est utilisé pour créer des flammes.

Dans les réglages du **Tube à images**, cocher **Créer en tant que nouveau calque raster** afin que les flammes soient placées sur des calques séparés. Il sera ainsi possible d'en réduire individuellement la transparence pour augmenter le réalisme.

Vous pouvez aussi les créer selon la méthode ci-après.

1. **Calques / Nouveau calque raster.**
2. Outil **Pinceau**, réglé sur **Forme : Rond, Rigidité** : 0, **Taille** : en fonction de l'image.
3. Cliquer une fois pour déposer un point orange.
4. Faire de même avec la couleur jaune et une **Taille** plus petite pour mettre un point jaune à l'intérieur du point orange.
5. La flamme est produite en déformant le cercle avec le **Pinceau de Maculage** et le **Pinceau déformant.**

309. Arc-en-ciel

Voici deux approches pour la création d'un arc-en-ciel…

1ère méthode :

1. Dans la **palette Styles et textures**, cliquer sur la couleur de **Premier plan** pour accéder à la fenêtre de réglages **Propriétés des styles et textures**.
   Sélectionner le **Dégradé** Arc-en-ciel (Corel_06_040) horizontal.
2. Cocher **Inverser** pour que le rouge soit en haut et **Angle** : 0.
3. Supprimer l'avant-dernier curseur de couleur à droite (bleu foncé) en le glissant à l'extrême droite, hors de la rangée.
4. Déplacer les curseurs de couleur aux emplacements suivants : **Magenta** : 0, **Rouge** : 6, **Orange** : 19, **Jaune** : 37, **Vert** : 72, **Bleu** : 89, **Magenta** : 97. Ceci a pour but de créer un dégradé d'arc-en-ciel qui correspond mieux à ceux observés dans la nature que le dégradé d'origine de PaintShop Pro.

5. Enregistrer ce dégradé en lui donnant un nouveau nom, par exemple "Arc_en_ciel bis".
6. **Calques / Nouveau calque raster.**
7. Sur ce calque vide, tracer avec l'outil de **Sélection** un rectangle horizontal dans le tiers inférieur de l'image et de part et d'autre de celle-ci. La hauteur du rectangle devra correspondre à peu près au cinquième de la hauteur de l'image lorsque celle-ci est en mode paysage. Si l'image fait 1000 pixels de haut, le rectangle de sélection devra avoir 200 pixels de haut. Pour le vérifier, **Cadrer sur la sélection** et regarder en bas d'écran à droite la hauteur de l'image recadrée. Annuler ensuite le recadrage.

8. Outil **Pot de peinture** et remplir le rectangle de sélection avec le dégradé "Arc_en_ciel bis".
9. Ensuite **Ctrl+D** pour désactiver la sélection.
10. **Effets / Effets de distorsion / Miroir déformant.**

Horizontal : 0, **Vertical** : 100, **Taille** : 88, **Intensité** : 100. Ces valeurs seront probablement à changer pour votre image.

Cela a pour effet d'obtenir un arc de cercle.

11. **Réglage / Flou gaussien / Rayon** : 6 à modifier en fonction de votre image.

12. Si l'arc-en-ciel est trop large ou trop étroit, utiliser l'outil **Sélecteur** en mode **Échelle** pour l'élargir ou le réduire vers le haut ou vers le bas. De même, si la courbure ne fait pas penser à un morceau de cercle, utiliser les poignées latérales pour l'étirer ou la diminuer.

13. Dans la **palette Calques**, régler l'**Opacité** du calque sur 30 ou une autre valeur en fonction de votre image afin de créer un arc-en-ciel transparent.

14. Déplacer l'arc-en-ciel au moyen de l'outil **Sélecteur** et utiliser l'outil **Gomme** avec la **Rigidité** réglée sur zéro pour effacer les extrémités de l'arc-en-ciel et les parties qui doivent être masquées par certains éléments de l'image.

15. Si l'arc-en-ciel paraît trop net, appliquer une nouvelle fois un **Flou gaussien** avec une faible valeur de **Rayon**.

2ème méthode :

Elle est basée sur un système de cercles concentriques. Nous créons un cercle jaune dans lequel nous insérons un cercle rouge plus petit, puis un vert, etc.

1. Créer une image vierge et carrée de même largeur que la largeur de votre paysage (en pixels). Pour la facilité d'explication et les contraintes imposées pour les captures d'écran de ce manuel, je travaillerai avec une image de 300 x 300 pixels. L'image doit avoir un fond transparent.

2. Outil **Formes prédéfinies** / Outil **Ellipse** / Mode : **Dessiner un cercle**.
   Cocher **Créer sur vecteur**, décocher **Anticrénelage**, couleur de **Premier plan** : aucune, couleur d'**Arrière-plan** : rouge.

3. Tracer un cercle n'importe où dans l'image. Ensuite, nous l'agrandissons et le centrons en introduisant la valeur 150 (pixels) dans les champs **Rayon X** et **Y** de même que **Centre X** et **Y**.

4. Dans la **palette Calques**, renommer le calque "Vectoriel 1" en "Rouge".

5. Clic-droit sur ce calque dans la **palette Calques** et **Dupliquer**.

6. Renommer le calque "Copie de rouge" en "Jaune".

7. Déployer ce calque en cliquant sur la petite flèche à gauche de l'œil et cliquer sur le sous-calque "Nouvelle ellipse".

8. Clic-droit sur le calque "Nouvelle ellipse" pour accéder aux **Propriétés vectorielles** de ce calque. La fenêtre suivante s'ouvre :

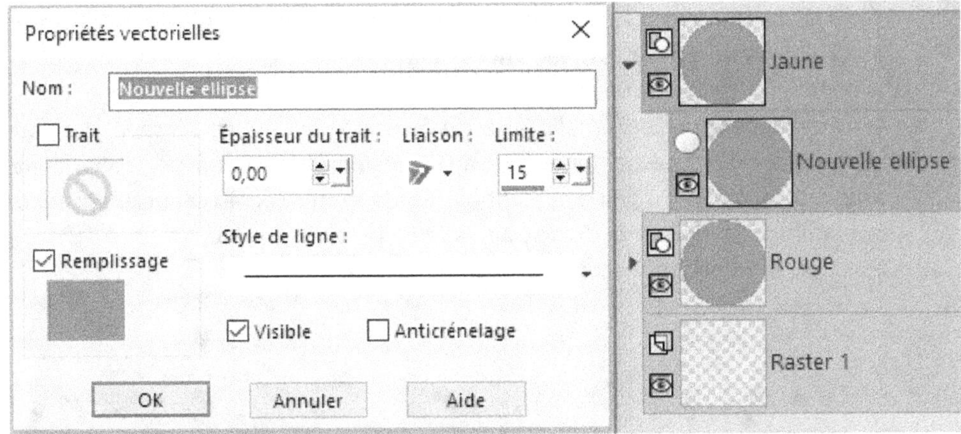

9. Cliquer sur la couleur rouge sous "**Remplissage**" et choisir le jaune à la place. Pour cela, utiliser l'onglet **Curseur** et régler sur R255 V255 B0.

10. **Image / Redimensionner / En pourcentage.**

    Rééchantillonnage : Optimal, décocher **Conserver la taille d'impression d'origine,** cocher **Verrouiller les proportions,** décocher **Redimensionner tous les calques.**

    Pour la démonstration, j'ai choisi un pourcentage de 96. Cette valeur détermine la largeur de chaque couleur de l'arc-en-ciel créé. Il faudra l'adapter à votre image si nécessaire.

11. Dupliquer le calque jaune et recommencer les étapes des points 5 à 10 pour créer le cercle vert (R0 V255 B0) puis pour le cyan (R0 V255 B255) et enfin le dernier cercle central qui sera blanc.

12. Nous pouvons nous contenter de ces couleurs de base. Si le résultat final ne semble pas assez réaliste, nous pourrons ajouter l'orange et le magenta.

13. Désactiver la **Visibilité** du calque "Raster 1" tout en bas de la pile de calques.

14. Clic-droit sur un calque et choisir **Fusionner / Fusionner les calques visibles.**

15. **Baguette magique** en **Mode : Remplacer, Correspondance : Couleur, Progressivité : 0, Anticrénelage** décoché.

    Cliquer sur le cercle blanc central puis **Édition / Couper** afin de rendre le centre transparent.

16. Dans la **palette Styles et textures**, choisir le blanc comme couleur de **Premier Plan.**

17. Cliquer sur le blanc de **Premier Plan** pour accéder à la fenêtre de réglage des **Propriétés des styles et textures.**

    Cliquer sur l'onglet **Dégradé** et choisir le **Fondu de premier plan** (Corel_06_026)

    Régler la forme du dégradé sur **Halo** et cocher **Inverser.**

    Cliquer sur le curseur supérieur gauche. Régler l'**Opacité** sur 50 et l'**Emplacement** : 0.

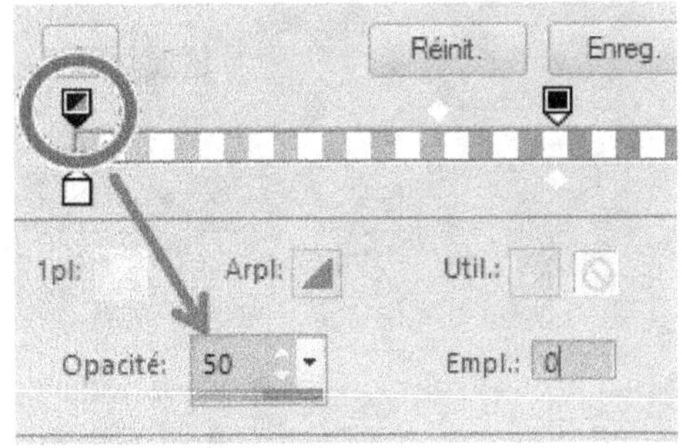

    Si cette valeur n'est pas suffisante pour votre image, augmentez-la.

Glisser le curseur supérieur droit vers la gauche et le régler à l'inverse du précédent, c'est-à-dire **Opacité** : 0 et **Emplacement** : 50.

Valider et enregistrer ce dégradé sous un autre nom.

18. Outil **Pot de peinture** et remplir le cercle central vide avec ce dégradé. Il a pour but de simuler l'éclaircissement observé à l'intérieur d'un arc-en-ciel dans la nature. Le dégradé blanc sera à peine perceptible. Sur la capture écran ci-après, j'ai augmenté temporairement l'intensité du dégradé afin de le rendre visible.

19. Désactiver la **Sélection** du cercle central via **Ctrl+D.**

20. Supprimer la moitié inférieure avec l'outil de **Sélection** en **Type de sélection : Rectangle**.

21. Ouvrir la photo de destination.

22. Activer l'image de l'arc-en-ciel et dans sa **palette Calques**, cliquer sur le calque arc-en-ciel et le glisser sur l'image de destination.

23. Suivre à présent les étapes 11 à 15 de la première méthode pour finaliser le positionnement de l'arc-en-ciel.

24. Réduire l'**Opacité** du calque pour modifier la transparence de l'arc-en-ciel.

Note : il faut choisir l'image en veillant à la vraisemblance du phénomène. Le soleil doit se trouver derrière l'observateur et la couleur rouge doit être à l'extérieur de l'arc.

310. Remplacer un ciel

La plupart des solutions proposées dans les tutoriels passent par des techniques de sélection, de détourage, de masquage ou de gomme sélective qui, toutes, prennent un certain temps.

La méthode qui suit est plus rapide si l'image s'y prête :

1. Ouvrir l'image dont il faut remplacer le ciel.

2. Ouvrir l'image du nouveau ciel avec nuages (dans notre exemple).

3. **Copier** cette image.

4. Activer l'image de destination et cliquer sur
   Édition / Coller comme nouveau calque.
   Les nuages recouvrent à présent l'image de la maison.

5. Dans la **palette Calques**, clic-droit sur le calque des nuages, puis
   Propriétés.

6. Onglet **Étendue du mélange / Mélanger : Canal du bleu.**

7. **Calque sous-jacent** :
   Déplacer le curseur inférieur gauche vers la droite (valeur 188 dans l'exemple ci-après).
   Déplacer le curseur supérieur gauche vers la droite (valeur 215 pour obtenir l'image
   exemple).
   Ces valeurs sont à modifier en fonction de votre image.

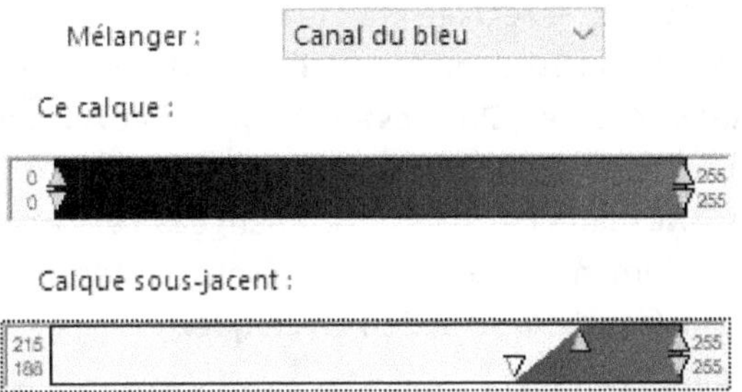

Si l'image du sujet (la maison dans notre exemple)
comporte des zones bleues ou claires, elles seront
affectées. Le ciel sera visible au travers d'elles. Cela est
dû au réglage qui rend transparent le bleu contenu dans
l'image (**Canal du bleu**).

La solution est très simple : sur le calque des nuages,
utiliser l'outil **Gomme** (**Opacité** : 100) et passer sur les
endroits où ce défaut est apparent. Le calque des nuages
sera effacé à ces endroits et laissera apparaître l'image
intacte en dessous.

311. Changer la couleur de l'eau

L'eau de mer ne possède pas une couleur uniforme. Elle varie en fonction des nuages dans
le ciel, du soleil, de la profondeur du sous-sol marin et des polluants qu'elle contient parfois.
De plus, le long d'une plage ou de rochers, les vagues et l'écume présentent des tonalités très
claires proches du blanc. Il n'est pas possible dans ces conditions de "peindre" simplement
du bleu uniforme sur l'image. Cela n'aurait pas un air naturel.

La technique suivante utilise différents tons de bleu pour rendre l'image finale plus réaliste ou simplement pour raviver une eau aux coloris trop ternes. Cette méthode fait appel à des sélections.

1. **Baguette magique** pour sélectionner l'eau.
   Dans l'exemple illustré, le réglage était le suivant :
   Mode : Remplacer, Correspondance : Valeur RVB, Tolérance : 6 à 20, décocher **Utiliser tous les calques** et **Contigu, Progressivité** : 6, cocher **Anticrénelage.**
   Cliquer plusieurs fois en appuyant sur la touche **Maj** afin d'ajouter de nouvelles zones à la sélection (**CTRL** pour en enlever). J'ai changé la **Tolérance** à plusieurs reprises pour englober plus facilement certaines zones récalcitrantes.
2. **Sélections / Transformer la sélection en calque.**
3. Outil **Pot de Peinture.**
4. Choisir un bleu comme couleur de **Premier Plan** dans la **palette Styles et textures.**
5. Régler **Correspondance : Valeur RVB, Tolérance** : 20, décocher **Utiliser tous les calques, Mode Mélange : Normal, Opacité** : 100.
6. Cliquer dans la sélection.
7. Changer le **mode Mélange** du calque en **Couleur héritée** ou **Lumière douce.**
8. Si nécessaire, réduire la **Visibilité** du calque pour rendre le bleu plus transparent
9. Désactiver la Sélection (**Ctrl+D**).
10. Utiliser la **Gomme** avec **Rigidité** : 0 et **Opacité** à 30 pour effacer de la sélection certaines zones de bleu si cela s'avère nécessaire.
11. L'opération peut être recommencée plusieurs fois en variant les zones sélectionnées.

Dans l'image qui sert d'exemple, j'ai sélectionné trois zones dans lesquelles j'ai appliqué trois tons de bleu du plus foncé en haut au plus clair en bas. Voici la sélection du milieu :

312. Ajouter la lune derrière un arbre

1. Placer la photo de la lune dans le paysage. Elle doit se trouver sur un calque séparé.
2. Dans la **palette Calques**, clic-droit sur le calque contenant la lune.
3. **Propriétés / Propriétés de calque /** Onglet **Étendue du mélange.**
4. Régler comme suit :

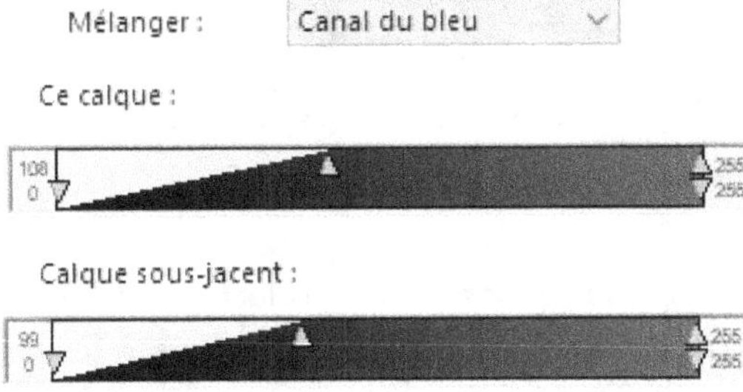

313. Reflets dans l'eau

Les réflexions ondulantes à la surface de l'eau sont facilement réalisables comme ceci.

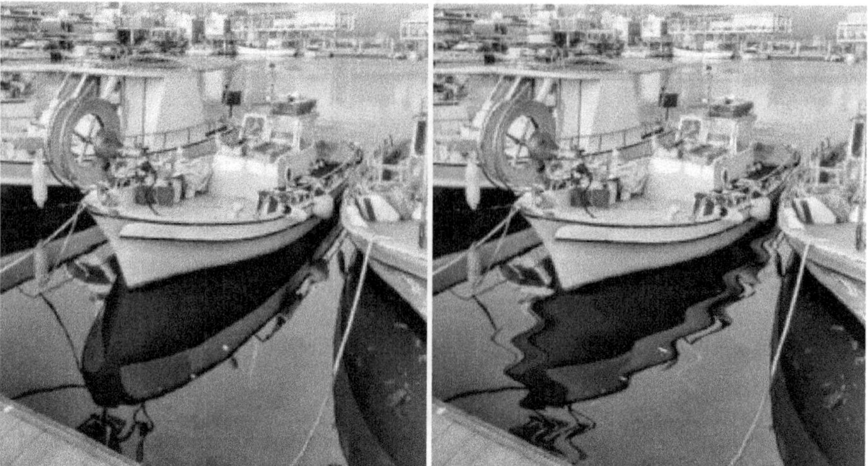

1. Isoler la partie qui doit être traitée. Ici, le reflet a été circonscrit avec l'outil **Sélection au lasso** réglé sur **Type de sélection : Point à point.**
2. **Sélections / Transformer la sélection en calque.**

3. **Effets / Effets de distorsion / Vagues.**

    Les réglages varient en fonction de l'image. Pour l'image qui sert d'exemple, les réglages suivants ont été appliqués :

    Les contours de la sélection seront déformés, ce qui est normal.
4. Annuler la sélection par **Ctrl+D.**
5. Utiliser l'outil **Gomme** pour effacer ce qui déborde de la sélection sur les éléments de l'image qui ne doivent pas être déformés (coque de bateau, quai).
6. Dans la **palette Calques**, clic-droit sur le calque contenant la sélection et choisir **Fusionner / Fusionner le calque de dessous.**

314. Diviser une image en morceaux à imprimer séparément

Vous devez imprimer une bannière et ne disposez que d'une imprimante A4.

Vous avez réalisé une affiche qu'il faut imprimer au format A2 sur votre imprimante A4.

D'autres situations exigent de devoir découper votre image avant de l'imprimer.

Prenons l'exemple de l'affiche A2. Le format A2 équivaut à 4 feuilles A4. Voici trois méthodes pour imprimer une affiche A2 sur une imprimante A4.

1ère méthode :

PaintShop Pro va découper pour vous votre image en 4 parties que vous imprimerez en A4 puis assemblerez. Vous utilisez pour ce faire le module qui sert à découper les images à afficher sur un site web. Nous détournons cette fonctionnalité pour un autre usage que celui prévu.

Nous supposons que vous avez créé votre image en A4 à 300 PPI (**Fichier / Nouveau / Papier / A4 / 300 PPI**) bien que l'idéal serait de la créer au format final ou au format juste inférieur (A3) pour éviter le flou lors de l'agrandissement à l'impression. L'image est ouverte sur le plan de travail.

1. **Fichier / Exporter / Image fractionnée.**
2. Si nécessaire, agrandir la fenêtre **Image fractionnée** en tirant sur ses coins ou ses bords.
3. Réduire le **Zoom** pour voir l'entièreté de l'image dans la fenêtre de prévisualisation.
4. **Outils / Grille.**
5. Avec le curseur en forme de grille, cliquer sur l'image dans la fenêtre de prévisualisation.
6. Une fenêtre **Taille de la grille** apparaît dans laquelle vous décidez du nombre de morceaux découpés. Dans notre exemple, 2 **Lignes** et 2 **Colonnes** produiront 4 morceaux.
7. Le tracé de la découpe est montré sur l'image de prévisualisation.
8. Régler le **Format : PNG.**
9. **Enregistrer sous…**
10. Choisir le dossier de destination et donner un nom au fichier **html**. Il ne nous servira pas, mais l'étape est obligatoire.
11. Dans l'Explorateur de fichiers de Windows, ouvrir le fichier de destination. Le fichier **html** est accompagné de 4 images **PNG** découpées qui sont les 4 morceaux de votre image initiale. Imprimer chacune d'elle, puis les assembler.

2ème méthode :

La découpe en 4 parties s'effectue avec l'outil **Sélection**.

1. **Affichage / Règles.**
2. **Affichage / Repères.**
3. **Affichage / Aligner sur les Repères.**
4. Tracer un **Repère** horizontal au milieu de l'image. Pour ce faire, cliquer dans la **Règle** graduée du haut et glisser le curseur vers le bas, dans l'image.
5. Pour régler la position exacte du **Repère**, faire un double-clic sur la poignée du **Repère** dans la **Règle** graduée verticale gauche.
6. Dans la fenêtre **Propriétés du Repère**, régler la **Position du repère** sur 1740 pixels qui correspond à la moitié de la hauteur de l'A4.
7. Tracer un **Repère** vertical selon le même principe. La **Position du repère** sera de 1240 pixels.
8. Outil **Sélection, Type de de sélection : Rectangle, Mode : Remplacer, Progressivité : 0, Anticrénelage décoché, Style de sélection : Normal.**
9. Tracer le rectangle de sélection en partant du quart supérieur gauche de l'image jusqu'aux repères. La sélection "collera" aux **Repères** lorsqu'elle s'en approchera.
10. **Sélections / Transformer la sélection en calque.**
11. Dans la **palette Calques**, cliquer sur le calque de la sélection et le glisser dans le plan de travail vide. Cela crée une image qui ne contient que la sélection.
12. **Supprimer** le calque contenant la sélection.
13. Tracer le deuxième rectangle de sélection dans le coin supérieur droit et recommencer à partir du point 10. Et ainsi de suite.
14. Vous obtiendrez 4 images comportant chacune un quart de l'image de départ.
15. Imprimer chaque image en A4 puis les assembler.

3ème méthode :

Le logiciel d'impression et l'imprimante vont prendre en charge la découpe de l'image au départ d'un fichier **PDF**.

Windows 10 dispose d'une fonction qui permet de créer un fichier **PDF** au départ de n'importe quel document. À défaut, il existe des logiciels payants et gratuits pour le faire. L'explication qui suit utilise la fonction de Microsoft, mais son déroulement est transposable sur tout autre logiciel de création de **PDF**.

1. **Fichier / Imprimer.**
2. Dans la fenêtre de réglage **Imprimer**, cliquer sur le bouton **Imprimante** pour sélectionner l'imprimante.
3. À droite de **Nom**, faire défiler la liste et choisir l'imprimante **Microsoft Print to PDF**.
4. Cliquer sur le bouton **Propriétés**.
5. Dans la fenêtre de **Propriétés de : Document Microsoft Print to PDF**, cliquer sur le bouton **Avancé…** en bas à droite.
6. Régler **Sortie papier** sur **Format de papier : A4**.
7. Valider les deux **OK** (fenêtres successives).
8. Dans la fenêtre **Imprimer**, cocher **Ajuster à la page**.
9. Cliquer sur **Imprimer**.
10. Dans la fenêtre **Enregistrer l'impression sous**, sélectionner le dossier de destination et donner un nom à votre fichier **PDF**.
11. Cliquer sur **Enregistrer**.
12. A l'aide de l'Explorateur de fichier de Windows, cliquer ce fichier **PDF**.
13. L'image s'ouvre dans Acrobat Reader (gratuit) s'il est installé ou tout autre logiciel défini par défaut pour ouvrir les **PDF**.
14. Dans la fenêtre de réglage **Imprimer**, choisir votre imprimante réglée en A4.
15. Cliquer sur le bouton **Affiche**.
16. **Echelle de la mosaïque** : 190 % ou un peu plus selon votre imprimante. Après chaque changement de valeur d'agrandissement, rafraîchir la fenêtre de prévisualisation en cliquant sur la flèche de droite. Trouver la valeur qui sépare l'image en 4 feuilles et non en 6 ou 8. Les lignes en pointillé représentent la découpe de l'image en formats A4.
17. **Imprimer**. L'imprimante imprime les 4 morceaux séparément.

315. Imprimer une image à une taille précise

Supposons que l'image doit entrer dans un cadre avec passe-partout, dont l'ouverture fait 10x15 cm.

Pour calculer le nombre de pixels nécessaires ou la proportion d'une image de 10x15 cm, on crée une nouvelle image temporaire avec PaintShop Pro via

1. **Fichier / Nouveau / Trame vierge.**
2. **Unités : Centimètres.**
3. **Résolution : 300 Pixels/pouce.**
4. **Largeur :** 15 cm.
5. **Hauteur :** 10 cm.

L'image ainsi créée fait 1772 x 1181 pixels, c'est-à-dire une proportion de 1,5.

L'image qui doit entrer dans le cadre doit avoir la même proportion, quel que soit son nombre de pixels. Cela se vérifie via :

1. **Image / Redimensionner.**
2. **Onglet En taille d'impression.**

3. **Résolution : 300 Pixels par pouce.**
4. Régler la **Largeur** et la **Hauteur** pour obtenir les valeurs 10 et 15. Si une des deux valeurs n'est pas atteinte, l'augmenter, même si l'autre valeur dépasse. Il y aura un petit morceau de l'image qui sera masqué dans le passe-partout.

La dernière possibilité, si on ne veut rien recadrer et conserver l'entièreté de l'image, c'est de l'imprimer en la forçant au format 10 x 15 cm en acceptant une légère déformation en hauteur ou en largeur. En général, cela ne se remarque pas :

1. **Image / Redimensionner / En taille d'impression.**
2. **Résolution : 300 pixels/pouce.**
3. **Unités : Centimètres.**
4. **Paramètres avancés.**
5. Décocher **Verrouiller les proportions** (à faire avant d'entrer les dimensions).
6. **Nouveau : Largeur** 15 cm.
7. **Nouveau : Hauteur :** 10 cm.
8. **Rééchantillonnage : Optimal.**

L'image ainsi réglée s'imprimera au format 10 x 15 cm exactement.

316. Imprimer une planche contact

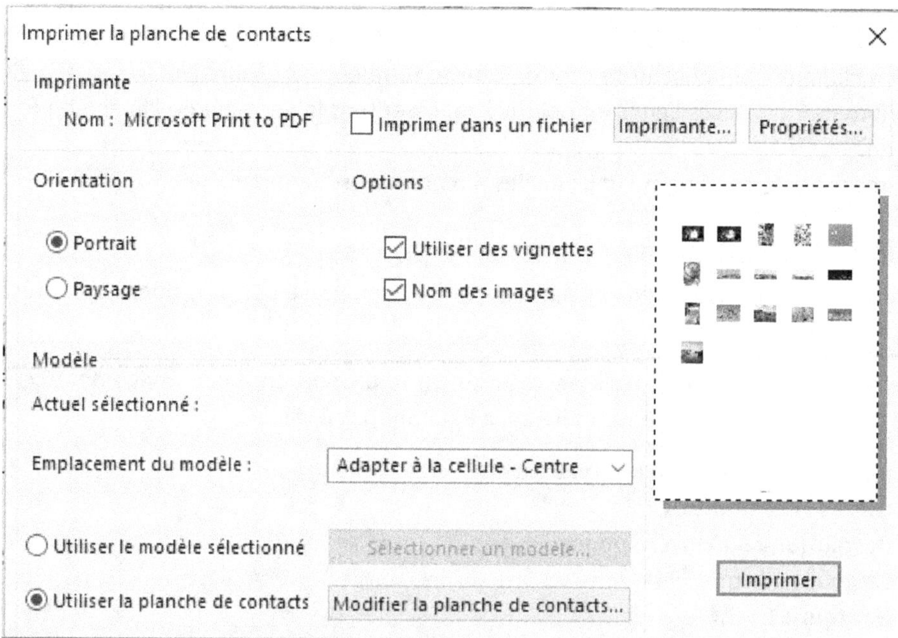

1. **Mode Gestion de photos.**
2. Sélectionner le dossier dont il faut imprimer les images (ou le **Plateau** dans lequel elles se trouvent).
3. Dans l'**Organiseur,** cliquer sur l'icône **Autres options.**
4. Imprimer la planche contact.
5. Choisir l'imprimante (voir Note ci-après).

6. Régler les différents paramètres.
7. Cliquer sur **Imprimer** pour lancer l'impression.

Note : Pour imprimer dans un fichier, choisissez l'imprimante **PDF** installée sur votre PC ou l'imprimante Microsoft Print to **PDF** (dans Windows 10).

317. Imprimer une photo plusieurs fois sur la même feuille

Vous voulez imprimer la photo deux fois en grand, deux fois en taille moyenne et quatre fois en petite taille ? Ne vous fatiguez pas à les ajuster et les disposer dans une grande image que vous imprimerez. PaintShop Pro le fait automatiquement pour vous.

1. Ouvrir la photo à imprimer.
2. **Fichier / Impression d'une composition / Ouvrir un modèle.**

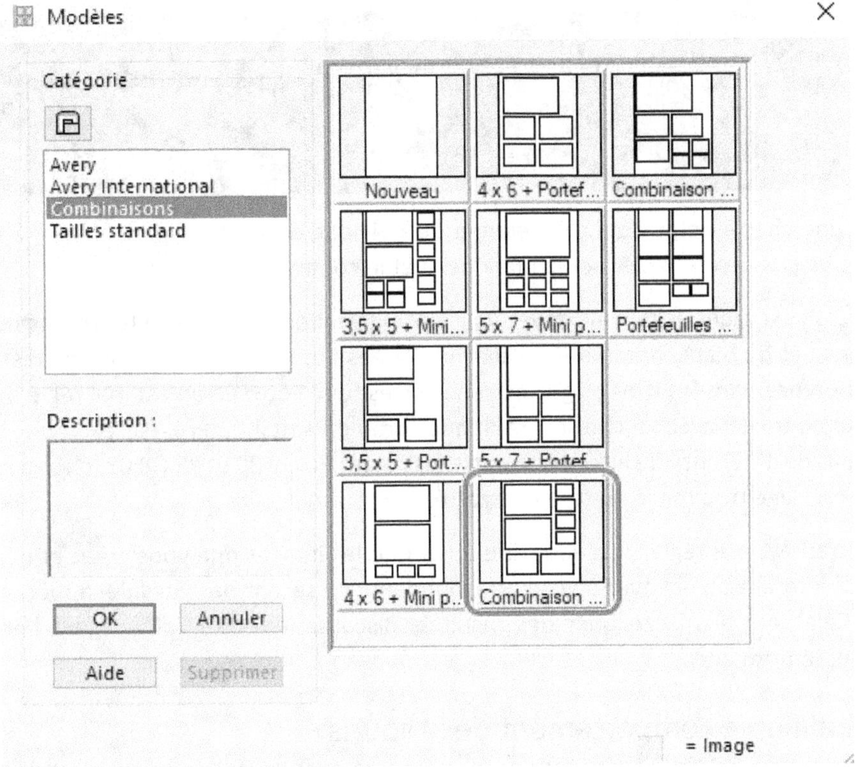

3. Cliquer sur le modèle et valider par **OK**.
4. **Le modèle est affiché sur la page.**
5. Si une seule photo est utilisée, cliquer sur l'icône **Remplir le modèle avec l'image**, ce qui fera tout le travail de remplissage automatiquement.
6. Si des photos différentes sont réparties sur la même feuille, glisser chacune d'elle dans l'emplacement choisi.

318. Régler l'écran du PC

Un testeur de luminosité et de contraste est fourni avec PaintShop Pro.

1. **Affichage / Barres d'outils / Script.**
2. Sélectionner le script **Graphique gris.**
3. Il produit l'image suivante :

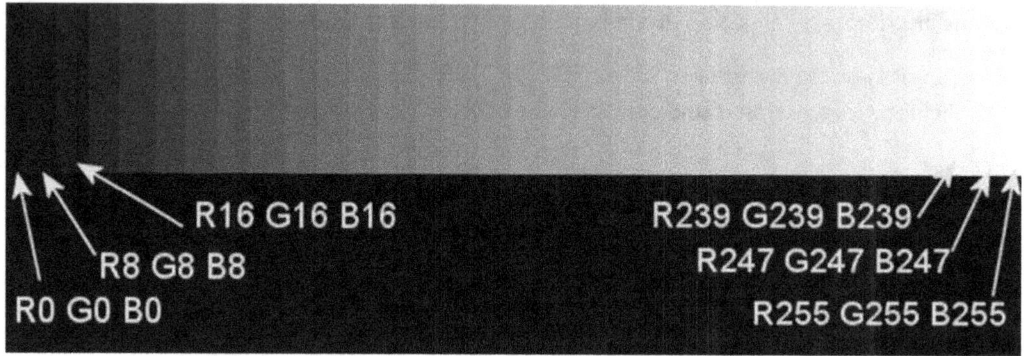

Il s'agit d'une charte de gris qui s'échelonne du noir pur, à gauche, au blanc pur, à droite. Ces plages de gris servent à vérifier la luminosité et le contraste de l'écran.

Si votre écran est bien réglé, vous devez voir aux extrémités de la charte toutes les nuances de gris foncé et de blanc, notamment celles indiquées par les flèches. Si vous ne distinguez pas de différence dans les trois plages extrêmes, c'est que votre écran est mal réglé ou n'est pas adapté au travail avec un logiciel graphique comme PaintShop Pro. Par exemple, si vous ne voyez pas de différence de luminosité entre les plages R0 G0 B0 et R8 G8 B8, c'est que votre écran a un réglage trop foncé ou trop contrasté.

Si votre écran est mal réglé, cela veut dire aussi que les images que vous créez et que vous publiez sur internet ou envoyez à vos correspondants ne seront pas vues de la même façon par eux. Cela peut aussi expliquer des résultats discordants entre l'affichage à l'écran et la sortie sur imprimante.

319. Modifier le comportement de la souris

Le comportement de la souris, dans PaintShop Pro, dépend de Windows. Avec Windows 10, au moment d'écrire ces lignes, cela pose un problème lorsque le curseur n'est pas situé sur l'image active. Par exemple, la fonction de zoom contrôlée par la roulette de souris ne s'applique plus à la taille de l'outil lorsqu'il est sélectionné, mais à l'image, ce qui est énervant et perturbant. De même, si plusieurs images sont ouvertes sur l'écran, ce n'est pas l'image active qui s'agrandit ou se rétrécit en manipulant la roulette de la souris, c'est celle qui se trouve sous le curseur de la souris.

Pour modifier ce comportement, cliquer sur les Paramètres de Windows (icône Windows en bas à gauche de l'écran). Sélectionner ensuite les Périphériques puis la Souris. Désactiver la fonction "Faire défiler les fenêtres inactives lorsque je les pointe avec la souris" :

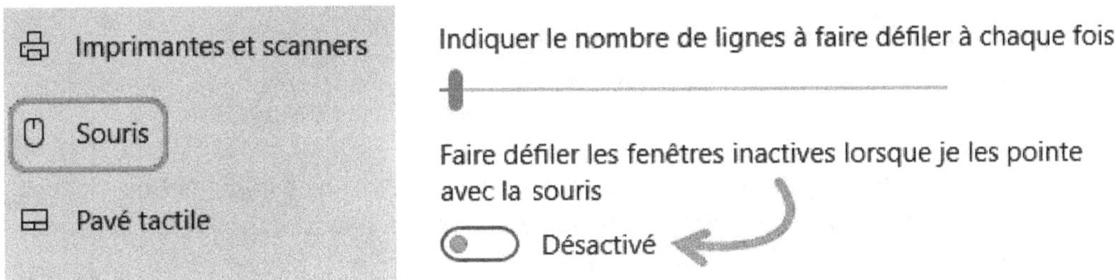

Lorsque le réglage est placé sur **Désactivé**, l'action de zoom commandée par la souris s'applique à l'image active.

Lorsque ce réglage est placé sur **Activé**, l'action est appliquée sur l'image située sous le curseur.

320. Installer une police

Cela concerne Windows, mais a un impact sur les fontes installées disponibles dans PaintShop Pro.

La police (ou fonte) téléchargée est parfois livrée sous forme de fichier compressé (fichier **ZIP** ou **RAR**). Un clic-droit sur le fichier donne accès à la commande de décompression. Après décompression, repérer le fichier décompressé (extension TTF habituellement) et faire un clic-droit dessus. Dans Windows 10, l'option d'installation apparaît et il suffit de cliquer dessus pour que la police s'installe dans le répertoire prévu à cet effet.

L'installation de nombreuses polices ralentit Windows qui doit les loger dans sa mémoire. Si vous possédez une collection de polices de fantaisie que vous n'utilisez qu'avec PaintShop Pro, faites appel à un programme extérieur qui les classera par style et n'activera que celles dont vous avez temporairement besoin. FontBase, FontRunner et TheFontThing sont des programmes de gestion des polices.

321. Afficher les extensions de fichiers

Lorsqu'on manipule des images, il est important de savoir de quel type d'image il s'agit. La caractéristique d'une image est indiquée par un groupe de trois lettres accolées à son nom. Par exemple **JPG**, **GIF**, **PNG** sont des extensions qui ont été créées lors de la réalisation des images (photo, dessin, scan, capture écran). Par défaut, Windows n'affiche pas ces extensions. Pourtant, les images ne se comportent pas de façon identique. Une image **JPG** n'accepte pas la transparence qu'elle transforme en couleur blanche. De même, une image **JPG** ne convient pas pour une image qui contient du texte, car le format **JPG** est compressé et réduit la qualité de l'image et donc du texte.

Pour afficher les extensions, il faut effectuer une petite manipulation sans danger dans Windows. Ce qui suit est réalisé avec Windows 10, mais la procédure est similaire avec les anciens Windows.

322. Ouvrir PaintShop Pro avec un fichier

Plutôt que d'ouvrir PaintShop Pro puis de chercher le fichier à ouvrir, vous pouvez faire l'inverse.

Dans l'Explorateur de fichiers de Windows, double-cliquer sur le fichier **pspimage** à ouvrir avec PaintShop Pro. PaintShop Pro sera lancé et le fichier apparaîtra ouvert dans le plan de travail de PaintShop Pro.

Si plusieurs PaintShop Pro sont installés sur l'ordinateur, faire un clic-droit puis choisir "Ouvrir avec" et sélectionner la version de PaintShop Pro souhaitée.

Pour les fichiers d'images autres que **pspimage**, il faut indiquer à Windows quel PaintShop Pro doit l'ouvrir. Cela peut se faire depuis PaintShop Pro (selon la version) :

Fichiers / Préférences / Associations de formats de fichier.

Si cela ne fonctionne pas, faire dans Windows 10 :

Paramètres / Applications / Applications par défaut / Choisir les applications par défaut par type de fichier.

PROBLÈMES ET SOLUTIONS

323. Réinitialiser le programme sans le réinstaller

Cette procédure est parfois nécessaire lorsque des comportements bizarres sont constatés (outil qui ne fonctionne plus correctement, messages d'erreur à répétition …).

Appuyer sur la touche **Maj** (Shift) et tout en laissant cette touche enfoncée cliquer sur l'icône du programme. Attendre que le programme vous demande confirmation pour la remise à l'état "sortie d'usine". Accepter.

Attention, l'**Espace de travail** et les **Préférences** seront remis à zéro. **Enregistrer** l'**Espace de travail** avant cette procédure. Vos documents ne seront pas affectés par cette procédure.

324. PaintShop Pro bloque sur un dossier

Lorsque PaintShop Pro accède à un dossier, il vérifie s'il a déjà créé les vignettes de visualisation des images de ce dossier. Si ce n'est pas le cas, il passe en revue tous les fichiers de ce dossier pour créer les vignettes. Cela peut prendre un certain temps s'il y a beaucoup d'images. Pire, si le dossier contient aussi des **PDF** mélangés avec les images, PaintShop Pro peut bloquer ou même planter à cause des **PDF**. Si c'est le cas, régler comme ceci :

1. **Fichier / Préférences / Générales / Gestion de photos.**
2. Cocher **Formats de fichiers à exclure.**
3. Dans la liste, cocher **PDF.**

Il est possible également d'exclure certains dossiers du catalogage.

325. Les filtres (plugins) ne fonctionnent pas

Beaucoup d'anciens filtres sont des filtres 32 bits qui ne fonctionnent pas dans la version 64 bits de PaintShop Pro. Pour utiliser les filtres 32 bits, travailler avec la version de PaintShop Pro 32 bits et pour les nouveaux filtres 64 bits, ouvrir PaintShop Pro 64 bits qui les accepte. Noter cependant qu'il n'est pas possible d'ouvrir les deux versions identiques de PaintShop Pro en même temps.

Pour utiliser les filtres dans une nouvelle version de PaintShop Pro et que d'autres versions de PaintShop Pro existent déjà sur l'ordinateur, indiquer dans la nouvelle version les chemins des anciens filtres déjà installés. Cela se fait via Emplacement des fichiers.

326. Des options d'outil sont manquantes

Elles ont peut-être glissé hors de vue après une action involontaire ou sont simplement déplacées par PaintShop Pro si votre écran n'est pas suffisamment grand.

Regarder à l'extrême droite de la barre des options de l'outil. Il devrait y avoir une petite ligne verticale. C'est la séparation entre plusieurs groupes d'options.

Cliquer dessus et la glisser vers la gauche. Vos options manquantes devraient réapparaître. En fonction de la taille de votre écran, certaines options pourraient être continuellement masquées par PaintShop Pro s'il n'y a pas assez de place pour les afficher.

327. Outils ou commandes sont grisés

Un outil ou une commande grisée n'est pas utilisable.

La plupart des outils sont prévus pour des images à 16 millions de couleurs. Il est possible que la vôtre soit une image en noir et blanc, en niveau de gris ou comportant moins de couleurs. Dans ce cas, cliquer sur **Image / Augmenter la profondeur de couleur / RVB – 8 bits/canal**, ce qui correspond à 16 millions de couleurs. L'image noir et blanc restera en noir et blanc ou en niveaux de gris.

328. Des menus sont grisés et inopérants

Les menus sont dépendants de l'état du logiciel. Plus exactement, si les conditions ne sont pas remplies, certaines options des menus ne sont pas accessibles. L'utilisateur est ainsi averti qu'il doit effectuer l'une ou l'autre opération supplémentaire pour permettre l'activation des options grisées qu'il souhaite utiliser.

Exemples :

- Si aucune image n'est ouverte sur le plan de travail, PaintShop Pro n'activera aucun outil prévu pour travailler sur une image (**Pinceau, Recadrer**, etc.).
- Si un trait est tracé au pinceau sur une image vide, le menu **Objets** ne donnera pas accès aux options liées au dessin vectoriel.
- Le menu **Sélections** ne donnera accès à ses options que lorsqu'une sélection sera tracée sur une image.

329. Palettes et outils ont disparu

Les palettes et les barres d'outils ont disparu après une erreur de manipulation.

Pour faire réapparaître les éléments disparus :

- Vérifier d'abord dans **Affichage / Barres d'outils** et **Affichage / Palettes** que les éléments sont cochés.
- Si cela ne fonctionne pas, cliquer sur **Fichier / Préférences / Réinitialiser les préférences /** cocher **Afficher toutes les barres d'outil et Palettes à l'écran.**
- On peut aussi les récupérer en rechargeant un espace de travail sauvegardé.
- En dernier recours, la réinitialisation du programme sans perte de documents et sans réinstallation s'effectue en maintenant la touche **Maj** enfoncée pendant le lancement du programme.

330. L'emplacement des fichiers a disparu

L'accès à l'emplacement des fichiers via **Préférences** a été supprimé de PaintShop Pro 2018 et 2019 dans l'espace de travail **Éléments essentiels** qui est l'espace de travail défini par défaut lors de l'installation du programme.

Pour récupérer cette fonctionnalité, trois méthodes au choix :

- Accéder à l'écran de Bienvenue via l'icône de la maison en haut d'écran. Là, choisir l'espace de travail **Complète**.
- Cliquer-droit n'importe où dans le plan de travail et choisir **Espace de travail / Complète.**
- **Fichier / Espace de travail / Complète.**

331. Impossible de lier un script à une icône

Ce problème est présent sur PaintShop Pro 2018 et 2019 lorsque l'espace de travail utilisé est **Éléments essentiels**. Cette fonctionnalité est supprimée dans cet espace de travail.

Pour récupérer cette fonctionnalité, accéder à l'écran de **Bienvenue** via l'icône de la maison en haut d'écran. Là, choisir l'espace de travail **Complète**.

332. L'outil ne fonctionne pas

Vérifier :

- Qu'il ne reste pas une sélection active, parfois minuscule (faire **Ctrl+D** pour la désactiver).
- Qu'une sélection n'est pas en mode invisible (affichage de son pointillé désactivé).
- Que le calque n'est pas verrouillé en transparence.
- Qu'une texture n'est pas active depuis une utilisation précédente.
- Que l'image n'est pas en noir et blanc "simple" (augmenter le nombre de couleurs à RVB – 8bit).

333. L'outil ne réagit pas immédiatement

Si vous observez un décalage de temps entre le tracé avec l'outil **Pinceau** ou la **Gomme** et l'effet attendu, voici quelques pistes pour corriger ce défaut de lenteur :

- Vérifier la valeur du **Pas**. Si elle est proche de 1, cela ralentit l'outil. Augmenter la valeur en fonction de la taille de l'image.
- Vérifier si **Bord Optimal** est activé. Cette fonction ralentit fortement l'application de l'outil, surtout sur une image de grande taille.
- Vérifier dans **Préférences**, sous l'onglet **Annuler**, l'activation ou non du système d'annulation. Désactiver cette fonction évite à PaintShop Pro de devoir enregistrer chaque mouvement de l'outil. Attention : la désactivation empêche toute annulation. A n'utiliser qu'en connaissance de cause.
- Désactiver l'**Historique des modifications** (**Préférences / onglet Divers**). Cet historique s'enregistre sous forme de texte dans les métadonnées de l'image. Il peut devenir gigantesque et ralentir les opérations sur l'image.

334. L'image est trop lourde

Vous avez travaillé longuement sur une image, avec de très nombreux calques et énormément de manipulations diverses. Le travail terminé, vous supprimez tous les calques inutiles et enregistrez la version finale au format **pspimage**. Surprise : votre fichier qui faisait 5 Mo au départ affiche à présent 50 Mo sur le disque dur ! Comment est-ce possible ?

Si vous avez activé l'enregistrement de l'historique dans l'image, c'est peut-être la cause. Bien que les actions effectuées sur l'image soient enregistrées sous forme de texte et que cela n'occupe pas beaucoup de place, il se peut que la multitude de commandes effectuées durant votre travail sur l'image, par exemple les coordonnées du curseur lors d'un détourage, atteigne des milliers de lignes, ce qui peut aboutir à une taille disproportionnée. Pour voir cet historique :

Image / Informations sur l'image / onglet Historique des modifications.

Corel n'a pas prévu de pouvoir effacer cet historique enregistré dans l'image, en tout cas au moment où ces lignes sont écrites (février 2019). Une méthode pour l'effacer consiste à enregistrer le fichier **pspimage** en compatibilité descendante vers PaintShop Pro X3. Cette version n'enregistre pas l'historique dans l'image. Cela ne peut évidemment se faire qu'à la condition que votre image ne comporte pas des fonctions non reconnues dans les versions antérieures, par exemple le texte justifié.

335. Glisser / déposer dans une image ouvre une nouvelle image

On peut cliquer sur une image dans l'Explorateur de fichiers de Windows et la glisser sur le plan de travail de PaintShop Pro où elle s'ouvrira.

Mais si votre intention est de déposer l'image dans une autre déjà ouverte dans PaintShop Pro, vous avez beau la déposer dans l'image de destination, PaintShop Pro n'en fait qu'à sa tête et crée chaque fois une nouvelle image séparée.

L'astuce consiste à déposer l'image non pas sur l'autre image, mais dans sa **palette Calques**. Dans ce cas, elle apparaît sur un nouveau calque et le tour est joué !

Attention, cette astuce ne fonctionne qu'à partir de l'Explorateur de fichiers de Windows. Si vous accédez aux dossiers de l'ordinateur via PaintShop Pro (**Fichier / Ouvrir**), cela ne fonctionne pas.

336. La Palette Styles et textures ne conserve pas les couleurs

Vous avez choisi vos couleurs pour le texte, mais elles changent dès que vous cliquez sur l'outil **Texte** ?

Ce comportement est contrôlé par l'option **Tous les outils** situés dans la **Palette Styles et textures**.

Lorsque c'est coché, tous les outils utilisent les couleurs de **Premier Plan** et d'**Arrière-plan** sélectionnées.
Si c'est décoché, chaque outil conserve ses propres couleurs.

Il est conseillé d'activer d'abord l'outil **Texte** avant de sélectionner ses couleurs.

337. La Gomme n'efface pas tout

Vérifier que **Bord optimal** n'est pas coché. Lorsque cette option est cochée, l'outil **Gomme** préserve certaines zones lorsqu'elles sont différentes de celles situées sous la pointe de l'outil. Par exemple, si vous effacez du blanc, l'outil ne gommera pas les zones noires rencontrées lors du déplacement de la **Gomme**.

Vérifier aussi qu'une **Texture** n'est pas active à votre insu…

338. Récupérer une image glissée hors du plan de travail

Sous la **palette Styles et textures** :

Il peut arriver que, après une manipulation involontaire, une image soit glissée sous la **palette Styles et Textures** et qu'on n'en aperçoive qu'un fin bord. Si la partie visible n'excède pas un pixel, il n'est pas facile de pointer exactement le curseur dessus pour la ramener vers le plan de travail.

On peut bien entendu fermer les palettes **Styles et textures** et **Calques** pour faire apparaître l'image. Il faudra quelques manipulations supplémentaires pour remettre tout en place, ce qui peut être énervant si on a soigneusement mis en place ses palettes.

Une méthode plus rapide consiste à cliquer sur le bord gauche de la **palette Styles et textures** et à le glisser vers la gauche jusqu'à recouvrir le bord de l'image glissée sous la palette. L'image cachée sautera toute seule au milieu de l'espace de travail dès le glissement terminé !

Sous la barre des **Options d'outils** :

Il arrive parfois qu'une image se retrouve sous cette barre d'outils et qu'il ne soit plus possible de la ramener sur le plan de travail. Essayer une des méthodes suivantes :

- Sélectionner l'outil **Main** puis dans la barre des **Options d'outil**, cliquer sur l'icône **Adapter la fenêtre à l'image**. Tester aussi les deux autres icônes.
- **Fenêtre / Documents à onglet**s puis **Fenêtre / Cascade.**

339. Faire apparaître la légende incomplète

Les noms des **Dégradés** dans la **palette Styles et textures**, de même que ceux des **Cadres**, ne s'affichent pas complètement sous les vignettes qui les représentent. Même si vous élargissez la fenêtre qui les montre, la légende ne dépassera pas la largeur de la vignette.

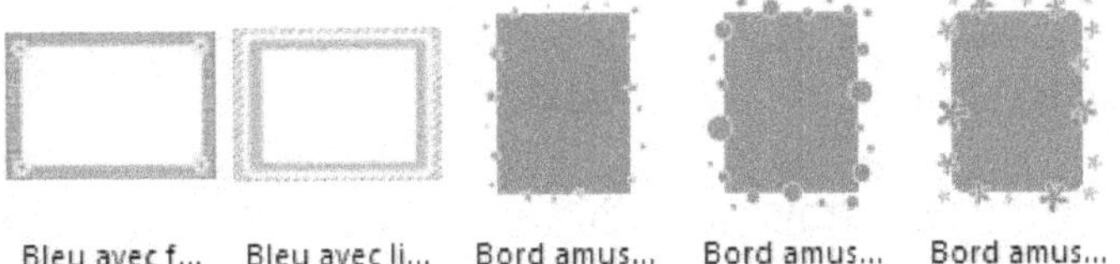

La seule possibilité pour voir leur nom complet est d'afficher les légendes sans les vignettes.

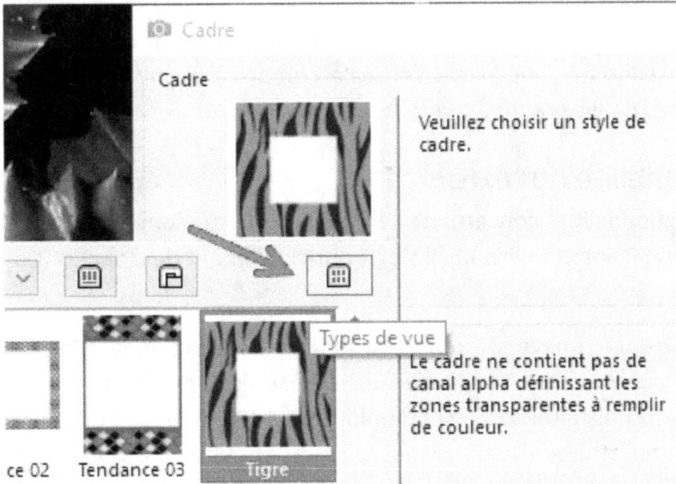

Après avoir cliqué sur l'icône **Types de vue**, choisir l'option **Texte** dans la fenêtre qui apparaîtra.

Dans la fenêtre du choix des **Dégradés des Styles et textures**, l'accès est un peu différent. Cliquer sur l'icône **Autres options**, puis **Vue et Texte** (au lieu de **Grandes miniatures** sur la capture écran ci-contre) :

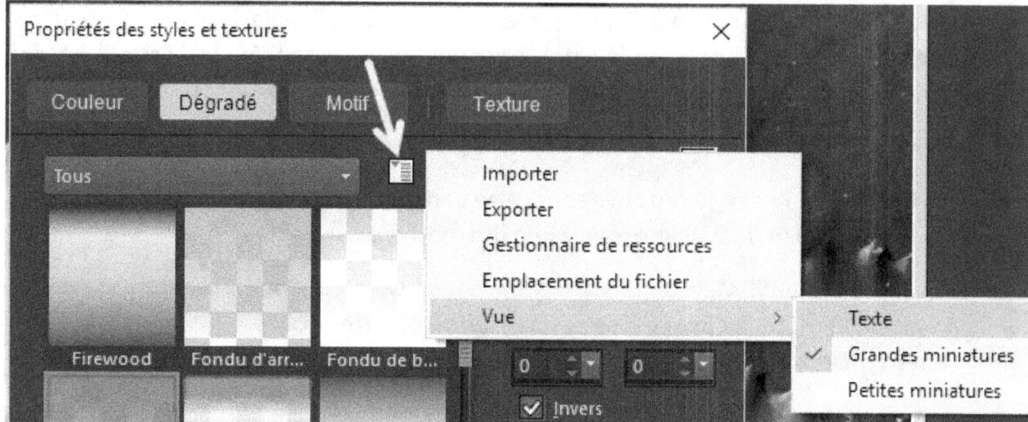

340. Couleurs impures

Si les blancs de l'image paraissent jaunâtres ou beiges, ou si les couleurs affichées sont "bizarres", il se peut que ce soit un problème de **Gestion des couleurs**.

Aller dans **Fichier / Gestion des couleurs / Gestion des couleurs** et cocher (ou décocher) **Activer la Gestion des couleurs**.

341. Volet droit coché, mais pas visible

Dans la **Palette calques**, le volet droit peut être activé via

Fichier /Préférences / Générales / Palettes / Palette calques : cocher **Volet droit.**

S'il est activé, mais qu'il est invisible, c'est qu'il a peut-être glissé vers la droite de la Palette calques. Il devrait subsister une barre verticale comportant une petite flèche sous forme de triangle que vous pouvez ramener vers la gauche.

342. Incompatibilité du texte

De nouvelles fonctionnalités concernant l'écriture du texte sont apparues dans le logiciel à partir de la version PaintShop Pro X8. Il s'agit principalement des fonctions d'habillage et de justification.

Quand on enregistre une image au format **pspimage** en sélectionnant la compatibilité pour PaintShop Pro X7 ou une version précédente, le texte est transformé en raster (bitmap) et n'est plus éditable ou disparaît parfois complètement. PaintShop Pro ne vous prévient pas au moment de l'enregistrement. Mieux vaut le savoir et éviter d'enregistrer ces fichiers dans un format compatible avec une version antérieure.

343. Comportement anormal de la tablette graphique

Le stylet ne semble pas réagir correctement ?
Vérifier que le mode adéquat est activé :

1. **Fichier / Préférences / Générales / Divers.**
2. Cocher **Win Tab installé.**

344. Le stylet de la tablette graphique ne réagit pas à la pression

Régler ce paramètre dans la palette **Variations du pinceau** (touche de fonction **F11**).

345. Impossible de scanner

L'utilisation d'un scanner avec PaintShop Pro peut être problématique si le matériel est ancien. Dans ce cas, pour réduire le risque de problèmes possibles, il faut installer les deux versions de PaintShop Pro. En effet, certains scanners sont pilotés par l'interface TWAIN qui est 32 bits et est incompatible avec PaintShop Pro 64 bits. L'utilisation de la version 32 bits du programme peut débloquer la situation.

Pour rappel, l'accès au scanner s'effectue de plusieurs manières :

- Utiliser l'icône du **Scanner** dans la barre de menus en haut d'écran (TWAIN).
- **Fichier / Importer / D'un scanner ou un appareil photo (WIA).**
- **Fichier / Importer / Acquérir TWAIN.**

346. Impossible d'imprimer

Dans certains cas, l'impression n'est pas possible. Selon les expériences de divers utilisateurs, il apparaît que le problème peut provenir de la version de PaintShop Pro utilisée, du modèle d'imprimante ou d'une mise à jour de Windows. Une des solutions suivantes peut parfois résoudre le problème :

- Imprimer avec la version 32 bits du programme au lieu de la version 64 bits.
- Utiliser **Fichier / Impression d'une composition**, déposer l'image sur la feuille visible à l'écran et cliquer sur l'icône **Imprimer** dans la barre des icônes.
- Maintenir la touche **Maj** enfoncée en choisissant **Fichier / Imprimer**. Cette méthode provoque l'impression immédiate sans afficher les boîtes de dialogue.

347. Impossible d'enlever la texture

Parfois, la texture reste active de manière intempestive dans la **palette Styles et textures**. Pour la supprimer, on peut cliquer sur l'icône **Définir sur noir et blanc**. C'est l'icône en bas à gauche, partagée pour moitié en noir et blanc. L'autre possibilité est celle-ci :

1. Cliquer sur la couleur de **Premier Plan** ou d'**Arrière-plan** (là où la texture est active).
2. Dans la fenêtre des **Propriétés des Styles et textures**, cliquer sur l'**onglet Texture.**
3. Décocher **Ajouter Texture.**

348. Impossible de supprimer la transparence

Bien que la couleur choisie soit pure et opaque, elle s'affiche en transparence.

Ci-contre, la couleur bleue visible dans le petit carré en haut à droite est affichée en opaque dans le petit carré, mais en transparence dans la couleur d'**Arrière-plan** au lieu d'être affichée à l'identique.

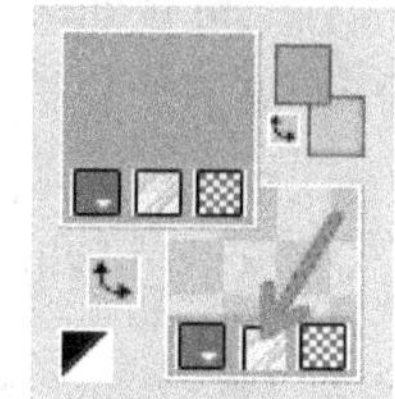

Pour supprimer cette transparence, il faut cliquer sur le petit carré du milieu (sous la couleur d'**Arrière-Plan**) qui est intitulé **Texture**. Il fait office d'interrupteur MARCHE-ARRÊT.

349. Impossible d'activer la transparence

Si vous essayez d'activer la transparence à la place de la couleur de **Premier Plan** ou celle d'**Arrière-plan** et que le bouton pour le faire est grisé et inopérant, sélectionnez un outil qui supporte la transparence. Tous les outils ne la supportent pas, en particulier les outils de peinture qui sont incapables de peindre en transparence. Basculer sur un outil qui supporte la transparence réactivera le bouton de **Transparence**.

350. Impossible d'ouvrir un PDF de plusieurs pages

Il peut arriver que PaintShop Pro n'ouvre que la première page d'un document **PDF** qui en contient plusieurs. Les causes peuvent être multiples, la principale étant l'utilisation d'un programme de création **PDF** qui n'est pas totalement conforme aux normes **PDF** imposées par Adobe. Les différentes versions de PaintShop Pro se comportent différemment face à ce problème. La version 2019 semble avoir résolu une grande partie de cette problématique. À défaut, essayer une des solutions suivantes. Cela pourrait débloquer la situation bien que certains **PDF** pourraient rester récalcitrants :

- Utiliser la version 32 bits de PaintShop Pro.
- Essayer une autre version de PaintShop Pro.
- Ouvrir le fichier **PDF** dans "Adobe Acrobat" et le réenregistrer en **PDF.**
- Utiliser un autre programme de création **PDF** et réenregistrer le **PDF** à problème en un nouveau **PDF.**
- Essayer le programme "PDF Creator" à télécharger gratuitement sur internet pour créer un nouveau **PDF.**
- Windows 10 incorpore à présent une imprimante virtuelle "Microsoft Print to PDF" pour créer des **PDF.**
- En l'absence de logiciel de création **PDF** sur votre ordinateur, il existe des services sur internet.

CRÉDITS

Marques et logos :

Tous les noms de produits ou autres marques cités dans cet ouvrage sont des marques déposées de leurs propriétaires respectifs.

Photos et illustrations :

- Jean-Luc Ernst

- Anne-Marie Schrynemackers

- stock.adobe.com :

  6th Gear, Anna Ismagilova, assja_sav, curlymary, GraphicsRF, ivanovav112014, Jonathan Stutz, leekris, Ilhedgehogll, Microgen, oka, olgaezh, Olympixel, onlynuta, onotorono, photo_stella, simona, Sylvie Bouchard, triaxyz, twixx, Ulia Koltyrina, vladimirfloyd, Vladimir Kramin, Wioletta

- Fotolia :

  Daniel Berkmann, Davide D'Amico, Dmitriy Bruskov, Kai Michael Neuhold, Mimafoto, Mykhaylo Pelin, Minko Chernev, Pavlo Vakhrushev, Susanne Heinen, tunedin, VanderWolf Images

- 123RF :

  60dudek, africa-studio.com (Olga Yastremska and Leonid Yastremskiy), Alexey Yagovkin, Ann Dudko, Bannosuke, Choreograph, Cokemomo, Dionigi Pozzi, elenathewise, Erik Reis – IKOstudio, Eugene Skidanov, f8grapher, forbis, fotoplanner, goodluz, goodween123, happyalex,ideastudios, Irina Artamonova, Ivan Vdovin, Jakkapan Jabjainai, Keith Spaulding, Keleny, Kurhan, Liliya Krivoruchko, Mallinka, Marco Rubino, Maridav, Martín Otero, Natalia Perevozchikova, Natallia Chatkova, Oliverleicher, Pitchayarat Chootai, Possohh, Roman Sigaev, Sergey Novikov, serg_v, Silmairel, standart, strannikfox, Suat Gürsözlü, Subbotina, Svetlana Golubenko, Tijana Nikolovska, Tiwakorn Dhupagupta, Václav Mach, Vgstudio, Ysbrand Cosijn, Yuganov Konstantin, Yulia Belousova, Yulia Grogoryeva, Zabusik Alexey

- Corel Corporation ®

Note : Les illustrations de ce manuel sont visibles en couleur sur www.350trucs.com

Remerciements :

- Anne-Marie Schrynemackers, ma première lectrice.

- Le forum d'entraide francophone indépendant : www.paintshoppro.fr

<h1 style="text-align:center">INDEX</h1>